한국 최고의 관상가가 쉽게 풀어 쓴 관상과 수상

– 사람을 알고 삶을 경영하라 –

한국 최고의 관상가가 쉽게 풀어 쓴 관상과 수상

– 사람을 알고 삶을 경영하라–

이남희 지음

다미
DAMEET

목차

서문 · 6

관상

서문

"나이가 몇 살이고?"

"결혼은 했나?"

위 질문은 한국을 대표하는 세계적인 기업 삼성그룹 창업자인 고 이병철 회장이 신입사원을 채용할 때 최종 면접에 참석한 입사 지원자에게 던지던 간단한 질문이다.

이병철 회장은 앞에 가지런히 놓인 입사자의 지원 서류는 보지도 않았다. 그리고 잔뜩 긴장해 있는 입사 지원자에게 뻔한 답이 돌아올 만한 가벼운 질문을 몇 마디 던지는 것으로 수험자의 면면을 정확히 파악한 것으로 알려져 있다.

지원 서류에 보면 면접자의 학업 성적표는 물론이고 가족 상황, 취미, 특기 등등 모든 정보를 한눈에 알 수 있었을 텐데 이런 질문을 한 이유가 뭐라고 생각하는가?

특별히 질문할 것이 없었거나 심심풀이로 그런 말을 한 것은 결코 아니었다. 그는 누구나 쉽게 대답할 수 있는 짧은 질문을 면접자에게 하고 나서, 상대방의 대화 자세와 얼굴에 나타난 특성을 보려고 한 것이다.

이병철 회장이 '사람 보는 눈'이 매우 발달해 있었다는 것은 관상 전문가들 사이에서도 이미 널리 알려져 있는 사실이다. 그에게는 다른 사람이 가지고 있지 않은 능력이 있었다.

면접자의 얼굴에서 드러나는 품성과 대답하는 자세, 목소리 등을 보고 어느 부서의 업무가 맞는지를 판단하였다. 관상에 나타난 특성을 최대한 살려 적재적소에 배치하려는 의도에서였다. 그는 이미 오래전부터 '인재가 만사다' 라는 것을 간파하고 있었던 것이다.

요즘 삼성그룹에서 '한 명의 천재를 재목으로 잘 키우면 수만 명을 먹여 살릴 수 있다' 고 하는 주장은 창업주가 인재를 중시했던 방침과 같은 맥락임을 알 수 있다.

이병철 회장의 뛰어난 관상적 안목으로 뽑은 신입사원들이 오늘의 삼성으로 발돋움할 수 있게 한 밑거름이었음은 두말할 나위가 없다.

이후, 삼성만의 독특한 인재 채용 방법을 흉내 내는 기업들이 늘어나면서 관상 전문가가 면접관으로 참여하는 것은 이제 흔한 일이 되었다.

이 책은 수없이 입사원서를 쓰고 철저하게 면접 준비를 해보지만 번번이 쓴 잔을 마시는 예비 직장인들, 많은 직원을 거느린 부서의 책임자나 회사 대표, 업무상 다양한 대인 관계를 맺을 수밖에 없는 직업에 종사하는 사람들, 치열한 경쟁에서 살아남아야 하는 직장인, 인사 관리 부처에서 일하는 사람들, 새로운 각오로 창업을 시도하려는 사람들뿐만 아니라, 자신이 배우자로 생각하고 있는 상대가 어떤 사람인지 알 수 없다고 하소연하는 남녀에 이르기까지 이 모든 사람들이 갖고 있는 궁금증에 대한 모범 답안을 제시해 줄 것이다.

자! 이제 우리도 이병철 회장의 시각으로 돌아가 그의 '사람 보는 법'을 제대로 한번 알아보자.

사람에게는 아무리 노력해도 바꿀 수 없는 숙명이 약 70% 정도, 자신의 노력 여부로 극복할 수 있는 것이 30% 정도라고 본다. 뱁새가 제 아무리 노력해도 황새를 쫓아갈 수 없는 것과 비슷하다.

사람들은 자신의 능력을 제대로 알고 난 뒤 얼마나 노력을 하느냐에 따라 운명을 극복하기도 하고, 그보다 못한 삶을 살게 되기도 한다. 이 70%의 숙명과 30%의 노력 여부가 바로 우리 얼굴에 새겨져 있는 것이다.

사람에게는 타고난 그릇이 있기 때문에 가는 길이 따로 있으며 그것을 뛰어넘는다는 것은 쉬운 일이 아니다. 다만 자신의 운명 안에서 최고의 삶을 살기 위해 노력하는 것이 바람직한 삶이다.

태어날 때부터 그릇이 작은 사람이 터무니없이 큰 목표를 정하면, 인생은 뜻대로 굴러가지 않을 뿐만 아니라 겉도는 삶을 살게 된다. 타고난 그릇이 크다고 해서 현실과 주변 상황을 고려하지 않고 의욕만 앞서 생활한다면 그 또한 연속적인 실패로 덧없는 삶을 살게 될 것이다.

자신의 얼굴에 나타난 장점과 단점을 미리 알고 살아가는 것과 아무것도 모르면서 쓸데없는 배짱만 부리면서 살아가는 것은 엄청난 차이가 있다. 편안한 삶을 사는 사람과 힘든 가시밭길을 걷는 삶과의 차이가 어떻게 다른지는 주변을 둘러보면 쉽게 확인할 수 있다.

사람은 생긴 대로 노는 법이다. 그런데 이 '생긴 대로'라는 뜻은, 전문가와 말할 때와 일반 사람이 말할 때 많은 차이가 있다.

일반 사람들이 볼 때는 덩치도 크고 덜렁대며 성격이 시원시원하다고 생각하게 되지만, 전문가가 보기엔 의외로 소심하고 꼼꼼하며 완벽주의자의 성격을 갖고 있다고 판단하게 되는 경우를 흔히 볼 수 있다. 이것은 일반인과 관상 전문가의 시각 차이가 그만큼 크다는 것을 나타낸다.

인생의 항로에서는 아주 작고 하찮다고 생각했던 것 때문에 예상하지 못할 만큼 결과에서 큰 차이가 나타나는 경우가 더러 있다. 이처럼 일반인과 관상 전문가의 관점이 그리 크게 차이가 나지 않는 것 같아 보이기도 하지만, 실제로는 엄청나게 차이가 있는 것이다.

전문가라고 부르는 사람들은 그 분야를 밤낮으로 연구한 결과물이 축적되어 있기 때문에 일반 사람들과는 공력의 강도나 정확도에서 비교가 되지 않는다.

더구나 관상은 인간의 과거와 현재 그리고 미래를 예측하는 분야인 만큼 상대방의 인생에 지대한 영향을 끼칠 수 있으므로 매우 조심스럽고 민감한 학문이라 할 수 있다.

'생긴 대로 논다' 라 함은, 생긴 대로 살아간다는 뜻과 같다. 그것은 일반인의 시각이 아닌 관상 전문가가 본 '생긴 대로' 라는 의미이며, 그 사람의 사고방식이나 행동반경, 취향, 성격이 그렇다는 것이다. 그것이 당사자의 얼굴 생김새에 드러나 있다는 뜻이다.

세상의 모든 생물들은 서로 공생하고 경쟁하며 균형을 이루어 살아간다. 한 생명이 태어나고 소멸되는 과정 중에서 이런 인과 관계는 늘 작용한다.

복잡한 일이 많은 사회에서의 대인 관계는 인생을 좌우할 정도로 결정적인 작용을 하기도 한다. 부모 자식 관계, 형제 관계, 친구 관계, 직원 관계, 동업자 관계, 애인 관계, 부부 관계, 이웃 관계 등, 인생을 살다보면 주변 사람과의 이러한 관계가 끊임없이 얽히고설켜 맞물려 돌아가고 있다는 것을 알 수 있다.

인간으로 태어난 이상, 우리는 어떤 식으로든지 주변 사람들과의 연에서 벗어날 수 없다. 그런 얽힘이 싫어서 산 속 절간으로 들어간다 하더라도 그곳 역시 나름대로의 규칙이 있고 인연법이 형성되어 있기 때문이다. 인연은 숨이 끊어지는 순간까지 이어지며 그 이후에도 지속되어지는 경우가 허다하다.

이렇듯 사람과 사람의 관계가 연속되어지고 그것이 각자의 인생에 있어서 성공과 실패, 행복과 불행을 결정짓는 중요한 작용을 한다는 것은 두말하면 잔소리다.

누구나 상대방이 어떤 사람이며 그것이 내 인생에 어떤 영향을 끼칠 것인가에 대해 심각하게 고민해 본 적이 있을 것이다. 이렇듯이 사람은 각자의 얼굴 생김새만큼이나 독특한 개성을 가지고 있다. 얼굴 생김새가 그 사람의 사고방식이고 성향이며 인생을 결정짓는 요인으로 작용한다고 볼 때, 나와 상대방의 얼굴을 정확히 안다는 것은 참으로 중요한 일이다.

필자는 관상 전문가다. 이 한 가지 분야를 연구하는데 오랜 시간을 보냈으며, 수천 년 동안 내려온 이론이 실제와 같은지 일일이 확인하면서 세월을 보낸 사람이다.

이 책은 필자가 직접 현장에서 발로 뛰며 기록한 탓에 누구나 쉽게 알 수 있도록 씌어진 얼굴 생김새에 대한 보고서다.

관상이라 하면 점쟁이를 먼저 떠올리는 사람이 있겠지만 점술과는 많이 다르다. 관상은 근거 없이 눈치로 대충 맞춰 떠벌릴 수도 없을 뿐만 아니라, 뜬구름 잡는 식으로 사람들을 속이지도 않는다. 관상은 이론적 통계가 아니라 어느 시대, 어떤 상황, 누구든지 눈으로 직접 확인할 수 있는 실전 통계학이기 때문이다.

필자는 관상을 깨우치기 위해서 스승을 두고 사사 받지 않았다. 그렇다고 수천 년 전부터 내려오는 어떤 종류의 관상 자료들을 무조건 받아들이지도 않았다. 스스로 확실하게 입증하고 온몸으로 깨친 후에야 인정을 하는 고지식한 방법으로 관상을 터득했다.

그리고 가지각색의 다양한 사람들을 접하고 체험하면서 현실로 증명된 사실들만 일일이 기록해 두었다. 여기 소개되는 내용이 바로 거르고 또 걸러내는 과정을 거친 결정체다.

이 책은 얼굴에 나타난 성격과 심리, 사고방식, 기질 등을 알기 쉽게 심층 해부해 놓은 지침서이다. 그런 만큼 관상에 대해 지식이 전혀 없는 사람이라 하더라도 상대방이 어떤 유형인지, 나 자신과 비교하여 어떻게 대처하는 것이 옳은 지 구체적으로 이해하기 쉽게 설명해 놓았다.

얼굴은 스스로의 인생지도人生地圖다.

비슷하게 생긴 사람들이나 쌍둥이조차도 서로 다른 삶을 살아가는 이유가 바로 얼굴에 나타난 인생 그림이 다르기 때문이다.

"나는 왜 직장에서 왕따일까요?"

"애인을 4년째 사귀고 있는데 그 사람이 어떤 사람인지 도대체 알쏭달쏭해요."

"결혼을 하려고 하는데 아직도 그 사람의 실체를 잘 몰라서 망설여집니다."

"그와 아무리 가까워지려고 해도 더욱 멀어지기만 합니다."

"부부 사이도 그렇고 고부 갈등이 도를 넘고 있어요. 원인이 뭔가요?"

"동업을 하게 되면 사기는 당하지 않을까요?"

"직장 동료와 왜 사사건건 틀어지지요?"

"남편은 정말 타고난 바람둥이일까요?"

"우리 애가 학문 쪽으로 성공할 수 있겠습니까?"

"돈을 빌려줘도 믿을 만한 사람인가요?"

"나는 남들보다 몇 배 열심히 노력하고 착한 일도 많이 하는데 왜 가난하게 살지요?"

"상대방의 얼굴만 보고도 정말 장단점을 파악할 수 있나요?"

"내 얼굴 어디를 어떻게 성형 수술하면 좋을까요?"

위의 질문들뿐 아니라 훨씬 다양한 의문에 대한 해답이 이 책 안에 들어 있다.

우리는 많은 사람들을 만나면서도 상대방에 대해서 몰라도 너무 모른 채 살아간다. 상대방뿐 아니라 자신의 모습을 거울에다 수없이 비춰보면서도 자기의 얼굴이 인생에 어떤 작용을 하는지에 대해서는 별다른 고민을 하지 않으면서 살아간다.

이 책에 실린 얼굴 특성 중에는 독자 여러분에게도 해당되는 부분이 많을 것이다.

사람은 그 누구든 장단점이 있기 마련이다. 장점만 있고 단점 없는 사람이란 이 세상에 없다. 인간인 이상 누구든 흠이 있는 것이다. 자신의 단점을 객관적인 방법으로 정확히 안다면 그 부족한 면을 커버할 수 있다.

여기서 관상을 보는 핵심 포인트는, 상대방의 얼굴을 볼 때 어느 부위가 보통의 다른 사람과 어떻게 다른지를 한 눈에 알아볼 수 있는 안목이 무엇보다 중요하다는 점이다. 왜냐하면 그 도드라진 특징이 바로 그 사람의 인생에 두고두고 영향을 끼치기 때문이다.

이 특징이야말로 '생긴 대로 산다'는 본래의 뜻인 것이다. 하지만, 얼굴 어느 한 부위가 잘 생겼거나 못생겼다고 해서 그 사람의 관상 전체를 싸잡아 보면 오류가 있다는 것도 알아야 한다. 즉, 얼굴의 다른 부위와 어떤 조화를 이루는지, 어떤 상관관계가 있는지를 살펴봐야 한다는 뜻이다.

예를 들어 귀가 부처님 귀같이 살집도 좋고 큰 사람이 있다고 치자. 옛날 사람들은 귀가 크면 재물 복이 있다고 좋게 평하는 경우가 있다. 과연 그럴까? 실제 상담해 보면 그렇지 않은 예를 얼마든지 볼 수 있다.

귀가 큰 사람임에도 오랜 세월을 고통스럽고 가난하게 살아왔으며 앞으로도 형편이 나아질 기미가 보이지 않는다거나, 코 큰 거지는 또 어떻게 설명할 것인가 말이다.

어느 누구든 살다보면 어려움에 처할 때도 있으며 고생하게 되는 경우도 있다. 그것이 일시적 현상이 아닌 경우, 다시 말해 귀가 크고 코가 큼에도 불구하고 평생을 어렵게 살아가는 거지도 있는 것이다. 이러한 것을 관상학적으로 풀어서 밝혀야 된다고 생각한다. 다시 말하면 얼굴의 다른 부위와의 상관관계를 알아야 한다는 뜻이다.

언어로 표현하는 데 한계가 있음에도 불구하고 이 책에서는 그러한 문제를 최대한 쉽게 풀어 쓰려고 노력했음을 밝혀 둔다. 아무쪼록 여기에 소개되는 내용들을 잘 숙지해 다른 사람과의 관계를 좋게 이끌어가기 바라며, 여러분의 인생이 화사하게 밝아지길 간절히 기원한다.

2006년 가을

관상

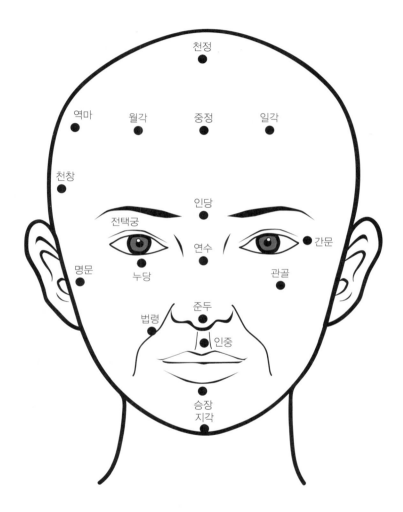

천정

역마 월각 중정 일각

천창

인당

전택궁 간문

연수

명문 누당 관골

준두

법령 인중

승장
지각

주요 부위의 명칭

얼굴에서 최고 명당인 인당

인당의 위치

인당은 눈썹과 눈썹 사이를 말하는데 흔히 미간이라고 부르는 곳이다.

인당이 넓은 사람과 눈썹의 잔털이 이어져 좁은 사람, 살결이 거친 사람과 윤기가 나는 사람, 색깔이 밝은 사람과 어두운 사람 그리고 눈썹 생김과의 상관관계 등 그에 따른 해석이 다양하다.

인당의 위치

인당의 중요성

일반 사람들이 상대방을 보고 평가하는 얼굴 부위 중 가장 먼저 눈길이 가는 곳을 순서대로 꼽으라면, 눈은 크고 시원하게 생겼는가? 귀가 큰지 작은지? 코는 어떻게 생겼는가? 이마는 시원하게 생겼는지? 입술은 앵두 같이 탐스러운가?

이런 순서대로 눈길을 준 다음, 재산 복이 있겠다는 둥, 장군감이다, 미스코리아 감이다, 또는 정력적이겠다고 하며 나름의 얼굴 평을 해봤으리라 본다. 과연 그럴까?

필자같이 전문적으로 사람의 얼굴을 보고 평하는 직업을 가진 사람이 가장 먼저 눈길을 주는 곳이 어디라고 짐작하는가?

물론 관상가에 따라 다르겠지만, 필자가 대인 관계에서나 손님과 상담하면서 가장 먼저 살피는 곳은 인당이다. 그리고 그 다음에 보는 것은 두드러진 얼굴의 특징, 눈빛, 몸에서 나오는 에너지의 파동과 얼굴에 나타난 피부색 순이다.

인당이 어떻게 생겼느냐의 작은 차이가 성격은 물론이고 그 사람의 그릇 크기, 대인 관계, 지능, 학업 운, 타고난 에너지의 강약, 재산의 정도, 애인 혹은 부부 사이의 궁합 그리고 더 나아가 단명과 장수, 평생의 운명까지 좌우한다고 하면 지나치다고 할까?

필자가 다양한 사람들을 상담하면서 늘 느낀 점은 인당의 생김새가 당사자의 인생에 결정적 역할을 한다는 것이다. 독자 여러분은 그깟 인당 하나를 보고 인생까지 들먹이느냐고 하는 분도 있을 것이다. 또한 다른 사람의 인생을 옆에서 지켜봤냐고 할런지도 모르겠다. 그에 대한 답을 하자면 이렇다.

50년, 60년, 70년 이상의 세월을 살아낸 분들의 얼굴을 보면 그 사람이 지금까지 살아온 세월이 나타나 있다.

즉, 코나 귀가 이렇게 생겼으니 어떤 세월을 살았을 것이고, 입과 눈썹과 이마가 이러저러하게 생겼으니 성격과 대인 관계가 어떠했을 것이라 쉽게 짐작할 수 있다. 그것을 당사자한테 일일이 확인해 보면 그 확률이 놀라울 정도다.

관상이라는 학문은 이론만을 내세우는 게 아니라서 언제든지 눈으로 직접 보고 체험할 수 있는 특성을 가지고 있다. 그러므로 누구든지 틀린 정보를 수정하고 자유롭게 고칠 수 있기 때문에 그 완성도가 높다 하겠

★인당이 차지하는 비율
성격, 그릇 크기, 대인 관계, 지능, 학업운, 에너지의 강약, 재산, 궁합, 수명 등 평생의 운명이 인당 안에 들어 있다고 해도 과언이 아니다.

18

다. 이것이 바로 관상이 다른 어떤 운명 철학 분야보다 정확하며 신뢰할
수 있는 점이다.

　따라서 2~30대 연령의 사람들도 앞서 산 사람들의 얼굴에 대한 통계 자
료를 적용해보면 자신이 앞으로 어떻게 살아갈지 예측이 가능할 것이다.

　물론, 사람의 인생이라는 것이 수학 공식처럼 딱 떨어지는 간단한 문제
는 아니다. 그 가변적인 문제점들을 각자가 쌓은 경험과 이 책에 등장하는
여러 내용들을 잘 조합해 적용한다면 보완할 수 있을 것이라고 본다.

　부언 하자면, 인당이 넓다고 해서 좋고, 좁다고 해서 무조건 나쁜 것은
전혀 아니다. 즉, 짚신도 제 짝이 있어야 구실을 하듯 관상이라는 학문이
인당 한 곳만을 보고 판단하는 것이 아니라 눈빛이나 살색 등 다른 부위
와의 상호 작용을 종합적으로 보고 판단하는 것인 만큼 인당의 생김새 나
름대로 일장일단이 있고 그 쓰임이 따로 있다는 뜻이다.

　장점은 살리고 단점은 보완하며 살아가게 하는 것이 관상을 보는 최고
의 목표임을 잊지 말기 바란다.

넓은 인당

　일반 사람들은 이마만 넓으면 머리가 좋은 줄 착각하는 것을 많이 봤
다. 물론 이마가 좁은 것보다 넓은 게 좋겠지만 이마만 넓다고 해서 관상
학적으로 좋다고만 볼 수 없으며, 머리가 좋다는 것에는 더욱더 동의할
수 없다.

　관상에서의 지능을 나타내는 부분은 이마가 아니라 인당이다. 인당이

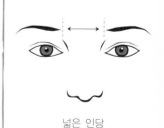

넓은 인당

넓어야 지능이 좋다는 말이다.

　그런데 인당의 생김이 사춘기 이전의 어린 시절에 공부를 잘하고 못하는 것에 그리 큰 영향을 끼치지 않는 걸 자주 봤다. 어린 시절에는 부모 등 가까운 사람들의 부추김 등으로 인해 자신의 능력보다는 외적인 요인에 의한 작용이 더 크게 나타나는 시기이기 때문이다. 자기 인생이 아니라 타인에 의해 삶을 배워나가는 나이여서 그런 것이다.

　그러나 사춘기 이후부터는 인당의 생김새에 따라 학문적 성과와 성격 등이 자신의 얼굴 모습대로 나타나기 시작한다. 그리고 세월이 흐를수록 그런 현상은 더욱 뚜렷해진다.

　인당이 넓으면 학문적 성과뿐만이 아니라 사물에 대한 이해력과 응용력이 좋아 창조력을 요하는 직업이나 예능 방면에서도 두각을 나타낸다. 하나를 알면 그 이상의 것을 상상해서 활용하는 능력을 갖추고 있기 때문이다. 세상을 바라보는 시야도 넓게 트였고 에너지가 충만하며 개방적이고 사교성도 있다. 그리고 사고방식의 품이 넓고 낙천적인 성향이 강한데, 이런 특징들이 인생에 큰 영향을 끼치는 걸 볼 수 있다.

　사람은 누구나 살아가면서 수많은 굴곡을 만나기 마련이다. 아무런 문제없이 잘 나가는 세월도 있을 것이고, 생각처럼 풀리지 않아 어려움을 겪으며 한숨짓는 일들도 만난다.

　같은 사안의 어려움이라도 인당 넓은 사람은 고민과 한숨만으로 시간을 보내면서 우왕좌왕하기보다는 특유의 타고난 낙천성으로 사물이나 현상을 긍정적으로 바라보면서 꼬인 실타래를 풀어나가는 형이다.

＊인당이 넓으면
· 지능이 좋다.
· 사물에 대한 응용력, 이해력, 창조력이 뛰어나다.
· 개방적이고 사교성이 좋고 낙천적 성품을 갖고 있다.
· 단점이라면, 끊고 맺음에 능숙치 못하다.

＊천재 물리학자 아인슈타인도 미간이 매우 넓었다.

고민은 또 다른 걱정거리를 만들지만, 긍정은 세상의 밝은 면을 돋보이게 만드는 법이다. 이것이 평범하고 작은 차이 같지만 어려움을 극복하고 탈출하는 데 있어서 매우 큰 작용을 한다.

하지만 인당이 너무 지나치게 넓으면, 위에 나열한 많은 장점이 있음에도 불구하고 개중에는 조직 등 틀에 얽매이는 걸 싫어하거나 책임감과 질서, 도덕심이 결여된 사람도 있다.

그리고 사람 좋다는 평을 듣기도 하지만 끊고 맺는 걸 잘못하고 결단력이 그리 좋다고 볼 수가 없다.

인당이 넓은 것에도 여러 유형이 있는데, 크게 두 가지 예가 있다. 눈썹이 짙으면서 인당이 넓은 경우와 숱이 옅으면서 넓은 인당이 있다. 물론 어떤 경우든 위에 나열한 장단점은 공통으로 갖고 있지만 약간 다른 점도 있다.

짙은 눈썹의 넓은 인당

짙은 눈썹에 넓은 인당은, 성격이 호방한 만큼 아량도 넓고 이해심이 많아 웬만한 일엔 갈등 없이 잘 넘긴다. 몸에서 뿜어져 나가는 에너지가 맑으며 혈육이나 주변 사람들과의 의리를 잘 지키고 좋은 관계를 맺으면서 살아갈 상이다.

옅은 눈썹에 넓은 인당

• 짙은 눈썹에 비해 모험심, 추진력, 경쟁심, 투쟁심이 좋다.

＊ 짙은 눈썹의 넓은 인당
· 호방한 성격.
· 이해심이 많다.
· 의리파다.

21

* 옅은 눈썹에 넓은 인당
· 모험심, 추진력, 경쟁심, 적응력, 투쟁심, 적극성, 생존력 등이 강하다.
· 약속을 잘 지켜야 한다.

• 말솜씨의 능란함은 활용에 따라 장점도 될 수 있고 단점도 된다. 꼭 지켜야할 비밀과 약속을 잘 이행하면서 사는 게 좋겠다.

• 적응력이 좋다.

코미디언이나 개그맨들의 인당을 보면 넓은 것을 볼 수 있다. 그만큼 환경이나 조건, 분위기가 바뀌더라도 그때그때 대처하는 순발력이 좋아서 적응을 빨리 한다는 뜻이다.

• 모두에게 해당되는 말이지만 자신의 능력 이상의 지나친 자만심은 금물이다. 잡히지도 않을 무지개나 뜬구름만 쫓다보면 인생이 현실적이지도 않고 알차지 못한 채 겉돌 가능성도 있으니 조심해야 한다.

인당이 좁으면

인당이 좁다함은, 눈썹과 눈썹이 서로 맞붙어 있는 생김을 말한다.

우리가 흔히 쓰는 '미련'하다는 말이 바로 인당의 모양에서 비롯됐는데, 미련에서의 미는 눈썹 미眉자를 쓰고 련은 잇닿을 련連을 쓴다. 즉, 눈썹이 이어져 연결되어 있을 때 미련하다고 한다.

• 세상 보는 시야가 그리 넓지 못하고 소견이 좁다.

• 소심한 편이어서 하찮은 일에도 신경질이 많은 성격이다.

• 경직되고 고지식한 탓에 융통성과 응용력이 부족하다.

• 우두머리형보다는 뒤에서 꼼꼼히 일을 챙기고 정리를 잘하는 스타일이다.

경험 많은 사람 혹은 앞장서 치고나가 판을 벌이거나 리더십 있는 사람

* 인당이 좁으면
· 세상보는 시야가 좁다.
· 소심하고 신경질적인 성격.
· 고지식, 융통성 부족.
· 중간 관리자 형
· 기억력이 그리 좋지 못하다.
· 창조성 부족.
· 고집이 강하다.
· 타인의 의견을 잘 경청한 뒤 생활에 활용하며 살아야 한다.
· 쓸데없는 잔 걱정을 사서 한다.
· 약간 느슨하고 낙천적으로 살아야 한다.

과 짝을 맞춰 일을 하면 서로가 단점을 보완해 주는 관계이기 때문에 잘 맞으리라 본다.

인당이 넓은 사람은 어떤 계획을 큰 틀에서 짜는데 유리한 능력을 갖고 있지만, 세분하여 검토하는 일엔 인당이 좁은 사람이 더 낫다. 인당 좁은 사람은 허황된 이론보다는 매우 현실적 성향을 갖고 있기 때문이다.

• 인당이 좁은 사람은 사서 걱정한다.

고민거리가 없으면 스스로 만들어 하기도 한다. 어쩌면 그 증상이 지나쳐 걱정하는 일을 취미로 즐기지 않나 할 정도다. 밤이나 낮이나 일할 때나 식사할 때나 아무것도 아닌 일을 갖고 걱정을 달고 사는 것이 인당 좁은 사람의 가장 큰 단점이다.

걱정거리를 늘 갖고 있거나 고민이 많다는 것은 긍정적으로 생각하기보다 부정적인 사고방식을 갖고 있다는 한 예이다. 이 부정적인 생각을 하루 이틀로 끝내는 게 아니라, 한달이 모여 일년, 5년, 10년, 20년 등 거의 평생을 달고 살게 된다면 어떤 인생이 되겠는가 말이다.

부정적인 사고를 밤낮없이 오랜 세월 동안 하고 산다면 스스로 자기 최면 현상이 생겨 무엇을 해도 안 될 거라는 패배 의식에 사로잡힐 가능성이 있다. 이것이 큰일을 추진하지 못하게 하는 악순환을 낳는다.

바둑이나 장기를 둘 때, 두세 번 지고 나면 또 지게 될 거라는 자기 최면에 걸릴 수 있다. 그러면 제 아무리 이기려고 발버둥쳐도 좀체 뜻대로 되지 않는다.

걱정도 걱정 나름이다. 밤에 잠자리에 들어서 하는 걱정과 아침에 잠이 깨기 전 비몽사몽간에 하는 고민은 더욱 나쁜 영향을 끼친다.

이 시간대는 종교에서 말하는 소위 '기도빨'이 가장 잘 먹히는 시간인데, 이런 시간에 부정적인 생각(걱정)을 습관적으로 하다보면 잘 풀릴 일도 더욱 꼬이게 될 것이다. 인생 전체로 봐서도 악영향을 끼치는 나쁜 습관임이 분명하다.

따라서 잠자기 전과 깨기 직전의 정신이 몽롱한 이 시간대엔 여태껏 살아오면서 가장 재미있었던 일을 기억한다든지 아니면, 꽃이든 귀여운 짐승이든 자신이 제일 좋아하는 것을 떠올리며 잠들고 일어나는 습관을 갖길 권한다.

누구든 크고 작은 고민은 다 하며 살아간다.

보통 사람은 일하는데 정신을 집중하느라 걱정을 오래하지 않고 대충 잊어버리고 사는데 비해 인당 좁은 사람은 그렇지 않다는 점이 문제인 것이다.

인생이 좌우되는 큰일은 주변의 경험 많은 사람한테 자문을 구해서 해결하고 자질구레한 일상적인 고민은 그냥 내버려 둔 채 일하는 데만 집중하기 바란다. 대부분의 일들은 시간이 흐르면 저절로 해결되기 마련이기 때문이다.

그리고 작은 일에 너무 집요하게 매달리지 말고 약간 느슨하게 생각하고 낙천적으로 살아가는 것도 도움이 될 것이다.

인당 좁은 사람이 기억력이 나쁘고 지능이 그리 좋지 못한 원인도 쓸데없이 사서 걱정하는 습관에서 비롯된 면도 있다. 정작 꼭 기억해야 될 것은 제쳐두고 잔 고민을 늘 달고 사느라 그런 것이다.

• 똥고집이 강하다.

고집 없는 사람은 없다. 그러나 고집도 고집 나름이다. 여기서 말하는 똥고집은 남의 이야기를 여간해서 잘 듣지 않는 나쁜 고집을 말한다.

자신이 알고 있는 지식이나 경험만 갖고 살다보면 자칫 우물 안에 개구리가 될 수 있다. 살다보면 내가 알고 있는 지식이나 경험만이 전부가 아니라는 사실을 잘 알 터이다.

나와 맞지 않는 상대방의 이야기 속에도 살아가는데 도움이 되는 중요한 정보들이 들어있다. 그것을 잘 듣고 자신의 생활에 활용한다면 살아가는 데 큰 도움이 될 것이다.

• 인당 넓은 사람은 인당이 좁은 사람에게는 농담을 되도록 피하고 말도 가려서 해는 것이 좋다.

인당 넓은 사람은 특유의 개방적인 성격으로 낙천적이며 유머가 많다. 하지만 다른 사람도 자신과 같을 것이라 생각해서는 안 된다. 특히 융통성이 부족하고 고지식한 성격의 인당 좁은 사람은 농담을 농담으로 받아들이지 못한다. 게다가 자신을 놀린다고 생각하여 좋지 않은 감정을 불러일으킬 수도 있다.

그러므로 인당이 좁은 사람의 장점인 진실한 성격을 최대한 살려줄 필요가 있다. 따라서 늘 진지한 자세로 대하는 것이 좋은 관계를 유지할 수 있는 방법이다.

인당도 눈썹 숱이 짙으면서 좁은 형이 있고 옅으면서 좁은 형이 있는데 여기서도 해석의 차이가 크다.

＊눈썹이 짙으면서 좁은 인당
· 성격 변화가 크지 않다.
· 운이 약간 늦게 트이는 형이다.
· 적응력이 약간 늦다.
· 모험가 형이 아니다.
· 성실한 노력파이다.
· 여리고 소심하고 겁 많은 성격이다.
· 여성은 남편의 영향을 크게 받으며
  살아가는 인생이다.
· 도덕심이 강하다.
· 정조관념이 강하다.
· 배짱과 기개가 부족하다.
· 일처리가 섬세하고 꼼꼼하다.
· 보수적이다.
· 에너지(기)의 용량이 적은 편이다.
· 안전지향형이다.

눈썹이 짙으면서 좁은 인당

• 성격의 변화가 크지 않고 고른 성격이다.

상황이 바뀌더라도 자신이 갖고 있는 주장과 가치관을 유지하는 형이다. 들쭉날쭉하지 않고 예측 가능한 성격이기에 배우자 등 상대방을 당황케 하거나 불안하게 만들지 않는다.

• 성향으로 봐서는 운이 약간 늦게 트일 가능성이 있기에 오랫동안 월급직 등의 직장 생활을 하다가 개인 사업은 중년이 넘어서 되도록 늦게 해야 된다.

만일 일찍 개인 사업을 하려면 부부 혹은 혈육 등 가까운 사람들과 합작이나 동업을 해야 한다. 동업을 해야 하는 이유는, 남의 의견을 참고하지 않는 똥고집에다 융통성이 없고 고지식하며 경직되어 있고 소심하며 지나친 도덕심과 쓸데없는 잡념을 달고 살기 때문이다. 이런 유형은 한번 운이 막히면 탈출하는데 많은 시간이 걸린다.

• 현실 적응력이 떨어진다.

환경이나 조건이 바뀌면 상황을 판단하는 능력이 약간 늦어서 주변으로부터 답답하다는 말을 듣기도 한다. 하지만 일단 적응을 하면 집중을 잘한다.

• 모험가 형이 아닌 안전 지향 형이다.

큰 재산 모으려고 일을 갑자기 크게 확장시키지 말고 주식 투자 등이나 요행수를 바라면 안 된다.

　알뜰하게 재산이 모이는 든든한 실속형 재산상이어서 모험만 하지 않는다면 어려움이나 큰 굴곡 없이 평탄하게 잘 살아갈 것이다.

　• 약속을 잘 지킨다.

　• 인내심이 강하다.

　• 일에 집중하면 한 눈 팔지 않고 매우 성실하며 대단한 노력파다.

　• 대인 관계에 진지함이 있다.

　• 여리고 겁이 많으며 소심한 성격이다.

　• 스스로가 인생을 헤쳐 나가는 개척가형이 아닌 전형적인 가정주부상이다.

　• 모든 사람들이 다 마찬가지지만 특히 이 유형의 여성은 남편감을 고를 때 매우 신중해야 한다.

　• 어떤 사람의 배우자를 만나느냐에 따라 인생의 성패가 크게 좌우될 정도로 남편의 영향을 절대적으로 받는 삶을 살아갈 성격이다.

　• 연하의 남자보다는 나이차가 많이 나는 포용력 있고 리더십 있는 연상의 남자가 남편감으로 더 어울린다.

　필자가 상담한 여성 중에는 이런 유형의 여성들이 여럿 기억에 남아 있다.

　늦은 나이에 만난 남자가 성격도 활달하고 시원시원해서 자신의 소심하고 내성적인 성격과 궁합이 잘 맞을 것 같아 결혼했다고 한다.

　그런데 알고 보니 이 남자는 이미 이혼한 전력이 있고 전처소생의 아들이 둘이나 딸려 있다는 걸 결혼 뒤에야 알았다. 남자가 그 사실을 속이기 위해 결혼 전까지 아이들을 다른 사람한테 임시로 맡겨 두었던 것이다.

그러나 어쩌랴. 이미 결혼식도 올리고 혼인신고까지 마쳤는데. 자신의 팔자려니 하며 살아야겠다고 마음먹었다.

그러나 그것으로 끝난 문제가 아니었단다. 결혼 전에는 자신한테 그토록 잘 대해주고 활달한 사람이었는데, 막상 한 방을 쓰며 살아 보니 얼굴만 마주치면 사사건건 신경을 곤두서게 만드는 것이었다.

부인은 남편과 자신과의 성격이 워낙 안 맞는 탓으로 돌렸다. 하지만 필자는 꼭 성격 탓으로만 보지 않는다. 즉, 두 사람은 성격 이전에 타고난 주파수가 정반대 유형으로 보였기 때문이다.

뿐만 아니라 그는 천하의 노름꾼에 술주정뱅이였다. 아무 연락도 없이 며칠씩 집을 비우거나 새벽에 불쑥 들어오는 일은 예사였고 술만 먹으면 개 패듯 매질을 해댔다. 이웃의 소문을 들으니 전 부인도 그렇게 폭행을 당한 끝에 이혼했다고 한다. 참으로 엎친 데 덮친 격이었다.

아이들은 또 얼마나 속을 썩이는지 새 엄마인 자신의 일거수일투족을 감시하며 제 아비한테 전화로 일일이 일러바치기 일쑤였다. 그나마 살던 전세방도 노름으로 홀라당 날려서 오갈 데도 없어진 후에야 이혼을 결심했다고 한다. 여리기만 하고 소심한 심성을 타고난 이 부인은 최악의 남편감을 만난 것이었다.

상담하는 내내 울먹이는 그녀가 너무 가엽고 안타까웠는데, 세월이 흐른 지금도 그녀를 떠올리면 가슴 한켠이 아파온다.

궁합을 볼 때 가장 중요한 것은, 각자의 몸에서 뿜어져 나오는 에너지의 파장을 보고 비슷한 주파수(싸이클, 파동)끼리 짝 지우는 게 최우선이다.

하지만 일반인은 물론이고 전문 상담가조차 그에 대한 지식이 전혀 없는 경우가 대부분이다. 생년월일이나 얼굴의 겉모습만 보고 궁합이 좋으니 나쁘니 하며 잘못된 판단을 내리는 것은 참으로 위험천만하고 매우 안타까운 일이다.

사람의 몸에서 뿜어져 나오는 에너지의 주파수(파장)를 느낄 수 있는 전문가가 극히 드문 현실에서 인당 좁은 여성이 결혼 상대자를 만날 때, 비슷하게 인당이 좁거나 소심하고 내성적인 남자를 만나는 것이 그나마 실수를 줄이는 하나의 방법이 될 수 있다.

주파수에 대하여는 이 책의 남녀 궁합 부문에서 실제의 예를 들어 자세히 설명하기로 한다.

• 정조관념이 매우 강하다.

남성도 그렇지만 여성은 특히 더 하다. 인당 좁은 여성은 한 번 사랑에 실패를 하면 평생 동안 그것을 떨쳐내지 못하고 가슴앓이를 하며 살아간다.

오랜 세월이 흘러 다른 남성을 만나 결혼을 하더라도 어딘지 모르게 늘 죄의식에 사로잡혀 주눅이 든 채 사는 걸 볼 수 있다. 그것은 본인의 인생이나 가정생활에 전혀 도움이 안 되기 때문에 빨리 잊을수록 좋다.

사람이 살다보면 많은 이성을 사귀게 되고 만남과 헤어짐이 있기 마련이다. 무려 열댓 명 이상의 이성을 만나 연애를 하면서 헤어지기를 반복하던 사람도 벼락을 맞거나 죄받는 일없이 결혼해서 잘 먹고 잘 사는 경우가 많다.

혹 사랑에 실패를 하더라도 떠나간 상대를 못 잊어 기다리거나 증오하는 자세를 버려야 한다.

• 도덕심이 강하다.

안 보는 자리라고 해서 질서를 어기든가 남을 해치는 일 따위는 하지 않는 평화주의자이며 법 없이도 살 사람이다. 이런 사람들은 약속도 잘 지키고 오래 사귈수록 안정적이고 믿음이 가는 유형이다.

그러나 도덕심이 있다고 해서 무조건 좋은 것도 아니다. 물이 너무 깨끗하면 고기가 못 살지만 약간 흐릿한 물에 온갖 물고기들도 꼬이는 법이다.

그러니 조금은 흐릿하고 느슨하게 살 필요가 있다. 또한 이런 장점을 잘 이해해 주는 사람이라면 상관없겠지만, 온갖 잔꾀가 난무하고 음성적인 사람들이 판을 치는 세상이다 보니 자칫 사람들한테 이용당하고 크게 상처를 받을 가능성이 매우 높기 때문에 조심해야 한다.

• 결혼하면 부모나 혈육 등과 가까운 거리에 사는 게 좋다.

정신적으로 기댈만한 누군가가 있어야 안심하고 힘을 내는 형이기 때문이다.

• 배짱과 기개가 부족하고 통솔력과 사교성 또한 그리 좋지 못하다.

사람 하나 사귀려면 오랜 세월이 흘러야 할 정도로 배타적이어서 타인에게 쉽사리 마음을 열지 않는다. 하지만 의리가 강하기 때문에 상대가 해를 끼치지 않은 이상 오래 사귀며 믿음이 커지는 상이다.

• 직업으로는 복잡하게 계산을 하거나, 정신적으로 어지럽고 신경이 예민해지는 일을 오랫동안 하는 건 피해야 한다. 혹시 그런 일을 하는 직

업을 가지고 있다면 적절한 휴식을 병행하면 괜찮으리라 본다.

꼼꼼하고 섬세한 일이나, 오늘 했던 일을 내일도 하고 모래도 하는 반복적이고 큰 변화가 없는 직종이 잘 맞는다.

• 인당 부위에 난 눈썹을 뽑거나 밀든지 해서 인당을 넓혔으면 좋겠다.

눈썹을 뽑는 행위 역시 성형의 일종이다.

눈썹을 뽑아 인당을 인위적으로 넓힌다고 해서 타고난 관상이 갑자기 좋아지는 건 아니지만, 성형을 하는 최대 장점인 정신적 자신감의 효과를 충분히 보리라 생각한다.

언젠가 동창회에 참석한 적이 있다.

어렸을 때는 온갖 개구쟁이 짓에다 말썽꾼으로 인식됐던 친구가 덩치는 황소만한데도 말수도 적고 내성적으로 변해 있었다. 짙은 눈썹에 인당이 좁은 걸로 봐서 역시 관상대로 겁 많고 소심한 성격이 그의 본래 모습이다.

사춘기 이전 어렸을 때는 관상대로의 성격과 고유한 능력이 잘 나타나지 않는다. 부모 등 주변 사람들의 영향을 많이 받는 시기이기 때문이다. 그러나 대부분 사춘기 이후부터 세월이 흐르면 흐를수록 그동안 잠재되어 있던 성향이 드러나게 되는데, 누구든 나이를 먹어 갈수록 생긴 대로 살게 마련이다.

필자의 상담 경험으로 미루어 볼 때, 자신의 얼굴 관상대로 성격이나 기질이 본격적으로 나타나는 나이는 보통 20대 초반부터이다.

반대로, 어렸을 때는 말수도 적고 늘 남의 뒤꽁무니만 따라다니며 내성적이고 수동적이던 친구가 나이가 들자 매우 적극적이고 활달한 리더로 변한 것도 위와 같은 경우라 보면 될 것이다.

또 다른 이야기가 있다.

50대 중반 정도의 훤칠한 키의 사내가 친구인 듯한 사람과 함께 필자를 찾아왔다. 눈썹이 짙으면서 인당이 좁은 상임을 한눈에 알 수 있었다. 눈은 크지만 눈빛에 힘이 없고 기가 흩어진다는 느낌을 받았다.

눈썹이 짙으면서 좁은 인당의 관상에 대해 위에서 예를 든 내용을 설명해 주고 보충 이야기를 덧붙였다.

"그릇이 그리 크지 않게 태어난 상이어서 재산을 많이 모으든가 사람을 많이 거느리면 탈이 생길 염려가 있으니, 적절히 안배를 하며 살아야 합니다."

필자의 말에 떨떠름한 표정으로 듣고 있던 사내의 친구가 말했다.

"그릇이 작으면 살아가는데 나쁜 영향을 끼치는가요?"

"그릇이 작으면 나쁘고 그릇이 커야 좋은 건 전혀 아닙니다. 그러나 각 사람마다 어울리는 분수라는 게 있습니다. 지나치지 않는 것이 중요하죠."

사내가 뒤이어 질문했다.

"쉽게 말해서, 내가 작은 그릇이니까 재산을 많이 모으면 안 된다는 얘기군요. 재산 많은 것하고 그 때문에 탈이 생기는 것하고 무슨 관계가 있습니까?"

"사람마다 각각 그릇이 다르고 에너지의 크기 역시 차이가 있습니다.

작은 그릇과 약한 에너지를 가진 사람이 너무 많은 재산을 모으면 그 무게를 견디지 못하고 스트레스가 쌓여 건강을 해칠 수 있습니다."

사람은 누구든 에너지-기氣-라는 것을 갖고 태어난다.

강한 기, 약한 기, 보통의 기 등 여러 형태가 있는데, 기가 강해야 좋고 약하면 나쁘다고 보지 않는다. 다만 강하면 강한 대로 약하면 약한 대로 그 나름의 장단점이 있으므로 그것을 잘 이용할 줄 알아야 탈이 안 생기는 것이다.

물론 눈빛 등 얼굴의 다른 여러 부위를 종합해서 봐야 되지만, 일반적으로 인당 좁은 사람은 약한 기를 갖고 태어난 경우가 흔하다. 기가 약하다는 것은, 몸 안에 내장되어 있는 에너지의 량이 적은 탓에 치고나가는 힘이 약하다는 말이다.

이런 사람은 지나치게 몸을 많이 혹사하든가, 신경을 많이 쓰는 일은 좋지 않다. 왜냐하면, 몸이 저장할 수 있는 에너지의 용량은 한정되어 있는데 에너지가 채워질 시간도 없이 소비를 갑자기 많이 하게 되면 고갈이 될 것이다. 그러면 정신과 육체가 약해질 가능성이 있기 때문이다.

위와 같은 설명을 듣고 있던 사내와 그의 친구는 동시에 깊은 숨을 내쉬었다.

"그래서 그런 일이 일어났을까요? 사실 이 친구는 앞날의 건강을 장담하지 못할 정도로 깊은 병이 있습니다. 재산 역시 관상으로 본 그릇 크기에 비해 엄청 많은 재산을 모았습니다. 그렇다면 많은 재산을 모은 것이 건강에 탈을 불렀다고 보는지요?"

친구의 말에 사내는 어깨를 툭 치며 제지하고 나섰다.

"저에 대한 관상평과 제가 실제로 살아온 인생하고는 정반대라는 생각을 했습니다. 오랫동안 옆에서 지켜본 이 친구가 잘 알다시피 학창시절엔 성적이 전교에서 1, 2등을 다툴 정도여서 머리가 나쁘다고는 생각지 않았습니다. 성격도 활달하고 어지간한 자질구레한 것은 신경 안 쓰고 살아왔으니 겁 많고 사교성이 없다거나 사서 걱정하는 것도 틀린 이야기입니다."

사내는 필자의 관상법이 터무니없다는 듯이 말했다. 물론 다양한 수많은 사람들의 관상을 보다보면 약간씩 틀린 부분도 있을 수 있다.

하지만 앞서도 말했듯이 관상이라는 분야는 수백, 수천 년을 두고 실증된 통계 자료에 의거한 운명학이어서 그 어떤 유사 분야와 비교해 볼 때 타의 추종을 불허할 만큼 정확하다고 자신한다. 따라서 이렇게 기초적인 것부터 틀린 경우는 한번도 없었다. 이렇게 틀릴 확률은 수천, 수만 명에 한 명 있을까 말까할 정도이다.

그렇다면 어디서 무엇 때문에 이런 결과가 나왔을까? 사내가 필자를 곤란하게 하려고 일부러 거짓말을 하는 걸까?

그렇지 않다고 본다. 표정이나 관상으로 나타난 성향으로 봤을 때 장난칠 사람이 아니다. 더구나 옆의 친구가 똑 같은 증언을 하는 것만 봐도 알 수 있다.

다리 짧은 뱁새가 긴 다리의 황새를 흉내 내면 가랑이가 찢어지고, 겨울철 나무가 여름철 나무 흉내를 내서 엄동설한에 잎사귀를 피우면 금세 얼어 죽듯이 인간 역시 각자에겐 타고난 운명이 있다. 그것이 얼굴이나 손바닥에 적나라하게 나타나는데, 자기의 생긴 대로 사는 길이 자연스런 현상이라고 보는 것이다.

이 사내의 관상에 나타난 에너지와 그릇은 크기가 작은 사람이 분명한데 백억 대 이상의 큰 재산을 모았을 뿐 아니라 당사자의 말대로라면 자신의 타고난 성향대로 살지 않고 정반대로 살아왔다고 보여진다.

관상적으로 지능이 그리 좋아 보이지 않은 사람인데 학교 성적이 뛰어날 정도로 잘 하려면 남들의 몇 배 이상 노력을 했을 것이고 재산을 모으는 과정 역시 그랬을 것이었다. 그릇 작은 사람이라고 많은 재산을 모으지 말라는 법은 없다. 하지만 모으는 과정에서 오랜 세월을 두고 차츰차츰 모아야지 탈이 생기지 않는다.

왜냐하면 그릇 작은 사람도 세월을 두고 조금씩 다지고 키워나가다 보면 그릇이 점차 커지면서 위에서 누르는 무게에 대한 내성이 생겨 무리가 가지 않는다.

이 사내가 타인과 치열한 경쟁을 하며 갑자기 많은 재산을 모았다면 지키는 과정에서 얼마나 과도한 에너지 소비를 하였겠는가? 또한 스트레스는 또 얼마나 많이 받으며 살았겠는가? 그것이 바로 몸에 암 덩어리를 키웠고 명을 재촉하는 결과로 나타났으리라 보는 것이다.

옛말에, 눈에 정기가 없는데도 좋은 집에 살면 명이 짧아진다고 했다. 인간도 자연의 일부다. 자연 현상을 역행하면 탈이 생기는 법이다.

눈썹 술이 옅으면서 좁은 인당

눈썹 술 전체가 드문 형

여기서 눈썹 술이 적다는 뜻은, 전체 눈썹의 술이 옅은 경우도 해당되지만 눈썹머리는 짙지만 끝부분이 옅은 형도 해당된다.

짙은 눈썹과 마찬가지로 똥고집이 있고 고지식하며 응용력이 부족하고, 지능이 그리 뛰어나지 않은 등 공통점이 많다. 차이가 나는 점은 눈썹이 짙은 형이 내성적이고 안정지향형인 반면, 술이 적으면 성깔이 있으면서 운동신경이 발달해 있고, 자존심, 도전 의식, 투쟁심이 강하며 정적인 일보다는 동적인 일이 더 맞는다는 점이 다르다.

눈썹의 양쪽 끝 부분만 드문 형

눈썹 술이 짙든 옅든, 인당이 좁은 사람은 직업적으로 머리를 복잡하게 쓰는 일에는 적당치 않다. 단순하고 반복적인 일이나 몸으로 활동하는 일에는 싫증내지 않고 잘 적응하는 걸 볼 수 있다.

위에서 살펴 본 바와 같이 얼굴의 여러 부위 중 인당이라는 한 부분에서 상을 본 결과만 해도 매우 다양한 해석이 나온다. 인당이 넓고 좁은 것뿐 아니라, 눈썹 술이 짙은가 옅으냐의 생김에 따라 차이가 크고 그 나름의 장점과 단점이 있다는 것을 알 수 있다.

내 얼굴에서 장점이 무엇이고 단점이 어떤 것인지 객관적으로 안 다음 그것을 실생활에서 활용할 줄 알아야 한다. 자신의 장단점을 모른 채 살아간다면 능력 이상으로 턱없는 과욕을 부려 실패의 쓴잔을 몇 번 마신 다음에야 비로소 뭔가 터득할 수 있을 것이다.

빠른 지름길이 있음에도 불구하고 먼 길을 돌고 돌아 많은 세월과 에너지를 소진한 후 원래의 출발점으로 되돌아와 다시 시작하는 과정은 얼마나 힘

겹고 시간적으로 손해인가? 그것이야 말로 사서 고생하는 것이다.

인당에 생긴 세로 주름

인당에는 나이가 들거나 주변 환경 때문이거나 스스로의 사고 방식에 따라 세로 주름이 한개 혹은 두세 개씩 생기는 게 보통이다.

주름도 주름 나름이다. 눈에 보일 듯 말 듯한 가느다란 세로 주름이 1~2cm정도 희미하게 나있는 사람이 있다. 이것을 현침문이라고 한다.이 현침문은 남성보다는 여성 쪽에서 더 많이 나타나는 것을 봤는데, 그것은 쌓인 스트레스와 마음고생을 그때그때 해소하지 못해서 생겨난 표시다.

남성은 집안이나 밖에서 쌓인 불만을 술이나 잡기로 풀 수 있는 공간이나 여건이 많이 널려있는 반면, 여성의 경우 사회적 인식이나 성향 상 그렇지 못해 속으로만 삭이는 데서 비롯된 것이라고 본다.

현침문이 있으면, 여러 의미가 있다.

• 부부 사이에 이혼이나 사별을 했을 때 현침문이 생긴다.

그래서 이것을 두고 생, 사별 주름이라고 해석한다.

• 부부간에 심각한 갈등이 오랜 세월에 걸쳐 진행되고 있을 때 나타나는 주름이다.

결혼 생활하면서 싸우지 않은 부부란 없다. 그러나 여기서 말하는 갈등이란, 죽지 못해 살고 있거나 부부궁합이 매우 나빴을 때 일어나는 현상을 말한다.

• 결혼 전에 오랫동안 사귄 애인이나 동거 등을 하다가 가슴 아픈 이별

＊인당에 생긴 현침문
· 남녀사이(부부도 포함)에서 가슴 아픈 이별이나 사별을 겪었을 때 생겨나는 주름이다.

을 했을 때도 이런 주름이 생긴다. 이 경우는 결혼 후에 사귄 애인과의 아픈 이별도 해당된다.

이 현침문의 주름은 한번 생기면 수십 년의 세월이 흘러도 없어지지 않는다.

그 외, 인당에 생기는 주름 중 현침문과는 달리 깊고 뚜렷하게 보이는 주름이 있다. 이 세로 주름이 생기는 원인은,

- 자신의 배짱과는 다르게 일이 오랜 세월에 걸쳐 진행될 때 생긴다.
- 사고방식이 지나치게 고지식하고 완고한 사람한테 나타나기도 한다.
- 하지만 반성심도 있고 사려가 깊은 면도 있다.
- 매사에 호흡을 길게 하고 마음을 느긋하게 가져서 낙천적일 필요가 있다.

축구 선수 홍명보

홍명보는 얼마 전까지 영원한 리베로라는 별칭답게 한국 축구의 뛰어난 최종 수비수였다. 2002년에 있었던 한일 월드컵 대회 때 대표선수로 뛰면서 4강에 오를 수 있었던 견인차 역할을 했다. 또한 2006년 독일 월드컵 대표팀의 코치를 맡아 성실하게 임무를 잘 수행해냈다.

홍명보의 관상 중 두드러진 부위는 눈썹과 맑은 눈에 있다.

그의 눈썹은 약간 짙은 듯하면서도 눈보다 눈썹 길이가 길며 윤기가 흐르는 것을 볼 수 있다.

그리고 인당이 그리 넓지 않고 좁은 편에 속하며 눈두덩(전택궁) 역시

발달해 있지 않은 좁은 형에 속한다.

이런 특징의 눈썹과 인당, 전택궁의 생김으로 봤을 때, 위의 관상적 설명에서도 보았듯이 섬세하고 꼼꼼하고 조심스러우면서 부지런한 완벽주의자로 약간은 내성적인 성향의 성품일 것이라 짐작한다.

그리고 매우 성실하면서도 대단한 노력가라는 점, 약속 잘 지키고 공정하고 도덕적이며 의리가 있다. 또한 고른 성품으로 말미암아 주변 인물들과의 관계가 좋다는 것을 능히 예상할 수 있다. 거기에다 눈썹의 윤기를 봐서도 그렇고 눈빛에서 풍기는 에너지가 맑은 기운이 서려있는 것은 타고난 심성 또한 좋다는 뜻이다. 그의 성격을 한마디로 표현한다면, 교과서적이라고 할 수 있다.

짧거나 약하지 않고 든든한 턱의 모양새가 그것을 뒷받침해 성실한 남편, 자상한 아빠의 전형으로 매우 가정적인 인물일 것이다. 이런 사람은 오랫동안 가까이 사귀면 사귈수록 신용과 믿음을 줄 인물이다.

단점이라면, 융통성이 좀 부족하고 고지식해서 그것이 타인에게는 재미없고 고집 있게 비춰질 수 있다는 점과 정신이 사나울 정도로 신경을 많이 쓰이는 일은 멀리하는 게 좋겠고, 혼자 추진하는 사업은 되도록 피하고 혈육이나 배우자 등 가까운 사람들과 동업해야하는 상이다.

큰 재물에 욕심을 부려 모험만 하지 않는다면 안정적이고 평화롭고 따뜻한 삶을 살아갈 상이다.

중국의 전 당 총서기 등소평

사람은 각자 그릇의 크기가 있다. 여기서 그릇이라 함은 뜻하는 범위가 넓다. 재산의 크기도 물론 포함되지만 생각의 크기, 이해력의 폭, 세상 보는 시야, 정신력 등 인생을 살아가는데 필요한 모든 사고방식의 크기를 총괄하기도 한다.

키가 크고 덩치가 우람하다고 해서 그릇이 크고, 체구가 작다고 해서 그릇이 작은 것은 아니다.

그리고 그릇이 크다고 해서 무조건 좋고, 작다고 나쁜 것도 아니다. 그릇이 크면 작은 일에 만족할 줄 모르며 자신의 능력이나 주변 상황은 고려치 않고 무턱대고 배포만 커서 일만 잔뜩 벌여 놓기 일쑤다. 그러다 보면 자신의 계획처럼 인생이 호락호락하지 않다는 것을 깨닫게 되면서 실망과 불만, 오기로 가득 찬 삶을 살아갈 가능성도 있는 것이다.

작은 그릇이라 해서 실망할 필요가 전혀 없다. 인생에서의 행복과 불행은 현실에 스스로가 얼마나 만족하며 사느냐에 따라서 결정된다고 볼 때, 욕심내지 않고 작은 일에서 즐거움을 찾으며 살아가는 것이 어쩌면 더 현명하고 성공한 인생일 것이다.

다만 자신의 분수도 모르고 높은 지위나 많은 재산을 모으면 위에서 누르는 무게를 견디지 못하고 쓰러진다는 것을 알아야 한다.

그릇의 크기는 얼굴의 어느 부위를 보면 알 수 있을까? 기본적으로 턱이 지나치게 짧든가 코나 입, 귀 등이 보기 싫을 정도로 작아서 균형이 무너지지 않아야 한다.

인당이 우선 넓어야 되고 살이 감싼 광대뼈가 발달해야 된다.

하지만 얼굴의 각 부위가 아무리 잘 생겼더라도 무엇보다 눈빛이 살아 있지 않으면 겉모습만 그럴싸하지 실속이 없다. 기 역시 밖으로 너무 흩어지지 않고 몸 내부의 에너지가 은은하게 힘이 실린 눈빛이어야 좋다.

체구가 작으면서도 큰 그릇으로 태어난 인물을 꼽으라면 중국의 지도자였던 등소평을 들 수 있다. 주변의 사람들이 그를 중심으로 둘러싸 보좌하는 모습을 화면에서 보면 가뜩이나 작은 오척의 키가 더 작게 보였다. 그런 작은 체구를 가지고 대륙을 호령하며 폐쇄적인 중국을 개혁, 개방 정책을 이끌어 오늘의 발전을 있게 만든 인물이다.

등소평은 관상적으로 장점이 많이 드러나는 얼굴을 갖고 있다. 이마가 넓으면서도 일각과 월각이 잘 발달해 있다. 이것이 눈빛과 조화를 이루어 사회성 있고 이름을 많이 얻게 만들었다고 보여 진다.

그다음 시원하게 열린 인당이다. 보통 사람보다 훨씬 넓은 인당인 것을 보면 지능이 매우 뛰어나면서도 응용력 좋고 세상 보는 시야가 트인 데다 변화에 대처하는 능력이 좋은 인물이었음을 알 수 있다. 성격 또한 개방적이고 낙천적이며 품 넓은 천재형 관상이다. 이런 사람은 예술 방면으로 나갔어도 재능을 보였을 터이다.

하지만 눈썹의 숱이 드문 것으로 봐서는 투쟁심과 강단은 있되 혈육의 전체 혹은 일부와의 인연이 그리 좋아 보이지 않는다. 몸에서 내뿜는 에너지 또한 매우 강해 보이는데, 배우자 되는 사람이 이런 강한 에너지를 어떻게 수용하고 흡수하느냐에 따라 부부 관계가 좋게 혹은 나쁘게 바뀔 수도 있다. 다시 말해 배우자 되는 사람이 어지간히 큰 그릇이 아니라면 맞추기가 까다로운 파장을 갖고 있어 보인다.

이렇게 강하고 독특한 파장을 가진 인물이 가정이나 집 주변만 맴도는 삶을 살면, 스트레스 때문에 부부 관계에 갈등이 매우 심해질 수 있다. 넘치는 에너지도 해소하고 자신을 발전시키기 위해서는 큰물에서 놀아야 한다는 말이다.

곧고 바르면서도 듬직하게 솟은 코하며 그를 감싸는 역할의 관골이 힘이 있어 보인다. 그것들을 아래에서 바쳐주는 튼튼한 턱과, 눈썹선 아래로 내려온 색깔 좋은 큰 귀, 은은한 힘이 실린 기운의 눈빛과 함께 좋은 조화를 이루고 있다.

태평성대의 세월에서는 반골 기질이 엿보이지만 어지러운 난세에서는 끊임없는 도전과 변혁을 꾀하며 풍운아적인 삶을 살 관상으로 보인다.

눈썹의 생김새만 보고도 상대방 성격을 알 수 있다

눈썹과 인당의 중요성

일반인들은 눈썹과 인당(미간)이 얼굴 관상에서 차지하는 무게를 너무 가볍게 보는 것 같다.

눈썹과 인당의 생김새에는 당사자의 중요한 기초 정보가 모두 들어있는 만큼 인생에서 차지하는 비중이 실로 막중하다. 따라서 관상을 전혀 모르는 사람이라 하더라도 상대방의 눈썹과 인당 모습만 보아도 그 사람이 어떤 유형의 인간인지 정확히 알 수 있다. 다시 말해 상대방의 성격은 눈썹과 인당 안에 대부분 들어 있다는 뜻이다.

눈썹에는 당사자의 타고난
성격이 들어 있다.

눈썹을 가볍게 보지마라

보통 사람들의 눈썹에 대한 인식은, '눈 위에 붙어 있는 수염보다 짧은 털' 정도로 대수롭지 않게 생각한다. 하지만 눈썹을 면도기로 싹 밀어버리고 거울을 바라본다고 가정해 보자. 거울에 비춰진 자신의 모습이 어떤 모습일까?

반대로 눈썹을 숯 검둥이처럼 짙게 그린 후 거울을 보자. 그리기 전과 후의 모습이 어쩌면 그렇게 다른 이미지로 보이는지 놀랄 것이다. 그것은 겉모습의 느낌만 그런 것이 아니라 당사자의 얼굴에 나타난 관상적 의미

눈썹이 짙은 얼굴

눈썹이 없는 얼굴

와도 직결된다.

즉, 눈썹이 어떤 형태로 생겼느냐에 따라 개방적이고 넓은 마음의 소유자가 될 수도 있고, 속 좁고 옹졸한 사람이 될 수도 있다. 또한 의리 있고 대쪽같은 이미지가 되거나 변화무쌍하고 믿을 수 없는 변절자의 관상이 되기도 한다.

눈썹의 생김새가 그게 그것 같고 엇비슷하게 보이지만, 자세히 관찰해 보면 의외로 사람마다 각기 다른 다양한 모양새를 갖추고 있다는 것을 알 수 있다.

눈썹 숱이 짙은 사람과 옅은 사람, 짧은 사람과 긴 사람, 윤기가 흐르는 사람과 거친 사람, 눈썹 속에 점이나 흉터가 있는 사람과 없는 사람, 팔자형의 눈썹과 직선으로 뻗은 사람, 왼쪽과 오른쪽 눈썹의 높이가 다른 사람, 눈썹 끝의 뼈(미구眉丘)가 도드라진 사람 등등 많은 종류가 있다. 이 작고 하찮은 생김새의 차이가 각자의 인생길에 결정적인 역할을 한다고 해도 결코 지나친 말이 아니다.

그리고 눈썹을 밀고 문신을 했거나 화장을 한 것과 상관없이 여기서는 성형하거나 다듬기 전의 원래 눈썹에 의한 관상 평임을 밝힌다.

또한, 눈썹은 나이가 들면 숱이 자연히 빠지게 된다. 나이가 들면서 빠진 눈썹은 관상적 관점에서 볼 때 그리 큰 영향을 미치지 않는다.

따라서 아래 내용들은 눈썹 숱이 빠지기 전의 관상이라는 것을 기억해 주기 바란다.

눈썹 술이 짙은 사람

• 내성적인 편이고 보수적이며 강직하고, 섬세하며 꼼꼼하고 고지식하다.

이 눈썹 형은 많은 사람들을 접촉하면서 상황에 따라 변화무쌍하고 능동적으로 대처해야하는 요즘 시대에는 융통성 부족으로 인해 답답하다는 평을 들을 것이고, 타인에게 이용당할 수도 있다.

• 쇠든지 사람이든지 너무 강하면 부러지기 쉽다.

현대 사회에서는 자존심이 상한다 하더라도 물러서거나 버드나무가지처럼 휘어질 줄 알아야 하며, 상황에 따라 처신을 잘 하는 사람이 수완이 좋다는 평을 들으며 살 수 있다. 눈썹 술이 짙은 사람은 성격이 좀 경직되다 보니 변화에 대한 대처 능력이 떨어지는 것이 단점이다.

다만, 미간(눈썹과 눈썹 사이)이 넓거나 눈빛이 살아 있다면 위의 단점들을 충분히 상쇄시킬 수 있다.

• 섬세하고 여리면서도 들쭉날쭉하지 않고 고른 성품을 갖고 있다.

• 이리저리 흔들리지 않는 안정적인 성격으로 인해 오래 사귈수록 상대에게 신용과 믿음을 줄 사람이다.

• 대인 관계에서의 의리와 혈육간의 정이 두텁다.

• 예측 가능한 성격의 소유자이므로 주변 사람들이나 배우자를 정서적으로 안심시켜 주며 가정을 매우 중히 여긴다.

• 덩치가 크든 작든 상관없이 겁이 많은 만큼 모험이나 변화를 좋아하지 않는 스타일이다.

• 매우 현실적이다.

* 숱썹 숱이 짙은 사람
· 내성적이다.
· 보수적이다.
· 강직하고 고지식하다.
· 섬세하고 꼼꼼하다.
· 의리파다.
· 안전지향형이다.
· 현실주의자다.
· 매우 성실한 노력파다.
· 일처리가 꼼꼼하고 완벽주의자다.
· 내성적인 편이다.
· 책임감이 강하다.
· 혈육과의 관계가 좋다.

• 관리자형으로 일을 꼼꼼히 챙기는 완벽주의자의 전형이라고 할 수 있다.

• 직업으로는, 변화무쌍하거나 계산이 복잡한 일, 앞으로 치고 나가 크게 판을 벌이는 일 등에는 적합지 않다.

• 큰 재산을 모으려고 갑자기 일을 확장하거나 주식에 투자하는 등, 투기성 모험은 피해야 한다.

• 한 단계씩 절차를 밟아 알뜰하게 재산을 증식한다면 세월이 흐를수록 실속 있는 재산이 모일 것이며 인생 전체로 봐서는 큰 굴곡이나 어려움 없이 평탄하고 안락한 삶을 살아갈 형이다.

시체말로 '안전빵으로 산다'고 생각하며 살아야 한다는 뜻이다.

• 중년 이후엔 탈속의 경향이 나타나는 경우도 있는데 탈속이라 함은, 조선시대나 그 이전 같으면 세상을 등지고 머리를 깎아 중이 된다고 하겠지만 요즘 세상에 그런 사람은 없을 것이다.

따라서 먼지더미 같은 복잡한 도시 생활에서 벗어나 산 좋고 물 좋고 공기 좋은 곳에 가서 살고 싶은 욕망이 강하게 일어난다는 뜻으로 해석하면 될 터이다.

눈썹 술이 옅은 사람

술이 짙은 사람과는 대비되는 모양이다.

눈썹이 있어야 할 자리에 맨살이 훤히 드러나 보이든가 술이 있더라도 드물게 나 있는 형상을 말한다.

- 변화에 대처하는 순발력과 임기응변이 매우 좋다.

- 일에 대한 적극성과 응용력, 추진력, 도전 정신, 어려움을 헤쳐 나가는 돌파력이 뛰어나다.

- 하지만 그 좋은 장점을 지나치게 남용 하던가 우쭐해 하면 도리어 대인 관계에서 나쁜 영향을 끼칠 수 있다.

- 말주변이 뛰어나고 상황에 빠르게 대처하는 능력이 좋다. 하지만 가끔은 성격이 불같은 나머지 자칫 다른 사람에게 성격 변화가 심한 사람으로 비쳐질 수도 있다. 또한 잔머리를 굴리며 말만 번지르르 잘하는 등 믿을 수 없는 변절자라는 오해를 받을 소지가 있으니 조심해야 한다.

인생에서 대인 관계가 나쁘면 일에 대한 성공과 실패의 부침이 잦고 그만큼 굴곡 된 삶을 살기 마련이다.

- 그것을 극복하면서 단점을 커버할 수 있는 방법은, 생각을 말이나 행동으로 옮기기 전에 호흡을 길게 가지고 한 박자 늦게 말과 행동을 보여주는 습관을 들이고, 황소걸음같이 뚜벅뚜벅 신중한 모습을 보여주는 것이 좋겠다.

- 혈육의 일부 혹은 전체와의 인연이 그리 좋지 못할 수 있다.

* 숱썹 숱이 옅은 사람
· 순발력과 임기응변이 좋다.
· 적극적이다.
· 일에 대한 추진력, 경쟁심, 투쟁심, 도전 정신이 발달해 있다.
· 언행에서 한박자 늦게 하는 습관을 들이는 게 좋다.

이상적인 눈썹의 형상

숀 코널리는 007 영화에서 제임스 본드로 활약했던 세계적 명배우다. 눈썹이 뒤엉켜 있지 않고 일정한 방향으로 잘 쏠려있는 것을 볼 수 있다.

눈썹은 주택에 비하면 비바람을 막아주는 지붕과 같은 장소로 숱이 지

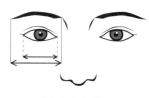

이상적인 눈썹

나치게 짙거나 옅지 않으면서 윤기가 흐르고 눈의 길이보다 눈썹의 길이가 길어서 보호해 주는 역할을 하는 형상이 이상적이다.

• 이런 눈썹의 소유자는 성격 변화가 크지 않고 의리도 있고 온화하고 정의로운 품성을 갖고 있다.

• 섬세하고 책임감이 강하다.

• 혈육, 부부, 대인 관계가 좋다.

• 무리수를 두지 않는 안정된 인생을 보낼 눈썹이다.

• 몸에서 뿜어져 나오는 에너지氣의 파동이 혼탁하지 않으며 맑고 깨끗한 기氣를 갖고 있는 사람이다. 기와 파동에 대해서는 뒷부분에서 보충 설명을 할 예정이다.

눈 길이보다 짧은 눈썹

• 혈육 혹은 부부 관계가 그리 좋지 않을 상이다.

• 여성의 경우는 이상적인 남성과 결혼했다 하더라도 남편과 갈등을 일으키는 성깔이 있는 눈썹이다.

• 남성은 어디로 튈지 모르는 럭비공처럼 예측 불허의 성격인데다 자존심이 강하고 괴팍스러우며 불같은 열혈 성격이어서 주변을 늘 불안하게 만든다.

• 이런 단점을 커버하려면 명상이나 호흡법을 배우든가 곰처럼 느긋하게 말과 행동을 하는 습관을 들이는 게 좋겠다.

• 장점이라면 뭐니 뭐니 해도 일에 대한 추진력과 돌파력이 강하며 경

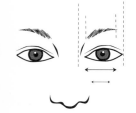

* 눈 길이보다 짧은 눈썹
· 추진력, 경쟁심, 투쟁심, 승부사 기질, 생명력이 강하다.
· 혁명가 기질이 있다.
· 성격 변화가 크다.

쟁심, 투쟁심, 승부사 기질, 강한 생명력 등을 들 수 있다.

•독특한 기질과 승부욕 등을 감안할 때, 남에게 일일이 지시 받으며 하는 일보다는 개인의 능력을 개발할 수 있는 직종이 더 어울릴 것이다.

•한군데 붙박이로 머무르거나 가만히 앉아서 하는 직업보다는 몸을 되도록 많이 움직이는 일이 잘 맞는다.

•변혁과 혁명가적인 기질이 있어서 자신의 장단점을 잘 활용하거나 때만 잘 타고 난다면 한 자리를 차지할 수 있는 큰 그릇이다.

술에 윤기가 흐르는 눈썹과 거친 눈썹

머리칼에 윤기가 흐르는 사람이 있다. 머리칼은 영양상태에 따라서 거칠거나 윤기가 없을 수도 있지만 눈썹은 머리칼보다 훨씬 더 각자의 심성이 드러나는 부분이다.

•사람들 눈썹을 자세히 관찰해 보면 윤기가 흐르고 은은하게 빛이 나는 눈썹이 있다.

눈썹에 빛이 난다는 말이 이상하게 들릴지 모르지만 실제로 밝은 느낌의 빛남이 존재한다.

•이런 눈썹의 소유자는 마음이 바르고 몸 안의 에너지-氣-가 맑은 사람이다.

•대인 관계에서 큰 무리가 없고 현재 하는 일이 희망적이라 볼 수 있다.

이와는 반대로 눈썹에 빛이 없고 푸석푸석한 느낌을 주는 형이 있다.

•평소의 마음 자세나 몸 안의 에너지가 안정되지 못했을 때 눈썹이라

* 윤기가 흐르는 눈썹
·마음이 바르다.
·에너지(기)가 많다.
·대인관계가 좋다.

* 윤기가 없고 푸석푸석한 눈썹
·성격이 급하고 부정적이다.
·언행에서 신중해야 한다.

는 외적 형상으로 나타난 결과다.

· 호흡이 짧으면서도 강한 만큼 성격이 급하고 말과 행동에서 부정적이고 거친 사람으로 비춰질 수 있다.

· 세상은 자기 생각대로 굴러가는 것도 아니고 자기주장만 옳은 것도 아니다.

지금 당장 하고 싶은 말이 불같이 치밀어 오르더라도 가슴 속에서 한 번 더 숙성시킨 다음에 표현하는 것이 실수를 줄이는 길이다.

관상적으로 좋은 눈썹

앞에서 말했듯이 잘 생긴 눈썹의 표준은 눈썹의 숱이 짙지도 옅지도 않으면서 눈 길이보다 눈썹의 길이가 길고 바깥으로 가지런하게 쏠린 데다 눈썹에 은은한 윤기가 흐르는 모양이다.

· 이런 사람은 맑은 에너지가 몸 안에서 흐르고 있다는 것을 나타낸다.

· 사고 방식의 중심이 잘 잡혀 있다.

· 온화하며 정의로운 성격의 소유자다.

· 생활 자체가 진취적이고 긍정적인 사고 방식을 가졌다. 따라서 인생 자체도 그런 방향으로 살아가기 십상이다.

숱이 뒤엉켜 있는 눈썹

그와는 달리 들풀처럼 산만하고 뒤엉킨 눈썹이 있다.

· 사물을 보는 각도가 바르지 못하다.

• 부정적 성향이 강한 사고 방식이어서 대수롭지 않은 일도 스스로 긁어 부스럼을 만든다.

• 쉽게 풀릴 일도 대인 관계에서 더욱 꼬이게 만들어 악순환이 잦을 가능성이 있다.

• 혁명적이고 반골 기질이 있다.

• 그럴싸한 달변을 앞세워 순발력 있는 처세로 넘기기보다는, 먼 장래를 염두에 두고 자신이 손해 본다 생각하고 시야를 멀리 봐야 한다.

• 어떤 일이 있을 때마다 타인의 입장에 서서 판단을 해야 하고 자신보다 남을 먼저 배려하는 습관을 들이는 게 좋겠다.

• 이 눈썹이라 해서 단점만 있는 게 아니다. 새롭게 변화하고 어려움을 헤쳐 나가는 힘, 도전정신이 남달라 침체된 일에 활력을 불어 넣는 역할, 꼬인 문제를 반대로 생각해 좋은 아이디어를 창출해내는 능력도 있는 것이다.

* 뒤엉킨 눈썹
· 비관적이고 부정적인 성향이 강하다.
· 공격적이다.
· 반골 기질이 있다.

미구(眉丘. 눈썹의 뼈나 살집)가 발달한 사람

언젠가 20대 후반의 청년이 누렇게 뜨고 초조한 얼굴로 필자를 찾아 온 적이 있었다.

"누구나 알아주는 최고 일류 대학을 나왔는데 아직도 뚜렷한 직장을 잡지 못하고 방황하고 있습니다."

이 사람의 관상적 특징은 미구眉丘가 많이 발달한 상이었다.

"보통사람에 비해 강한 에너지를 갖고 있습니다. 이 에너지를 적절히

미구

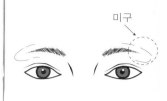
미구가 발달한 사람

소비해야 마음과 몸이 원활해지고 일이 잘 풀릴 겁니다.”

“어떻게 하면 에너지 소비가 되는가요?”

“몸 활동 혹은 신경을 많이 쓰는 일을 하는 게 좋겠어요. 지금 특별히 하는 일이 있습니까?”

몸 활동을 많이 하라는 이유는, 그렇게 하다보면 몸 안의 에너지가 바깥으로 많이 배출되기 때문이다. 그는 기운 없는 작은 소리로 대답했다.

“매사에 자신이 없고 거의 자포자기 심정이 되어 방안에서만 지내고 있습니다. 현재 부모님이 하는 일도 어려워져서 마땅히 기댈 곳도 생활비를 빌릴 데도 없습니다.”

“에너지가 강한 사람이 움직이지도 않고 방안에서만 지내면 화병 생겨요. 특히 인터넷에서 게임이나 고스톱 중독에 걸리면 더욱 힘들어지지요.”

청년은 가늘게 한숨을 내 쉬었다.

“……”

“취직도 중요하지만 우선 매일 아침저녁으로 땀을 흠뻑 흘릴 정도로 조깅이나 등산을 하세요. 그래야 에너지 소비가 되고 신선하고 새로운 기운이 몸 안으로 들어옵니다. 그러면 자신감도 생기고 전에는 보이지 않던 좋은 아이디어도 떠오를 겁니다.”

필자의 의견에 그는 별로 탐탁치 않은 듯 건성으로 듣는 것 같았다. 그러면서 퉁명스런 말로 툭 던졌다.

“제 얼굴 관상이 나쁜가요?”

이 사람은 얼굴의 관상적 균형이나 몸의 골격은 좋은 상이었으나, 넘치는 에너지를 적절히 내보내지 못해 스스로 무너지고 있는 형국이었다.

일이 꼬일 때 풀리지 않는 원인이 사람마다 각기 다르지만, 이 청년에겐 위에서 말한 내용이 결정적인 작용을 하는 관상임에 틀림없었다.

하지만 필자의 진단을 하찮게 생각하고 다른 데서 탈출구를 찾으려 한다면 어려운 세월을 그만큼 더 보내야 할 것이고 계속 힘들어 질 것이 뻔해 보였다.

젊고 능력이 있어 뵈는 사람이 방황하는 게 안타까워서 보통 때보다 많은 시간을 들여 열성적으로 설명해 주는 데도 당사자가 깨치지 못한다면, 이것처럼 답답하고 환장할 노릇이 따로 없다.

"아직도 내 말에 이해가 안 됩니까?"

그는 잠시 머뭇거리면서 한다는 말이,

"제가 20대 초반에 머리숱이 많이 빠졌습니다. 병원에서도 원인을 모르겠다고 하더라고요. 당시엔 까닭 없이 스트레스가 많이 쌓였었거든요."

"허! 그게 바로 넘치는 에너지를 보유한 사람이 에너지 소비를 못해서 일어나는 스트레스성 탈모 현상이라는 겁니다."

필자의 갑갑해 하는 말에 그는 작게 고개를 끄덕였다.

"속는 셈 치고 내일부터 당장 매일 조깅이나 운동 혹은 등산을 하면서 땀을 빼세요. 그러면 아마 길어야 보름 안에 좋은 변화가 일어날 겁니다."

미구

미구眉丘란 무엇인가?

일반인들의 눈엔 눈썹이 나있는 부분이 그냥 평평하게 보일런지 모르지만 그렇지 않다. 살이 도독하게 올라 있거나 양쪽 눈썹 끝 부위에 뼈가 돌출되어 있는 사람이 있다. 이것을 눈썹 미眉자에 언덕 구丘를 써서 미구라 부른다.

눈썹 살이 있으면 어떻고 뼈가 솟아오른들 무슨 상관이 있겠냐고 생각할지 모른다. 하지만 관상에서의 이 작은 차이가 인생에 큰 영향을 끼치는 것을 상담하면서 나는 늘 보아왔다.

대부분의 사람들은 살이 없고 밋밋한 위에 눈썹이 돋아 있다. 하지만 미구가 두둑이 솟아 있고 그곳에 눈썹이 나 있는 사람도 많다.

미구가 발달한 사람의 특징은,

• 자존심과 경쟁심이 매우 강하다.

• 한 성깔 하는 열혈 성격의 소유자다.

• 성미가 급하고 격렬한 단점 때문에 수습키 어려운 엉뚱한 일을 종종 벌이기도 한다.

• 감수성이 뛰어나다.

• 분석력과 관찰력, 직감력이 발달해 있다.

• 투쟁심, 경쟁심, 승부사 기질, 추진력, 운동 신경 등이 남달라 이런 점을 잘 활용하면 무에서 유를 창조하며 인생을 활기 있게 살 수 있는 상이다.

• 큰 그릇이 될 소지를 안고 있다.

• 강한 에너지-氣-가 몸 안에 잠재해 있다.

기氣라는 것은 누구든 가지고 있다. 다만 3차원의 세계에선 손에 잡히지도 않고 눈에 보이지도 않기 때문에 없는 것으로 착각할 뿐이다.

사람에 따라서 강한 기를 갖고 있는 사람이 있고 약한 기를 갖고 있는 사람이 있다. 강한 기를 가졌다 해서 인생을 살아가는데 좋은 역할을 하고, 약한 기를 가지고 있다 해서 나쁜 것은 아니다. 다만, 자신이 보유한 기가 어떤 유형이냐에 따라 그것을 활용하는 방법을 알아야 어려움을 겪지 않는다.

특히 미구가 발달한 사람들 대부분이 강한 기를 갖고 있는데, 본인 스스로는 그것을 잘 알지 못한다. 강한 기를 가진 사람은 몸 안에 넘치는 에너지가 있다는 뜻인데, 이것을 바깥으로 적절히 소비를 하며 살아야 스트레스도 안 받고 하는 일이나 몸에 부작용이 생기지 않는다.

사람들의 삶의 유형을 관찰해 보면 여러 가지가 작용해 인생에 큰 영향을 끼치는 것을 볼 수 있다. 다시 말해서 자신의 성격이 인생 항로에 결정적 작용을 하는 사람이 있는 반면, 타고난 에너지의 강약이 삶에 큰 줄기를 이루는 사람도 있다. 또한 주변의 인덕人德을 받고, 못 받는 데서 삶이 갈리는 인생도 있는 등 참으로 다양하다.

관상을 본다는 행위가 이목구비가 잘 생기고 못 생긴 것만 따지고 평하는 간단한 학문이 아니다. 얼굴에 나타난 특성 중 성격이 유난히 드러나는 얼굴이라면 그것이 바로 당사자가 인생을 살아가는데 큰 영향을 끼치는 유형이며, 타고난 에너지의 파동이 제일 먼저 눈에 띄는 관상이라면 그것이 당사자의 삶 내내 따라다니며 행, 불행을 결정짓는다고 봐도 무방하다.

성격에 의해 좌지우지 될 인생이라면, 자신의 성격에서 어떤 점이 장점이고 단점인가를 정확히 알고 적절히 대처하면서 활용한다면 성공한 인생을 살아갈 수 있을 것이다.

이 청년은 넘치는 에너지의 파장을 자신의 삶에 어떻게 이용하고 활용하느냐에 따라 인생이 갈리는 형이었던 것이다.

강한 에너지를 가진 사람이 자신의 기를 바깥으로 내보내지 않고 억누르며 살아간다면 어떤 현상이 일어날까?

까닭 없이 울화증이 잦을 것이고 활동하고 싶어 몸이 근질근질하는 일도 생길 것이다. 심하면 자신의 몸을 극도로 혹사시키려고 하는 심리가 자신도 모르게 나타나거나, 병원에서는 아무 이상이 없다고 해도 잔병치레가 잦을 수 있다.

그것은 몸 스스로가 알아서 에너지를 발산해 내부의 기운을 순화시키려고 자연 발생적으로 일어나는 현상이라고 볼 수 있다.

강한 에너지를 보유한 사람이 그것을 적절히 배출하고 소비하지 못한다면, 스트레스로 인해 이유 없이 짜증을 내는 등 주변 사람들과의 대인 관계가 나빠질 수 있다. 그것이 직장에서든 사업에서든 나쁜 영향을 끼치게 되므로 결코 가볍게 볼 일이 아니다.

미구가 발달한 사람은 관상적 성향을 잘만 활용하면 대성할 소지를 안고 있다.

하지만 그 특성을 직업으로 이용하지 못한다면 보통 사람에 비해 훨씬 어려운 세월을 보낼 수도 있다는 것을 알아야 한다. 즉, 급하고 예민한데다 자존심 강한 열혈성격이어서 자칫 옆길로 빠질 우려가 있다. 살아가면서 에너지 소비를 적절히 해주지 못하면 불덩어리를 가슴에 달고 사는 형국이기 때문이다.

적성에 맞는 직업으로는 경찰이나 검찰 등 법을 다루는 일이나 군인, 스포츠, 건설업 등 몸 활동을 많이 하는 직업도 괜찮으리라 본다.

잘 맞지 않는 일은 사무실에 갇혀 지내다시피하며 에너지 소비를 못하는 직업이다. 만일 그런 직업을 갖고 있거나 가질 예정의 사람이라면, 하루 종일 말을 많이 해야 하는 직종을 택하거나, 아침저녁으로 매일 같이 가벼운 운동을 하며 사는 게 좋겠다.

눈썹의 좌우 높이가 다르면

언젠가 20대 초반쯤으로 보이는 얌전하게 생긴 여학생이 친구들과 함께 필자를 찾아왔다. 여학생의 좌우 눈썹 높낮이가 지나치게 층이 나는 것이 한눈에 띄었다.

여성들 대부분은 기존의 눈썹을 밀어버리고 문신을 하든가 화장으로 그리기 때문에 잘못 손질 하는 경우도 종종 있다. 하지만 이렇게까지 차이가 나게 그릴 리가 없을 거라고 생각하며 물었다.

"눈썹이 원래 그런가요?"

"네. 제 딴에는 제대로 그리려고 아무리 노력해도 워낙 차이가 나서 이

* 미구가 발달한 사람에게 어울리는 직업
· 경찰, 검찰, 군인, 스포츠 분야, 건설업 등 몸 활동을 많이 하거나 매일 변화무쌍한 일이 벌어지는 직업이 잘 어울린다.

눈썹의 좌우 높이가 다른 사람

정도밖에 교정이 안돼요. 이런 것도 관상에서 영향이 있나요?"

다른 얼굴 부위는 참하고 복스럽게 생겼으며 탈 없이 잘 살아갈 관상을 갖고 있는데 어찌 눈썹이 그렇게 생겼단 말인가.

이런 경우는 너무 뚜렷하기 때문에 얘기하지 않을 수 없다.

"어렸을 때 부모님 중 한 분하고 인연이 멀어진 상이네요. 그렇지요?"

"어머나! 그걸 어떻게 아세요?"

학생은 큰 눈을 동그랗게 떴고 같이 온 옆의 친구들도 놀라워했다. 동시에 옆에 있던 친구 중 하나가 필자에게 질문을 했다.

"엄마 쪽 같아요, 아빠 쪽인가요?"

아마 이 관상가가 어디까지 정확히 맞추는가를 시험해 보는 것이리라.

필자는 간단하게 답했다.

"어머니 쪽이죠?"

"아!"

필자의 말에 모두들 감탄했고 학생은 금세 눈시울을 붉히며 고개를 푹 떨어뜨렸다. 그리고 작은 소리로 말했다.

"엄마가 일찍 돌아가셨어요."

오른쪽 눈과 왼쪽 눈의 생김새가 똑같은 사람이 없듯이 누구든지 눈썹 역시 양쪽 높이가 약간씩 차이가 있다.

그러나 위의 학생처럼 지나치게 편차가 나는 눈썹은 한쪽 부모와의 인연이 멀 때 나타나는 현상이다. 물론 어렸을 때(사춘기 이전) 부모와의 인연은 눈썹에서 뿐만이 아니라, 사람에 따라서는 이마나 귀 혹은 얼굴의 점이나 흉터만 보고도 쉽게 알아 볼 수 있다.

이 학생뿐만이 아니라 어느 유명한 소설가도 이런 눈썹을 갖고 있는데, 그도 아주 어렸을 때 한쪽 부모를 일찍 여위었다고 들었다.

팔자八字 눈썹

팔자 눈썹이란 한문으로 여덟팔자八 모양같이 양쪽 눈썹 끝부분이 아래로 처진 생김새를 말한다. 이런 눈썹을 가진 사람은 어딘지 좀 모자라 보이고 어수룩하게 보일지도 모르겠다.

하지만 관상적으로는 바보 같기는커녕 사교성 좋고 낙천적이며 느긋하고 호방한 성격에 주변 사람들과 화합을 잘하는 장점을 갖고 있다.

다만 끊고 맺는 것을 잘하지 못한다. 시작은 잘하지만 끝마무리가 흐지부지하며 암팡지지 못한 면이 있기 때문이다.

팔자 눈썹을 가진 여성은 낙천적이고 명랑하며 부모를 위하는 마음이 강하지만, 결혼을 늦게 하는 경향이 있다.

초승달 모양으로 둥근 곡선의 눈썹

남성이 이런 눈썹을 가지고 있으면, 총명하긴 하지만 성급하고 바람기가 조금 있는 게 흠이다.

여성인 경우는 다르다. 약간 가벼운 면이 있지만 영리하고 명랑하며 사교성이 좋다.

＊팔자 눈썹
· 사교성이 좋다.
· 낙천적이고 느긋한 성격이다.
· 임기응변이 좋다.
· 끊고 맺음을 잘해야 한다.

＊초등달 모양의 둥근 눈썹
· 성급하고 가볍다.
· 때로는 바람기가 약간 있다.
· 여성은 밝고 명랑한 성격이다.

눈썹 속에 난 점

눈썹 속에 난 점

얼굴에 있는 점은 인생에 나쁜 영향을 주는 게 대부분이지만 귀나 눈썹 속에 있는 작은 점은 좋은 작용을 하는 점이다. 그러나 눈썹의 점도 점 나름이다.

• 사마귀나 콩알 같이 큰 점은 미용상으로도 그렇고 혈육이나 부부 사이에도 해롭다.

• 눈썹 속에 보일 듯 말 듯한 작은 점은, 자존심이 강하다는 것을 나타내기도 하지만 예술적 재능이 있으며 지혜롭고 영리하며 사람들한테 인기를 끌 수 있는 좋은 의미를 갖고 있다.

끝이 짙은 눈썹

눈썹머리가 짙은 형과 끝이 짙은 눈썹

눈썹의 앞부분은 짙은데 끝으로 갈수록 유난히 옅은 사람은 자존심이 강하며 고집이 세고 급한 성격에 성깔이 있는 형이다. 일의 추진력, 투쟁심 등이 좋다.

그와 반대로, 앞부분보다 끝으로 갈수록 짙어지는 눈썹은 머리가 좋고 안정적인 성격에 살아갈수록 운이 상승하는 유형이다.

눈썹의 채

눈썹의 채彩

채란 머리카락같이 몇 가닥으로 길게 자란 눈썹이라는 뜻이다.

옛날 중국의 공자 등 유명 인물들의 얼굴 그림에 이 채가 그려져 있는 것을 볼 수 있다.

눈썹에 채가 있으면 좋은 징조로 귀인을 만나 도움을 받거나 높은 벼슬에 오른다고 알려져 있다. 특히 승려의 눈썹에 채가 있으면, 조사祖師로 이름이 길이 남거나 성불할 상으로 본다.

눈에는 미래의 모든 정보가 들어 있다

눈에 의한 관상

예부터 전해오는 관상서를 보면, '성공한 사람이 좋은 눈을 가진 경우는 많지만 좋은 귀를 가진 경우는 별로 없으며, 비천한 사람이 좋은 귀를 가진 경우는 있으나 좋은 눈을 가진 경우는 없다'고 했다.

이 말의 뜻은 눈이 귀보다 훨씬 더 중요한 역할을 한다는 의미이다. 눈이 잘 생긴 사람은 성공할 수 있지만 귀만 잘 생겼다면 성공할 수 없는 법이다. 그런데도 일반 사람들은 재산 복이 있을지 없을지 판단하는 기준으로 귀나 코의 생김새부터 먼저 따지곤 한다.

귀가 아무리 부처의 귀처럼 크고 살집이 있다 하더라도 눈빛 등 다른 부위가 조화롭지 못하면 겉모습만 그럴싸한 빛 좋은 개살구 격이 된다.

여기서 눈이 잘 생겼다함은 눈의 크고 작음 같은 겉모습보다는 눈에서 뿜어져 나오는 은은한 빛 즉, 안광을 뜻한다는 것을 알아야 한다.

인간의 몸에 있는 수많은 기관 중에 관상적으로 제일 중요한 부위를 꼽으라면 눈을 들 수 있다. 얼굴이 1,000냥이라면 눈이 차지하는 비중은 900냥이라고 할 정도로 눈의 중요성은 절대적이다.

눈에는 현재의 심리 상태는 물론이며 가까운 장래에 일어날 일의 성패

여부, 최근의 운기, 현재의 심리, 그릇의 크기, 건강 상태, 재산의 유무, 장수와 단명 등의 많은 정보가 총망라되어 있다.

눈은 뇌에 가깝게 연결되어 있어 눈을 통해 바깥세상에서 전해지는 대부분의 정보를 취합하여 뇌로 보내게 된다. 뇌는 그것을 다시 정리하고 판단해 인체의 각 기관으로 명령을 내리게 되는 것이다.

물론 뇌는 눈에서 뿐만이 아니라 몸의 각 부위에서 전달되는 정보를 다 받아들이고 있다. 그런데 눈에 의존하는 비율이 80%가 넘는다고 한다. 그래서 눈을 돌출된 뇌라고 부르는 것이다.

얼굴은 자기 스스로 어떤 생각을 반복적으로 하며 사느냐에 따라 좋게도 혹은 나쁘게도 변한다.

예를 들자면 이렇다. 지금 배가 고프다는 마음의 씨가 싹트게 되면 그것이 간절한 눈빛이나 누렇게 뜬 얼굴색으로 나타나게 된다. 즉, 배가 고프다는 생각이 처음엔 눈빛으로 나타나다가 시간이 지나면 얼굴색이 변하게 되며 세월이 흐를수록 얼굴 부위의 살이 빠지는 현상으로 나타나는 것이다.

이와 같이 보이지도 않고, 잡을 수도 없으며 냄새도 없는 마음이라는 무형의 물질이 세월이 흐르면서 눈으로 보이고 손으로도 만질 수 있는 피부라는 유형의 형상으로 나타나게 된다.

이 단계가 되면 굳이 전문 관상가가 아니더라도 상대방의 얼굴을 보고 '아, 저 친구가 배가 고프구나' 라고 짐작할 수 있다.

보통 사람도 알아차릴 수 있는 얼굴 살갗에 의한 관상법보다 한 차원

높은 것이 얼굴 색깔만 보고도 "당신은 지금 배가 고픈데 앞으로도 당분간 그 기간이 지속될 것이오."하고 예측하는 방법이다. 이것이 바로 찰색법察色法이다.

그리고 찰색법보다 더 빨리 예지할 수 있는 법은 얼굴색이 변하기 전에 '배고픈 마음'을 읽는 법이다.

관상법에서 차원이 보다 더 높고 중요한 것은 상대의 마음을 꿰뚫어 보는 법이다. 이것은 말에 의한 설명이나 서점에 나와 있는 책을 몇 권 읽는다고 해서 깨칠 수 있는 차원의 법이 아니다. 언어로 표현할 수 없는 우주에 떠도는 기와 정신세계, 그리고 자연의 흐름을 관찰하고 그것을 자기 것으로 만든 후에야 이해할 수 있는 문제이기 때문이다.

사람의 관상이 세월이 흐를수록 좋게도 혹은 나쁘게도 변할 수 있는 것은 위에서 언급한 '마음이 얼굴로 변화하는 이치' 때문이다. 인간의 얼굴이란 긍정적인 생각이든 부정적인 생각이든 '습관화된 상념'에 따라 얼굴색과 수염, 머리카락, 눈썹, 살갗, 눈빛까지 변하게 되는 것이다.

지금 일어나는 상념이 에너지화 되어 기氣로 변하고, 몸 안의 기가 최초로 바깥에 표출되는 형상이 바로 눈빛이다. 눈빛은 피부색이 되고, 피부색이 물질화 되면 살갗이 된다. 따라서 현재와 미래를 알려면 눈빛을 봐야 한다.

관상에서는 눈의 모양으로 판단하는 법과 눈에서 뿜어져 나오는 빛의 세기(안광眼光)로 보는 법이 있다.

사람의 눈은 그 생김새가 각양각색이어서 화난 눈, 보기만 해도 안도감이 드는 눈, 슬픔에 젖은 눈, 환희에 찬 눈, 심술이 덕지덕지 붙은 눈, 시원한 눈, 음흉하고 교활한 눈 등 각기 개성에 따라 다양하다.

사람의 눈 모양이 각기 다른 것은, 사고방식과 습관화된 상념이 오랜 세월 동안 굳어져서 나타나게 된 결과물이거나 당사자의 부모나 그 윗대 조상들로부터 물려받은 유전자 때문이다.

눈빛은 스스로 만드는 것이므로 비록 현실이 힘들다 하더라도 마음속에 희망을 갖고 늘 긍정적인 생각을 하며 살다보면 따뜻한 모습으로 바뀌게 될 것이다. 눈뿐만이 아니라 사람의 얼굴은 평소에 어떤 생각을 하느냐에 따라 변한다.

기氣란 마음속 저 깊은 곳에 있는 잠재의식이 에너지화한 것이다. 유능한 관상가나 기업체에서 인력 관리를 하는 사람이나 대인 관계가 잦은 직업을 갖고 있는 사람은 상대방의 눈과 눈빛만 보고도 그 사람의 마음속을 읽어낼 수 있어야 한다.

겉보기에는 수려하고 멀쩡하게 생겼다 하더라도 어딘지 허한 느낌을 준다면 대개 눈빛이 살아 있지 못한 사람일 때가 많다. 이것은 에너지(氣)가 안으로 오롯이 모이지 않고 밖으로 흩어져 있다는 뜻이다.

기가 흩어지면 어떤 일을 하고자 하는 의지력이나 집중력이 떨어질 터이므로 세상을 잘 살아가기가 쉽지 않으리라.

몸의 다른 부위가 좀 부족하게 생겼다 하더라도 눈빛만 살아 있다면 드러난 단점을 상쇄시킬 수 있는 힘이 내재되어 있어 성공할 가능성이 있다.

눈은 마음의 창이며 거울이다.

가늘고 긴 눈

가늘고 긴 눈

일반 사람들에게 어떻게 생긴 눈이 좋은 눈인지 물으면 대부분 크고 예쁘게 생겨야 된다고 대답할 것이다. 물론 눈이 그렇게 생긴데다가 힘이 느껴진다면 좋을 것이다. 그러나 눈이 크면 거기서 뿜어져 나오는 은은한 빛의 힘이 떨어지는 걸 많이 봤다.

관상적으로 잘 생긴 눈이란, 눈의 세로 길이가 길고 눈의 검은 동자가 칠흑같이 검어 흑백이 분명하며 또렷한 눈에서 은은한 빛이 살아있는 눈이다.

이런 눈에는 상대방의 마음을 제압할 수 있는 기운이 실려 있다. 즉, 타인에 의해 이리저리 휘둘리며 인생을 살아가지 않을 뿐만 아니라 자신의 의지대로 인생을 개척할 수 있는 힘이 있다고 본다. 이런 사람들은 인생을 살다가 어려움이 닥치더라도 능히 떨치고 일어설 수 있는 여력이 있다.

그렇다고 눈이 세모꼴로 쭉 찢어져 날카롭고 팽팽한 긴장감이 돌며, 여유가 없어 보여야 좋다는 건 결코 아니다.

경주 석굴암에 있는 석가모니 부처의 눈이나 만 원짜리 지폐에 그려져 있는 세종대왕의 얼굴 균형과 눈을 자세히 본 적이 있는가?

종이나 돌덩이에 새겨진 석가모니 상이나 세종대왕의 그림은 실제 모습을 표현한 것이 아니라 상상으로 그린 것이다. 하지만 눈, 코, 입, 귀, 인당, 눈썹과 얼굴 전체의 균형이 관상적으로 봤을 때 후덕하면서도 힘이 실려 있어 교과서적으로 잘 생긴 얼굴이라 하겠다.

동그란 눈

동그랗게 생긴 눈은 보기에도 좋고 편하다. 미인의 기준으로 이런 눈을 선호한다는 건 누구든 알고 있을 터이다. 어떤 눈의 형태이든 눈빛이 살아 있으면 관상적으로 좋은 눈이다. 그러나 동그란 모양의 눈엔 힘이 실리지 않아 기가 흩어지는 경우를 종종 봐 왔다.

동그란 눈

독자 중에는 헐리우드의 대표적 미인이며 영화 〈바람과 함께 사라지다〉에서 열연한 '비비안 리'를 기억하거나 이름을 들어 본 분들이 많이 있을 것이다.

넓은 이마와 인당 그리고 크고 해맑은 눈, 오뚝한 콧날의 그녀는 사진에서 보듯이 인형처럼 앙증맞고 예쁜 배우였다. 그러나 예쁘다는 평은 일반인들의 시각에서 봤을 때이고 관상가인 필자의 입장에선 그녀의 눈이 위태로운 것으로 보였다. 이렇게 크고 예쁘게 생긴 눈에 힘이 실렸더라면 하는 아쉬움이 컸다.

눈빛에 은은하게 힘이 실리지 않았다는 것은 몸 안의 에너지가 안으로 오롯이 모여 있지 않고 밖으로 이리저리 흩어질 때 일어나는 현상이다.

일에 대한 추진력이 떨어지고 어려움이 닥쳤을 때 헤쳐 나가는 돌파력도 부족하고 타고난 에너지—氣— 역시 약하다고 볼 수 있다.

미인박명이란 말을 할 때 얼굴의 다른 부위보다 바로 이런 눈을 두고 하는 것이라 생각한다. 그것을 증명이라도 하듯이 그녀는 우리 곁을 너무나 일찍 떠났다.

불거진 눈

앞으로 툭 불거진 눈이 있다. 이런 눈은 세상 물정을 일찍 알아 조숙하며 적극적이고 열정적이다. 언어 능력 또한 뛰어나서 그 방면으로 직업을 가지는 것이 유리할 것이다.

우묵한 눈

깊은 관찰력이 있고 매사에 치밀하고 조심스러우며 의사 표시도 신중하다. 여성은 결혼을 늦게 하는 경향이 있고 부모를 위하는 마음이 크다.

눈두덩이 넓은 눈

눈과 눈썹 사이의 거리는 사람마다 제각각이다.

눈과 눈썹 사이 즉, 눈두덩을 관상 용어로 전택궁田宅宮이라 부른다. 전택궁이라 부르는 이유는 이곳이 넓으면 땅이나 집 등의 유산을 물려받는다던가? 옛 사람들은 어땠는지 모르지만 현대에서는 그런 사람도 있고 아닌 사람도 있어 정확치 않다.

눈두덩이 넓은 사람의 특징은, 개방적이고 낙천적인 만큼 사교성과 융통성이 있고 일이나 사물을 보는 시야가 밝고 긍정적인 데 있다. 심성도 여유롭고 인정 또한 많다. 낙천성, 사교성, 긍정성 때문인지 남녀 애정 관계에서 정열적이라는 소문이 틀린 말은 아닐 듯싶다.

눈두덩이 넓은 눈

*불거진 눈
· 조숙하다.
· 매사에 적극적이고 열정적이다.
· 언어능력이 뛰어나다.

재미있는 것은, 눈두덩이 넓은 사람을 서양에서는 그리 좋게 평가하지 않는다는 점이다. 서구인들 대부분이 눈두덩 사이가 좁은 사람들이어서 지 눈두덩이 넓으면 계산이 분명치 않은 사람으로 본다고 한다.

치밀하고 정확한 것을 선호하는 눈두덩이 좁은 사람의 시각에서 보면, 눈두덩이 넓은 사람이 가진 낙천적이고 개방적인 성향이 어쩌면 그리 보일 수도 있을 것이다. 일리 있는 해석이라는 생각이 든다.

눈두덩이 넓은 사람 중에 자신이 이것에 해당된다고 생각되면, 약속 지키는 일과 공과 사를 잘 구분해야 하고, 계산이나 문서 작성할 때 끊고 맺음을 확실히 할 필요가 있다.

눈두덩이 좁은 사람

나는 톰 크루즈가 나온 영화를 보지 않아 그가 영화에서 어떤 이미지로 열연했는지 잘 모른다. 하지만 그건 어차피 현실이 아닌 영화일 뿐이다.

눈썹과 좁은 눈두덩을 볼 때 그는 일처리가 매우 섬세하고 꼼꼼하고 치밀하며 성격도 조심스러운 사람으로 보인다. 눈두덩이 좁은 사람의 특징은, 매사에 조심스럽고 공과 사가 확실하며 냉철한 이성과 일에 대한 치밀함과 끈기, 집념 그리고 성실함에 있다.

그러나 지나치게 완벽주의로 흐르면 무정하게 보이고 차갑게 느껴질 수도 있으며 집념 또한 집착으로 흐르기 쉽다. 때문에 일의 사안에 따라 융통성을 발휘하는 것이 대인 관계에서 숨통을 틔우는 일이다.

＊ 눈두덩이 좁은 사람
· 매사에 조심스럽고 끈기가 있다.
· 일에 대한 치밀함과 집념이 있다.
· 감정보다는 이성적이다.

늘어진 눈두덩

* 누당(와잠)
· 성적 기능과 장기의 건강 상태를
  나타낸다.
· 자녀와의 인연을 표시한다.

늘어진 눈두덩

윗눈꺼풀이 늘어져 있어 언뜻 보면 무슨 불만이 쌓인 것처럼 보이는 눈두덩이 있다. 이런 사람은 매사에 조심스럽고 꼼꼼하다. 금전에 인색하며 지나치게 타산적이다. 금전에 인색하다는 뜻은 꼭 써야 될 곳도 안 쓰는 이기심을 뜻한다.

누당涙當(와잠臥蠶)

눈 아래 도독하게 올라 있는 살집을 가리켜 누에가 누워 있는 모양과 닮았다 해서 와잠 혹은 눈물이 흐르는 곳이라는 뜻의 누당涙當이라 부르기도 한다.

이곳에 살집이 적당히 있으면서 밝은 색깔이 나고 윤택한 느낌이 나면, 성욕도 좋고 똑똑한 자녀를 두든가 나중에 자식 덕을 본다는 걸 뜻한다.

하지만 이 부위에 살이 올라 있다고 해서 다 좋은 것은 아니다. 살이 부풀어 오른 듯 푸석한 느낌이 들면서 색깔이 창백하거나 밝지 못하다면, 자녀한테 해로운 일이 일어난다는 조짐이다. 특히 결혼한 여성이 이런 형이면서 아래로 처진 듯한 느낌이 들면, 부부관계에 어려움이 생기는 경우를 많이 봤다.

이 누당 부위가 푹 꺼졌거나 검푸른 색깔로 보이는 등 밝고 윤택한 느낌이 들지 않으면, 자식과의 인연이 그리 좋지 못하거나 당뇨병 혹은 성기능 장애가 발생할 가능성이 있다.

눈동자의 검은자와 흰자

• 수안睡眼 : 눈동자는 검은자위와 흰자위로 구분되어 있다. 그 윤곽이 뚜렷하지 않으면서 눈빛이 흐릿하거나 졸린 듯 보이는 눈을 수안睡眼이라고 한다. 이럴 경우 일생을 자기 뜻대로 꽃피우지 못하거나 운이 늦게 트이게 되는 경우가 많다.

• 취안醉眼 : 흰자위가 술에 취한 듯 늘 붉은 빛이 감돌거나 노랗게 보이는 눈을 취안醉眼이라고 부른다. 이런 눈은 성격이 급하고 부부 사이 혹은 부모 덕이 그리 좋지 못하다. 약물 중독을 조심해야 할 것이다.

토끼처럼 놀란 눈

영화배우 비비안 리처럼 눈동자가 늘 무엇에 놀란 토끼처럼 동그란 상이면서 눈의 빛이 모이지 않으면 수안이나 취안과 마찬가지로 수명이 그리 길다고 볼 수 없다.

처첩궁妻妾宮, 간문奸門

눈 끝부분을 간문 혹은 어미魚尾라 부르는데 부부 사이의 인연이나 배우자와의 관계나 덕 유무를 보는 곳이다.

이 부위에 살이 두둑이 올라 있고 밝은 빛의 색깔이 느껴지면 배우자와의 사이가 좋고 가정도 원만하게 이끈다.

반대로, 이곳이 살집이 없고 푹 꺼져 있든가 어린 시절에 생긴 흉터나 점 등이 있으면 부부의 인연이 좋지 못하여 이별하던지 혹은 서로 간에

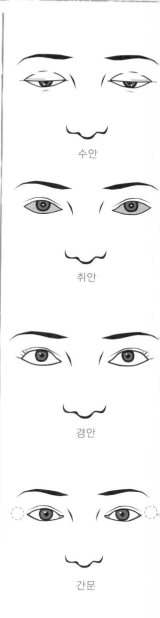

수안

취안

경안

간문

성격이나 이상이 맞지 않아 매우 힘든 세월을 보낸다.

　이혼하는 과정을 보면, 두 사람 사이의 갈등이 원인이 되기보다 집 바깥에서 다른 이성을 사귀게 되어 그 일이 원인을 제공하게 되는 수가 허다하게 많다.

눈 꼬리에 한 가닥의 주름이 뚜렷하면

　웃으면 눈꼬리에 주름이 여러 가닥 생긴다. 그런데 웃음을 짓지 않아도 한 가닥만의 주름이 깊이 패여 있는 형이 있다.

　이런 상은 자기 자신에게도 엄격하고 타인에게도 엄격한 사람이다. 자칫 부부 사이에 심각한 갈등이 생겼을 수도 있고 그것이 지나치면 별거 혹은 이별할 가능성도 있다.

눈꼬리에 한 가닥 주름

아래 속눈썹의 점

　속눈썹 아래 찍힌 점은 아주 작은 게 보통이지만 불륜에 빠질 점이다. 이 부위의 점이 나쁘다고 해서 점을 빼는 행위는 매우 조심해야 한다. 눈동자 부근이기 때문에 망막 손상이 우려되기 때문이다.

아래 속눈썹의 점

눈 안의 검은 점

　눈의 흰자위에 작은 점이 찍힌 사람이 있다. 남자는 총명하다는 뜻이고, 여성은 부정한 사랑을 할 점이다.

• 눈이 깊고 길이가 짧으면서 둥근 사람이 눈빛마저 반짝인다면 매우 이기적이고 교활한 사람이다.

귀한 눈과 천한 눈

옛 상서에 이르기를 "대인에게는 반드시 귀안貴眼이 있으나 천한 사람에게는 귀한 눈이 없다."고 했다. 이것은 눈에서 천함과 귀함을 가늠할 수 있다는 말이다.

또한 "그대가 상대의 마음을 알려면 먼저 눈이 맑은지 탁한지 보라."고 한 이유도 눈은 현재의 마음 상태를 비춰주는 거울인 까닭이다.

눈동자의 움직임이 안정되지 못하고 늘 전후좌우로 바삐 움직이는 사람은, 사사건건 의심이 많고 주거가 불안한 사람이다.

대화의 바른 자세

서양 사람들과 달리 동양 사람들 특히 한국 사람들은 얼굴 혹은 눈을 마주 보고 이야기하는 것을 꺼리는 경향이 있다. 그것은 오랜 가부장적 전통에서 비롯된 습성이 굳어진 탓일 터이다.

그러나 눈을 통해 어떤 사물을 보거나 상대방과 대화를 나눌 때는 자신의 몸 혹은 얼굴을 눈동자가 가는 방향으로 돌려서 바라보는 것이 바른 자세다.

만일 얼굴을 정면으로 향하지 않고 고개를 숙인 채 곁눈질로 흘끔흘끔 훔쳐보듯이 대화를 하는 사람이 있다면 그 사람은 심리적으로 뭔가 불안을 느끼고 있거나, 겉 다르고 속 다른 생각을 현재 가지고 있거나, 진지하고 솔직하지 못한 성품이든가, 교활한 흑심을 마음속에 숨기고 있다고 봐야 한다.

이런 사람일수록 입술에 침도 안 바르고 온갖 감언이설로 현혹하다가 상대방에게서 허점이라도 발견하게 되면 여태껏 감추고 있던 본성을 드러내 끊임없이 약점을 파고들어 목적한 바를 뺏고 만다.

옛 관상서에도 자주 곁눈질을 하며 보는 사람은 끝내 해를 끼치는 상이니 깊이 사귀지도 말고 중요한 거래 역시 하지 않는 것이 좋다고 했다.

동물의 눈을 닮는다면?

관상 서적에 보면 사람의 눈을 동물의 눈과 비유해 평을 한 것을 흔히 볼 수 있다. 이것은 보는 사람에 따라 시각이 다르기에 모호한 점이 있다.

예를 들어 사슴형의 눈 같이 보이는데 어떤 사람은 붕어 눈, 용의 눈으로 주장하는 것처럼 말이다.

하지만 염소 눈, 쥐 눈, 뱀눈을 닮은 사람은 입으로는 바른 소리를 하는 것 같지만 실제로는 천박하고 음흉한 사람이며, 개 눈을 닮은 사람은 이 여자 저 여자를 탐하기 쉽다.

빛나는 눈

이마가 보기 좋게 넓고 눈빛이 맑으면서도 샛별 같이 빛나는 눈의 소유자는 많은 사람을 상대하는 직업이 잘 어울릴 것이며 이름 또한 널리 알리는 상이다.

남녀 간에 사랑하는 사람이 있거나 애정이 무르익었을 때도 이런 눈빛인데, 특히 여성이 현재 이런 눈동자라면 지금 애인과 열애 중에 있다고 봐도 무방하다.

임자가 있는 몸인 줄 모르고 다른 남성이 이 여성에게 작업을 걸려고 시도를 한다면 한참 잘못 짚은 것이다.

불안한 빛남

눈빛이 빛나면 무조건 좋은가?

불안한 빛남

바람둥이의 눈빛도 빛이 나며 노름꾼, 사기꾼의 눈빛도 빛이 난다. 그들의 공통점은 눈빛이 안정되지 못하고 상대방 몰래 전후좌우로 끊임없이 움직인다는 데 있다.

그뿐 아니라 온몸에서 느껴지는 기가 평화롭지도 않고 맑지도 않으며 어지럽고 탁하고 불안한 느낌이 든다. 상대방의 이런 기운을 감지할 줄 알아야 실수를 하지 않는다.

기가 흩어지는 눈

눈이 빛나는 것처럼 보여도 어쩐 일인지 얼굴이나 몸에서 뿜어져 나오는 기가 안으로 모여 있지 않고 이리저리 흩어지는 느낌을 주는 빛이 있다.

기가 사방으로 지나치게 흩어지면 겉보기의 기운은 왕성한 것 같아도 실제로는 안정되지 못하고 실속 또한 없다는 뜻이다.

이러한 것은 가까운 장래에 일어나는 운기가 그리 좋지 않은 상태인데도 현재 분위기에 도취되어 일시적으로 기분이 상승해 일어나는 현상이다.

이런 경우엔 흔히 호흡이 깊지 못하고 마음 역시 뿌리도 없이 물에 떠다니는 부평초처럼 안정적이지 못하다. 이럴 땐 호흡을 길게 가져야 하고 경거망동하지 말 것이며 먼 장래를 바라보고 신중히 행동해야 한다.

좋은 눈빛이란, 온화한 듯하나 힘이 있어야 하고, 눈이 강한 듯하나 빛이 지나치게 밖으로 드러나지 않아야 한다. 호흡이 고르고 깊어야 좋듯이, 눈빛 또한 몸 내부에서 은은히 우러나오는 빛이 내실도 있고 좋다.

신기가 강한 눈

신기神氣라는 게 있다. 얼굴에서 신기를 느끼게 하는 부위가 몇 군데 있지만 눈만큼 적나라하게 보여주는 곳도 없다. 신기의 사전적 의미는 '신비롭고 이상한 기운', '정신과 기운' 이라고 풀이해 놓았다.

신기가 강한 사람의 눈을 보면 안정되고 편안한 느낌을 가질 수가 없다. 그리고 말로 표현할 수 없는 강한 에너지를 느끼게 되거나, 도전적으로 느껴지거나, 번쩍이는 광기 같은 것이 와 닿는다.

필자 나름대로 신기의 뜻을 풀이해 보면 이렇다.

인간의 몸에는 누구에게나 에너지-氣-가 있다. 공기가 눈에 보이지 않고 잡히지 않지만 분명히 존재하는 것과 마찬가지로, 기 또한 실재하는 물질이다. 이 에너지는 몸 안에만 머무르는 게 아니어서 일상적으로 외부로 파동을 그리며 뿜어 나간다.

*신기가 강한 눈
· 자신의 강한 에너지(기)를 어떻게 발산하며 사느냐에 따라 인생의 성패가 결정되는 경우가 많다.

사람들은 저마다 각기 다른 고유한 파장을 갖고 있다. 특히 신기가 강한 사람이 내보내는 파장은 강하고 독특해서 일반인들이 내보내는 파장과는 조금 다른 느낌으로 다가온다.

신기가 강하다고 하면 사람들은 대부분 무당 기질을 떠올리며 무서워하거나 거부 반응을 일으키곤 한다. 그러나 이 신기라는 것이 있다고 해서 나쁘다고 볼 수는 없으며, 없다고 해서 꼭 좋은 것만은 아니다.

살아가는 데는 신기가 조금 있는 게 좋다. 신기가 없으면, 활력도 없고 무슨 일을 하고자 하는 의지력과 투지력도 없으며 주관도 뚜렷하지 않기 쉽다.

신기가 약한 사람들이 어떤 사람들인지 알아보려면, 병원 중환자실을 가보면 느끼게 될 것이다.

많은 대중들 앞에 서서 일을 하는 탤런트나 가수, 미술이나 무용을 하는 예술가, 정치인 등등, 자신의 직업에서 뚜렷한 족적을 남긴 사람들 치고 신기가 약한 사람들이 없다.

그런 면에서 신기는 사람에게 꼭 필요한 에너지라고 볼 수 있다. 신기가 있기 때문에 신바람을 내며 일할 수 있으며 집중력과 집착력, 추진력, 목표에 대한 주관이 뚜렷하다.

그러나 이 신기 역시 지나침은 모자람만 못하다. 강한 신기란 에너지가 차고 넘친다는 뜻인데, 이 강한 기운을 제대로 소비하고 활용하지 못하면 몸 내부로부터 엄청난 반발을 불러일으킨다.

강한 신기를 스스로 다스리지 못하게 되었을 때 어떤 현상이 일어날까?

그에 대한 증상은 여러 형태로 나타난다.

어떤 사람은 여기저기 떠돌아다니고 싶은 역마살 현상이 일어나고, 어떤 사람에게는 자신의 몸을 극도로 혹사시키려고 하는 심리가 드러나기도 한다. 그것은 차고 넘치는 에너지를 자신도 모르는 사이 몸이 알아서 해소하려는 현상에서 비롯되는 것이다.

이런 상태에 이르면 눈에서 광기의 빛이 나오게 된다. 넘치는 기를 잘 다스려 직업으로 활용하지 못하게 되면, 인생 전체에 엄청난 어려움이 닥친다.

그 결과 첫째, 신체적 접촉이 잦은 부부 또는 이성뿐만이 아니라 집이나 방, 사무실 등과 같이 밀폐된 공간에서 자주 대하는 주변 인물들과의 관계에도 나쁜 영향을 끼치게 된다.

그것은 자신이 뿜어내는 강한 에너지 파동을 상대방이 흡수하고 융합하지 못하기 때문에 일어나는 것이라 하겠다.

에너지의 파장이 맞지 않으면 상대방은 까닭 없이 스트레스를 받고 작은 사안에도 날카롭게 신경을 곤두세우며 삐꺽거리는 일이 자주 일어나게 될 것이다. 그것은 라디오 채널이 맞지 않으면 시끄러운 잡음이 나듯이 주파수가 맞지 않아서 일어나는 현상과도 같다.

둘째, 하는 일이 순조롭게 굴러가지 않고 꼬이는 일이 잦다. 자신의 강한 기가 하고자 하는 일의 운기를 제압하고 갉아먹는 역할을 하기 때문이라고 생각된다.

이런 넘치는 에너지를 가장 쉽게 해소할 수 있는 방법은, 자신이 평소에 하는 일 외에 아침저녁으로 운동을 하는 것이다.

　가벼운 걷기 운동이나 달리기에서부터 땀을 흘릴 정도의 운동에 이르기까지 자신의 몸에 맞는 운동을 매일 하여 몸속에 내재되어 있는 에너지를 밖으로 소비해야 효과를 볼 수 있을 것이다.

얼굴은 어떤 이치로 변하게 되는가?

사랑을 하면 예뻐진다

사랑을 하면 부정적인 생각은 사라지고 장밋빛의 밝고 긍정적인 생각으로 꽉 차게 되어 그것이 얼굴로 나타난다. 바꿔 말하면 마음의 상태가 얼굴에 나타나게 되는 현상이다.

그러나 눈으로 보이는 실제 얼굴은 사랑에 빠지기 전의 얼굴과 달라지지 않았다. 눈의 크기도 그렇고 코나 입술의 모양도 전과 똑같다. 체중도 늘어나거나 줄어들지 않았다.

그런데도 다른 사람에게 밝고 훤하게 보이는 이유는 무엇인가? 웃음이 입과 눈가에 자주 머물기 때문인가? 그것만으로 훨씬 예뻐진 원인을 설명하기에는 어딘지 미흡하다.

그 이치를 설명하면 이렇다.

인간의 몸에는 에너지-氣-가 있다. 아니 인간뿐 아니라 식물에게도 있고 무생물이라는 돌덩이에도 약하나마 에너지가 존재한다.

이성을 사랑하기 시작하면 마음에 기대감이 쌓이고 밝아지는 것이 당연하다. 그런 마음이 몸의 에너지를 활동적으로 움직이게 하고 엔도르핀이 솟아나게 만든다.

그 에너지는 몸 내부에만 머무는 것이 아니라 밖으로도 뿜어 나오게 되는데, 눈에는 보이지 않지만 그 미묘한 파동을 느낌으로는 알 수 있다.

밝은 빛의 에너지 파장을 감지한 사람은 눈으로 보이는 상대의 실제 얼굴 변화와는 상관없이 예뻐졌다고 말하게 되는 것이다.

인간에게는 눈으로는 볼 수 없지만 미세한 부분까지 감별해 낼 수 있는 능력이 존재한다.

그 첫 단계가 다섯 가지 감각 기관이다. 촉각은 따뜻함과 차가움, 간지러움과 아픔 등을 느끼게 하는 피부 감각을 말하고, 냄새를 맡는 코도 있으며 맛을 알게 해주는 입과 혀라는 기관도 있다.

오감 중에는 귀나 눈같이 피부에 직접 닿지 않더라도 알 수 있는 것과, 진동만으로 소리를 듣는 귀가 있다. 보이지 않고 들리지 않는다면 물체를 전혀 식별하지도 못할까? 하지만 느낌만으로도 감지해 낼 수 있는 것이다.

자신의 에너지를 방사해서 부딪쳐 돌아오는 파장을 가지고 느끼거나, 상대가 보내는 에너지를 텔레파시로 전해 받을 수도 있다.

그것은 마치 어두운 밤하늘에서 박쥐가 전자파를 쏘아 올린 후, 돌아오는 파장을 통해 전방의 물체를 식별해 내는 이치와 비슷하다고 생각하면 된다.

개의 후각은 사람에 비해 몇 만 배나 발달해 있다고 한다. 인간도 아득한 옛날에는 짐승 이상으로 뛰어난 감각을 보유하고 있었지만, 마음에 때가 묻기 시작하면서 차츰 퇴화되어 버렸다.

사라진 능력을 되살리려면 꾸준하게 수련을 하거나 타고날 때부터 특별한 감각이 발달해 있지 않은 이상, 되찾기가 쉽지 않다.

10년이면 강산도 변하듯이 얼굴 역시 흐르는 세월에 따라 달라진다. 어린 시절 친구의 모습도 나이가 든 다음에 만나보면 몰라볼 정도로 변해 있는 것을 우리는 자주 보게 된다.

사람은 마음속에 수없이 많은 여러 가지 생각들로 가득 차 있으며 또 곧 잊어버리곤 한다. 그러나 그 중에서 어떤 생각이나 행동이 반복됨으로써 습관화되고, 세월이 흐르면서 굳어지게 되어 밖으로 드러나게 된다. 그것이 바로 얼굴이라는 형상이다.

그러기에 얼굴은 태어날 당시의 틀에 고정되어 있는 게 아니라 주변 환경에 적응키 위해 그에 맞는 습관적인 생각들을 하게 되고 그것이 얼굴을 변화하게 만드는 요인이다.

몸을 많이 사용하는 직업을 가지면 그 환경에 맞는 동작이나 생각을 계속하게 되고 그것이 얼굴의 광대뼈나 눈썹 등을 변화시키는 작용을 하게 한다.

또한 사람을 많이 상대하는 직업을 오랜 세월 동안 가지게 되면 그 환경에 적응하기 위해 목소리나 눈빛, 얼굴 근육이 변하게 된다.

평소에 얼마나 부정적인 생각을 하고 사느냐 아니면 긍정적으로 밝게 사느냐에 따라 인상도 바뀌고 운 또한 덩달아 변하는 것도 그와 마찬가지의 이치다.

'마흔을 넘어서면 자신의 얼굴에 책임을 져야한다' 고 했다. 40여년을 살아온 삶의 이력이 얼굴에 굳어져 고정되어지는 시기여서 그렇다. 마흔을 넘어서면 불혹不惑이라 해서 주변의 어떤 변화에도 좀처럼 흔들리지 않기 때문에 생겨난 말이고, 얼굴 또한 그 이후에는 큰 변화를 일으키지 않는다.

사람에 따라 시차가 있긴 하지만 관상적으로도 마흔을 넘어서면 얼굴에 나타난 나쁜 기운을 거의 대부분 거쳤기에 좋지 않은 일들은 그만큼 소멸된 상태가 되어있을 때가 많다.

얼굴이 그림을 그리는 캔버스라면 색깔을 입히는 물감과 붓은 자신의 마음과 반복적인 행동을 뜻한다. 즉, 자신의 얼굴이 어떻게 만들어 지느냐는 선천적으로 타고난 뼈대 위에 스스로 마음가짐을 어떻게 갖느냐에 따라 살갗과 피부색으로 재창조되는 것이다.

마음 씀씀이가 매사에 부정적인가 긍정적인가에 따라 얼굴 형태와 분위기도 달라지게 된다. 다시 말해서 자신의 얼굴은 스스로 만들기 나름이다. 육체는 눈으로 볼 수 있지만 영혼은 눈으로 볼 수 없다. 영혼을 그나마 볼 수 있는 것은 얼굴과 몸에서 풍기는 고유한 파장이다.

유혹에 약하고 판단력이 미숙한 유소년기라면 모르되 불혹을 거친 나이에 인상이 좋지 않다면, 그 사람의 지나온 세월이 부정적 심성으로 점철되어졌을 가능성이 높다.

미국의 링컨 전 대통령이 말하기를 '사람은 누구나 자신의 얼굴에 책임을 져야 한다' 고 했다. 링컨이 관상학을 연구했을 리 없었을 텐데도 그런 말을 한 것을 보면 인상이 심상이라는 논리가 동서양을 막론하고 진리로 통하고 있음을 알 수 있다.

얼굴을 나무로 치자면 과일에 비유할 수 있다. 그해 기후 불순이나 비료 부족 등으로 설령 열매가 제대로 맺지 않았다 하더라도 그것은 그리 문제가 되지 않는다. 현재의 열매가 비록 작더라도 뿌리가 살아있다면 좋은 비료를 줌으로써 훌륭한 열매를 맺을 수 있기 때문이다. 잎과 열매는 사람으로 치자면 얼굴과 몸이며, 그 잎과 열매를 자라게 하는 뿌리는 인간의 영혼에 해당된다. 이 영혼에 물을 주고 거름을 주는 행위는 자신이 마음속에 품은 여러 생각들을 긍정적으로 습관화시키는 일이다.

'건전한 정신에 건강한 육체가 깃든다'는 말은 마음과 몸이 따로 분리된 물질이 아니라 서로 밀접하게 연결되어 있다는 뜻이며, 마음을 어떻게 쓰느냐에 따라 몸이 변한다는 의미이기도 하다.

상담을 하다 보면 겉으로 드러난 얼굴판은 그럴싸하게 생겼는데 내면에 흐르는 기가 맑지 못하고 탁한 에너지가 흐르는 사람을 종종 만날 수 있다. 이것은 쉽게 말해 나쁜 업이 쌓였다고 말할 수 있다.

보통 사람들도 상대방에게서 이 나쁜 업을 느낄 수가 있는데, 주는 것 없이 왠지 밉게 보이는 사람이 그런 유형이라고 할 수 있다.

내가 상대방에게 아무런 잘못도 해도 끼치지 않았는데 타인에게서 은연중에 까닭 없이 따돌림을 당하든가 눈총을 받는 일이 자주 발생한다면, 겉으로는 드러나지 않지만 내 몸 속에 흐르는 에너지가 맑지 않고 탁하고 부정적인 기운이 든 탓이다.

앞서도 말했듯이 기氣라는 것이 눈에는 보이지 않지만 느낄 수는 있다. 자신의 탁하고 부정적인 에너지를 다른 사람은 오감 이외의 감각으로 느끼고 있다는 뜻이다. 이것을 다른 뜻으로 바꿔 말하면 나쁜 업이 쌓인 상태라고 할 수 있다.

매일 싱글벙글 웃는 사람은 나쁜 업이 없을까? 겉으로는 웃더라도 속마음이 검다면 제아무리 목소리가 곱고 미소를 잘 짓는다 해도 오래지 않아 그 본성이 감지되기 마련이다.

업業이란 무엇일까?

우리는 살아오면서 업 혹은 업보란 말을 심심찮게 들어 왔으면서도 정작 그 뜻이 뭐냐고 묻는다면 대답이 궁해진다. 어렴풋이는 알아도 손에 잡히지 않는 그 무엇이기에 말로 표현하기가 애매하기 때문이다.

업業이란, 자신의 몸이나 입 그리고 마음속으로 만들어 낸 선악善惡이 습관적으로 내부에 차곡차곡 쌓인 상태를 말한다. 그것을 필자 나름대로 현대적인 시각으로 바꿔 말하면, 자신이 전생에서 쌓은 기억들과 부모 등 조상으로부터 유전자를 통해 물려받은 선악의 정보라고 말할 수 있다.

'저 놈한테 내가 속는 건 아닐까?'

'저 놈은 노력도 하지 않는 것 같은데 어떻게 잘 살지?'

'얼굴이 나보다 못생겼는데 저 년은 왜 잘 살지?'

'사촌이 땅을 샀대. 아이고, 배 아파라.'

우리가 살아오면서 무심코 여러 가지 생각을 하며 이렇게 습관적으로 다른 사람이 잘 되는 걸 인정하지 않으려한 적이 없었는지 뒤돌아 볼 일이다.

남 잘되는 것을 은연중에 배 아파하고 시기하거나 질투하는 것이야말로 자신의 몸에 나쁜 업이 쌓이게 만드는 지름길임을 알아야 한다.

만일 그런 식으로 살아 왔다면 자신의 잠재의식 속에 '잘 되면 안 되는데……' 하는 최면의 씨앗을 자신도 모르는 사이에 심었기 때문이다. 그것이 세월이 흐르면 자신에게 부메랑이 되어 돌아온다.

잠재의식 속에 그런 부정적인 의식이 뿌리를 내렸다면 제아무리 발버둥치며 노력한들 하는 일마다 잘 풀리지 않을 것이다. 그것은 누구의 책임도 아니다. 평소에 남이 잘 되는 걸 바라지 않았던 자신이 '잘 되지 마라'는 명령을 잠재의식 깊숙이 심어 놓은 결과이기 때문이다.

그렇다고 남 잘 되는 일에 하기 싫은 칭찬이나 해주고 무조건 박수를 치라는 이야기는 아니다. 속으로 배 아파하면서 겉으로만 박수치면 아무 짝에도 소용이 없고 손바닥만 아플 뿐이다. 그럴 바엔 차라리 덤덤하게 축하를 해주던가, 자신도 노력해서 잘 돼야겠다는 각오를 다지는 게 훨씬 더 이롭다.

좋은 업이 많이 쌓인 사람은 환경이 바뀌더라도 타인에게 큰 거부반응을 일으키지 않기 때문에 융화를 잘 하며 믿음을 심어준다. 이렇게 함으로 해서 나쁜 업이 많이 쌓인 사람들에 비해 좋은 영향을 더 많이 받을 수 있게 된다는 것은 누구든지 경험을 통해 알 수 있다.

그렇다면 나쁜 업이 쌓인 사람들은 대인관계에서 평생 어려움을 겪으며 살아야 할까? 그것은 나쁜 업을 해소하는 노력을 어떤 식으로 하느냐에 따라 달라질 수 있다.

나쁜 업을 제거하고 얼굴에 아름다운 빛으로 채색하기 위해서는 여러 가지 방법이 있다. 그 방법들은 각 개인이 처한 환경이나 사고방식에 따라 달리 처방될 수 있는데, '덕'을 쌓는 행위도 한 가지 방법이 될 수 있다. 덕도 덕 나름이다. 여기서 말하는 덕이란 '조건 없이 베푸는 덕'을 뜻한다.

좋은 상이 나빠지는 것은 간단한 일이지만 나쁜 상을 좋은 상으로 바꾸는 일은 쉽지 않다. 정기적인 무료 봉사를 통해 덕을 쌓는 일도 있다. 몸은 비록 힘들지라도 자신도 모르는 사이 살아 있음에 감사하는 겸허한 마음이 우러나오게 되어, 영혼이 정화되고 나쁜 업을 벗겨내는 지름길이 된다.

지식이나 지혜는 다소 부족하더라도 남을 진정 사랑할 줄 알고 어려운 이를 돌볼 줄 알며 은혜를 알고 매사에 감사하는 마음을 지니고 산다면, 그 사람의 인상은 성스러운 빛(에너지)으로 감싸이게 될 것이다.

얼굴의 중심, 코

예부터 코는 얼굴 중앙에 우뚝 솟아 있어 관상에서 재백궁財帛宮이라 불러왔다. 재복의 여부와 금전의 들고 남, 재산 관계를 가늠하는 장소라 생각했기 때문이다. 그럼 코가 커야 재산이 많고 작으면 가난하단 말인가?

큰 코, 긴 코

• 코가 크거나 길면 대범할 것 같지만, 보수적이고 생각이 깊으며 자질구레한 일에 신경을 많이 쓰고 고지식하고 세심하며 꼼꼼하고 금전 관계에 결벽성이 있다.

• 품성이 높고 정신적인 면이 발달해 있으며 너무 꿈과 이상을 뒤쫓는 나머지 현실에서 약삭빠르지 못하다.

• 염세적이고 탈속 성향이 강하며 자존심과 함께 보수적이어서 장사꾼보다는 사회사업가나 종교인, 예술가 쪽이 더 어울린다.

• 어떤 인기 있는 남자 가수가 강한 남성의 상징이라는 소문을 오래 전에 어디선가 들은 적이 있다. 그것이 진실인지 우스개 소리 루머인지 잘 모르긴 하지만, 그 가수의 불타는 듯한 눈빛과 곧게 뻗어 내린 코를 합쳐 볼 때 어쩌면 타당성이 있는 말이라고 생각했다.

큰 코

옛날부터 남성의 심벌은 코를 보면 알 수 있다고 했는데, 그렇기도 하고 그렇지 않은 경우도 있다. 특히 코가 커야 힘이 좋다는 데는 더욱 동의하지 않는다. 코가 크더라도 콧대가 바르고 준두가 단단한 코가 제 값을 할 것이며, 작더라도 단단하고 암팡진 코가 실속이 있다고 본다.

또한 눈빛과 정력과는 상관이 없을 것 같지만 코의 크고 작음보다 눈빛이 훨씬 더 큰 영향을 미친다. 코가 아무리 크더라도 눈에 빛이 살아있지 못하다면 기능에서 문제가 있을 수 있고, 코가 작더라도 눈빛에 힘이 있다면 남성 역시 살아있다고 본다.

높은 코

• 자기 방어에 본능적으로 강하고 결과에 너무 성급하다.

• 자존심이 지나치게 강해 생활이 어렵더라도 체면 상하는 허드렛일을 꺼린다.

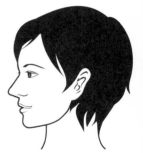

높은 코

짧고 낮은 코

낮은 코라 해서 보기 싫을 정도로 푹 찌그러진 생김새는 아니다. 너무 우뚝하게 솟지 않고 약간 낮은 듯하면서 살이 풍만하게 감싸주어 단단해 뵈는 코를 말한다.

• 코가 짧다는 것은, 얼굴을 옆에서 봤을 때 이마에서 눈썹, 눈썹에서 코의 준두 끝, 코끝에서 턱 끝, 이렇게 삼등분으로 나눠서 볼 때 그 중 코의 길이가 짧은 듯 보이는 모양을 말한다.

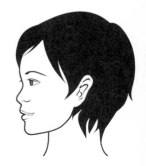

짧고 낮은 코

• 자존심을 굽히고 상황에 따라 물러서거나 휘어질 줄 아는 융통성과 처세가 좋다.

• 타협성과 남의 의견을 받아들이는 재능 또한 뛰어나다.

• 어떤 사안에 대해서 깊이 파고들기보다는 넓고도 얕게 정세를 파악해 상황에 따라 대처하는 임기응변이 매우 좋다.

• 눈치가 빠르다.

• 단점이라면 결단력과 줏대가 모자라고 약간 경솔하다는 점이다.

• 긴 코나 높은 코는 어떤 사안이나 세상살이에 깊고도 신중히 접근하는 형이지만, 짧고 낮은 코는 그때그때 상황에 따라 순발력이 뛰어나고 이재에도 밝다.

만일 이런 짧은 코의 특징으로 조선시대에 살았다면, 능수능란함으로 자칫 줏대도 없는 변절자라는 손가락질을 받았을 터이다. 그러나 하루하루가 변화무쌍하게 돌아가는 이 시대에 다양한 사람들과 대인 관계를 맺으며 살아야 하는 현대인에게는 현안에 따라 자존심을 굽힐 줄 알고 적응력이 좋은 짧고 낮은 코가 재산 형성에 유리할 것이다.

콧날이 가는 코

너그러운 성품을 갖고 있고 금전에 담백하다. 금전에 담백하다는 뜻은, 금전에 대한 과욕과 탐심이 강하지 않고 끊고 맺음이 분명하다는 의미다.

콧날이 가는 코

굴곡진 코

• 살아가다가 중년 무렵에 부부 관계나 자신이 하는 일에 가장 큰 고비가 닥칠 상이다.

• 자존심과 개성, 공격성과 일에 대한 추진력, 집념이 강하고 타협심이 없어 자기주장을 좀체 양보치 않는다.

• 남의 밑에서 일하기보다 자기 일을 가지는 사업가 상이다.

• 특히 여성은 남자 운이 그리 좋지 않고 자기 인생을 스스로 개척하며 살아갈 상인데, 애인이나 배우자감으로는 내성적이고 약간 수동적인 남자가 잘 맞다.

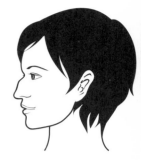

굴곡진 코

매부리 코

• 금전적으로 탐욕스럽고 인색하다.

• 냉철한 이성의 소유자로 두뇌회전이 빠르고 기회 포착과 요령이 좋다.

• 자화자찬을 잘하고 권력으로 상대를 굴복시키길 좋아하며 자신의 이익을 위해서는 배신도 할 수 있는 형이다.

• 재물 운은 매우 좋다.

• 여성은 운수의 굴곡이 많다.

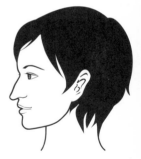

매부리 코

살이 없는 마른 콧대

일반 사람들이나 일부 관상가 중엔, 콧대가 바르기만 하면 무조건 좋은 줄로 착각하는 분들이 의외로 많다.

살이 없는 콧대도 있느냐고 반문하는 분들이 혹시 있을지 모르지만, 느낌상으로 뼈대가 드러나 보이는 형이 있고 살이 감싸는 콧대가 있다.

살이 감싸주지 못한 콧대는,

• 마흔 전후에 부부 사이가 나빠 오랜 별거나 심하면 이혼을 할 수 있다.

• 이 시기에는 하는 일을 크게 확장하거나 모험을 하면 안 된다.

중년 무렵엔 현상유지만 한다고 생각하고 안전 지향으로 살면서 그 고비를 넘겨야 한다.

콧대의 뼈가 옆으로 튀어 나온 코

고독하고 부부 운과 재운이 그리 좋지 않다.

들창코

급하고 개방적이며 낙천적이고 시원시원한 성품을 타고 났다.

• 바람 부는 대로 살면 된다는 감성적인 사고의 소유자다.

• 장기적으로 계획을 치밀하게 세우지 못하고 일도 시작하기 전에 열매부터 따려고 하는 성급함을 고쳐야 한다.

• 일에 대한 끊고 맺음을 잘 해야 하며 돈이 들어오는 즉시 빠져나가는 상이어서 재산 관리를 잘해야 한다.

들창코

콧구멍이 안 보이는 코

• 재물이 일단 들어오면 안 나가는 자물통이다.

• 감성보다는 이성적 판단을 잘하고 금전 관리에 능해서 부지런하기만 하면 재산 운이 좋다.

콧구멍이 큰 코

• 사고방식이 개방적이어서 자신의 감정을 숨기지 못하고 노골적으로 드러내 본의 아니게 손해를 많이 본다.

• 어떤 일을 결정할 때 이성적 판단보다 감정에 치우쳐 결정하는 것을 조심해야 한다.

• 자존심이 강해 체면을 깎는 일은 잘 하지 않는다.

콧구멍이 작은 코

• 적극성과 승부사 기질, 돌파력이 약간 부족하다.

• 대범하지 못해 큰일은 벌이지 못하지만 금전 관리는 잘 하는 편이다.

콧구멍이 자주 벌렁벌렁 움직이는 코

말을 할 때 콧구멍이 벌렁벌렁 움직이는 코는 감정에 따라 일을 판단하고 불필요하게 금전을 지출하는 형이어서 재산 관리를 잘 해야 한다.

콧구멍 크기가 다른 코

경제관념은 있지만 저축심이 부족하다.

살결이 거친 코

코의 피부에 각질이 일어나는 것을 말한다.

재산 운과 이성 운이 그리 좋지 못하다. 자중하면서 내공을 쌓을 필요가 있는 코.

콧대가 비뚤어진 코

누구든 콧대가 약간씩 비뚤어져 있는 게 보통이다.

• 그러나 눈에 띌 정도로 상태가 심하면 마흔 전후에 재산상 큰 손해를 보고 부부관계도 극도로 나빠져 오랜 별거나 이혼을 할 상이다.

• 이 시기에는 모험을 하지 말고 현상 유지만 한다 생각하고 안전주의로 살아야 하며, 부부 사이에도 신경을 많이 써야 한다.

• 코가 왼쪽 혹은 오른쪽 어느 방향으로 휘어졌느냐에 따라 부모 중 한쪽하고 사춘기 이전에 인연이 없었다는 뜻이다.

선천적으로 휘어진 코가 영향이 훨씬 크긴 하지만 사고로 다쳐서 삐뚤어진 코도 영향이 있다.

콧대가 비뚤어진 코

코의 산근이 지나치게 낮은 코

어린 아이들의 코를 보면 산근이 아직 발달하지 못해 낮은 것을 볼 수 있다. 성인이 되어도 동양 사람들 대부분은 서구인에 비해 산근이 낮은 게 보통이다.

• 지나치게 낮으면, 명예심과 지능이 그리 좋지 못하다.

• 사리 판단과 윤리 감각도 약간 떨어진다.

상담을 해보면 여성분들 중에 산근이 낮아서 높이는 성형수술을 하고 싶다는 분들이 꽤 많다. 얼굴 균형에 비해 지나치게 낮아서 보기 싫을 정도라면 약간 높이는 것은 괜찮다.

하지만 동양사람 특유의 편편한 얼굴형인데도 콧대를 서양 사람처럼 오똑하게 만든 여성을 봤다. 그것은 잘못됐다고 생각한다. 사람 얼굴에는 각기 개성이 있다. 그에 맞게 성형을 해야 보기에 거북스럽지 않으며 관상적으로도 문제가 안 생긴다. 특히 앞에서도 말했듯이 성형을 하더라도 마른 콧대로 고치는 것은 피해야 한다.

코털

삐져나온 코털

코 구멍 속에는 누구든지 털이 나있다. 이 털은 불순물을 걸러내고 코 속의 온도를 조절하는 역할을 해 준다.

관상적으로는 많으면 좋으나 이 털이 바깥으로 보이면 재산상 손해가 있고 금전 운이 일시적으로 막힌 현상으로 본다.

높이 솟은 인당에 움푹 들어간 산근

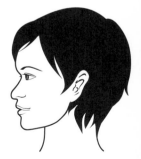

움푹 들어간 산근

옆에서 봤을 때 인당 부위가 높게 솟았다가 코부리(눈과 눈 사이의 바로 아래)에서 갑자기 움푹 들어간 상은, 인색하며 상대방의 단점을 보는 눈이 발달해 있다. 매사에 부정적인 사고방식을 가지고 있으며 잔꾀가 많고 교활하다. 명줄이 그리 긴 상이 아니다.

양쪽 콧방울이 발달한 코

• 생활력이 강하고 지능이 좋으며 경제관념이 발달해 있어 재물 운이 좋다.

• 남성은 페니스가 발달해 있다.

코만 홀로 우뚝한 얼굴

언뜻 봤을 때 코만 보인다 할 정도로 코가 큰 얼굴을 말한다.

• 보수적인 성향을 갖고 있다.

• 생각이 깊고 자질구레한 일에 신경을 많이 쓰며 고지식하고 세심하며 꼼꼼하고 금전 관계에 결벽성이 있다.

• 품성이 높고 소탈하며 정신적인 면에 관심이 깊다.

• 너무 이상을 뒤쫓는 나머지 현실에서 약삭빠르지 못하다.

• 장사꾼보다는 사회사업가나 종교인, 예술가 쪽이 더 어울린다.

• 중년 이후에 염세적이고 탈속의 성향이 나타날 가능성이 있다.

• 부모나 형제 등 혈육의 덕이 좋지 못하고 외롭고 고독한 상이다.

주먹코

얼굴 균형에 비해 코가 크게 보이면 탐욕스럽다고 평하는 관상가를 봤는데 내가 보는 관점은 다르다.

물론 관상은 다른 얼굴 부위와의 관계를 살펴보아야 하고, 평하는 사람

코만 우뚝한 얼굴

주먹코

과의 상대적인 궁합을 봐야 한다.

- 마음이 넓고 대범하다.
- 심성은 소박하고 이상도 그리 높지 않은 순한 성격의 소유자다.
- 남에게 속기 쉽지만 속더라도 크게 염두에 두거나 걱정하지 않는다.
- 착실한 인생을 살아갈 상이다.

    여러분은 홍콩 영화배우 성룡을 잘 알고 있을 것이다. 그의 얼굴 중에서 첫 눈에 띄는 곳이 주먹코다. 그의 얼굴에서 가장 큰 관상적 특징이랄 수 있다. 코가 약간 큰 듯하지만 다행히도 시원하게 열린 인당이 위에서 내려다보고 있고 살이 잘 감싼 광대뼈와 귀가 양 옆에서 코를 호위하고 있으며 아래에서는 든든한 턱이 바쳐주고 있다.

    다시 말해서 사방에서 코를 잘 감싸주고 호위하는 형상의 좋은 상임을 알 수 있다. 넓은 눈두덩과 인당, 주먹코를 볼 때 지능이 높고 사물에 대한 뛰어난 응용력을 갖추고 있으며 낙천적이고 품 넓은 심성의 소유자임을 능히 짐작케 한다. 만일 인당이 좁거나 턱이 짧아 주먹코를 감싸주는 역할을 하지 못했더라면 오늘의 성룡은 없었을 것이다.

준두보다 콧방울이 아래로 처진 코

- 어린 아이들한테서 자주 볼 수 있는 코 모양인데, 아랫사람이나 부하의 운이 나쁘다.
- 아랫사람으로부터 존경도 못 받고 돌봐주어도 보답을 못 받는다.

처진 콧망울

준두가 붉은 코

• 파산 혹은 법정에 설 수도 있는 운수.

• 만일 운이 좋아 재산을 많이 모으면 재난을 당하거나 명이 짧아질 수도 있다.

• 머리가 비상하여 일을 벌이는 것을 좋아하지만 계획만 찬란하고 동분서주 바쁘기만 하다.

가로 주름이 있는 준두

준두에 가로 주름이 있는 코

• 재산을 날리는 등 풍파가 많고 운수가 나쁜 상이다.

• 배우자와 자식과의 관계도 나쁘고 고독해질 수도 있다.

• 법정 다툼과 교통사고 등을 조심해야 한다.

세로 주름이 있는 콧날

재산상 손해를 보든지 부부 사이가 그리 좋지 못할 가능성이 있다. 남녀 관계에서 말썽이 일어날 소지가 있으니 조심해야 한다.

세로 주름이 있는 준두

콧부리(산근)의 가로 주름

• 자식들이 직업이나 결혼 등으로 떨어져 사는 상이다.

• 남을 도와주고 챙겨줘야 하는 일들이 많이 생기고 늙어서도 일을 하며 보낼 상.

• 그러나 주름이 한 가닥으로 보기 좋게 나 있으면 성격도 좋고 가정이

산근의 가로 주름

원만하다.

준두에 난 상처나 점, 주름

• 살아가면서 굴곡진 일을 많이 만나고 남들보다 노력을 많이 해야 하는 상.

• 남녀 모두 성욕이 강하고 그것 때문에 말썽이 일어날 소지를 안고 있다.

준두의 살이 풍부한 코

• 인정이 많다.

코끝에 살이 없고 뾰족한 코

• 교활하고 성격이 차갑다.

흠이 있는 준두

찐빵처럼 생긴 사내

'생긴 대로 놀고 생긴 대로 살아간다' 라는 이 대명제 앞에서 자유로울 수 있는 사람은 아무도 없다. 관상에는 사사로운 금전으로는 도저히 환산할 수 없는 가치 있는 정보들이 들어 있다.

예를 들어, 남녀간의 애인 궁합 혹은 결혼 궁합은 인생의 성패와도 직결되는데 이것을 어떻게 금전으로 환산할 수 있단 말인가.

"내가 사주니 관상이니 이런 걸 한 번도 안 봐서 잘 모릅니다. 어쨌든 관상이나 봐 주슈."

시답잖게 건성으로 말하는 40대 중반의 이 사내를 관상가가 아닌 보통 사람의 눈을 통해 보이는 대로 표현하면 아래와 같다.

디룩디룩 살이 붙은 얼굴은 찐빵 같이 둥글 넙적 한데다가 짧고 낮은 코, 이마의 굵은 주름, 손질을 하지 않아서인지 이리저리 제멋대로 쏠린 머리칼, 170cm 키에 85kg정도 나가는 뚱뚱한 몸집, 게다가 눈이라도 커서 시원하게 보인다면 말을 않겠다. 눈을 뜬 건지 감은 건지 구분이 안 되는데다가 여드름 자국 때문에 피부마저 매끈하지 못했다.

한마디로 어디하나 이쁜 구석이라곤 없는 사내였던 것이다. 이런 사람이 입을 뻥긋할 때마다 퀴퀴한 술 냄새에 마늘 냄새, 삼겹살 먹은 냄새를 팍팍 풍기는데다, 술기운 때문인지 까닭 없이 피식피식 웃는 친구 둘까지 대동해서 왔으니 그림이 볼만하지 않은가.

어쨌든 손님이 앞에 앉았으니 관상가의 눈으로 돌아와서 이것저것 필요한 질문을 하며 얼굴에 나타난 특징을 메모지에 체크하기 시작했다. 필자가 질문하고 사내가 대답하는 사이 술기운에 들떠있던 그 친구들의 호흡과 표정도 차츰 안정되어 갔다.

드디어 질문이 끝나고 몇 초간의 침묵이 흐르자 그들은 진지함과 호기심이 가득한 눈으로 일제히 필자를 바라봤다. 사실 손님과 마주 앉아 1:1로 상담할 때 마음이 가장 편하다. 집중력이 생겨 말을 많이 하지 않아도 되기 때문이다.

그런데 방청객이 지켜보는 자리라면 분위기도 어수선한데다가 같이 따라 온 사람들이 동료의 지나온 과거 행적과 현재 상태를 너무나 잘 알고 있기 때문에 필자의 관상 평이 틀리게 나오기라도 한다면 망신도 그런 망신이 없을 터이다. 한마디로 돌팔이 관상쟁이가 되느냐 유능한 관상 선생님이 되느냐, 적나라하게 까발려지게 되는 시험대에 올라 서게 된 것이다.

하지만 필자는 상담 손님이 몇 명의 동료들을 응원부대로 이끌고 와서 옆에서 지켜보더라도 따로 분리해 상담하지 않고 정면 승부수를 띄우길 마다하지 않는다. 물론 예외는 있다. 서로 난처해질 우려가 있는 시어머니와 며느리, 올케와 시누이 사이일 때는 따로 상담을 하기도 한다.

필자가 그렇게 진검 승부를 당당히 할 수 있는 것은, 관상이란 분야가 이론 통계학이 아니라 실전 통계학이기 때문이다. 그리고 수많은 상담을 하면서 수시로 확인하고 틀린 부분을 보완해 왔기 때문에 언제 어느 장소에서건 자신이 있기 때문이다.

그렇더라도 방청객의 여러 눈들이 필자에게 쏠려있는 상태이기 때문에 관상을 모르는 그들의 이해를 돕기 위해 눈, 코, 입, 귀, 이마, 치아, 손바닥 등등에 나타난 특징을 부위별로 나눠서 그림을 곁들여 하나하나 설명해 준 뒤, 전체의 구조와 짜임새에 나타난 과거, 현재, 미래를 말해주는 형식을 취한다.

이 사내 역시 이마에서부터 설명을 해주기 시작했다.

"주름이라는 것은 나이나 환경, 사고방식에 따라 여러 형태로 생길 수 있습니다. 이마에 주름이 있다고 해서 나쁘고 없다고 해서 좋은 것은 아닙니다. 미관상으론 보기 싫을지 모르지만 관상적으로 좋은 주름이 있고 그렇지 않은 것도 있습니다. 이 분의 이마 주름 중 가운데 주름은 끊어지지 않고 일자로 쭉 그어져 있는데 아주 좋은 의미의 주름입니다."

필자가 말하는 동안 그들은 자신의 이마를 만져보기도 하고 상대의 이마를 확인하며 호기심을 보였다.

"이 주름은 성실한 노력가로 자신의 힘으로 일어서는 능력을 갖추고 있다는 의미의 주름입니다. 쉽게 말해서 자수성가형 주름이죠."

"음……."

그들은 동시에 고개를 끄덕였다.

"그리고 아래 주름은 일자로 이어지지 않고 몇 가닥으로 끊어져 있는데, 이런 형태의 소유자는 부하나 혈육 중 손아래 형제 등에게서 만족한 덕을 받지 못했다는 것을 나타냅니다."

"네."

"다음은 눈썹 생김새와 그에 따르는 영향에 대해서 말하겠습니다. 이분의 눈썹 끝은 숱도 드문데다가 이리저리 흩어져 있습니다. 이것은 성격이 급한데다가 한 성깔 하는 사람의 눈썹 모양이죠. 그리고 자존심 또한 매우 강하다는 걸 나타냅니다."

필자가 쓴 앞의 글에서 눈썹의 길이가 눈의 길이보다 짧으면 짧을수록 성격이 모가 나고 주변과 화합하기 힘든 괴팍한 사람이라고 소개했었다.

이 사내의 눈썹 역시 끝 부분의 숱이 옅으면서 눈길이보다 짧은 눈썹 형을 하고 있었다.

그러나 형태는 같아도 눈에서 나오는 빛이 살기가 없었다. 이것은 성격이 급하고 성깔이 있으며 자존심이 강한 사람인 것은 분명하지만, 그것으로 인해 인생이 휘둘릴 정도로 나쁜 일이 일어나지는 않는다는 것을 뜻한다. 다만 10대 ~ 20대 무렵 혈기가 왕성할 때에는 낙천적인 생각을 가지고 살 필요가 있는 상이다.

이런 형의 눈썹이 단점만 있는 것은 아니다.

눈썹 숱이 짙은 형과 옅은 사람은 각기 장, 단점이 있다. 눈썹 숱이 짙은 사람은 보수적이고 똥고집이 있다. 그래서인지 환경의 변화에 적응력이 떨어진다. 눈썹 숱이 짙고 이마가 좁은 사람이 혼자 독단적으로 하는 사업에 어울리지 않는다고 말한 것은 바로 그런 이유에서이다.

성격이 들쭉날쭉 하지 않고 고르며 안정감이 있다는 것이 짙은 눈썹의 사람이 지닌 큰 장점이다. 또한 의리를 중시하며 도덕성이 강하고 혈육과의 인연 또한 깊다.

눈썹 숱이 옅은 사람의 장점이라면 뭐니 뭐니 해도 빠르게 변화하는 주변 환경에 적극적이고 능동적으로 대처하는 능력이 뛰어나다는 점이다.

그리고 일에 대한 추진력과 뚝심, 경쟁심, 승부사 기질이 강해서 어지간한 일에 잘 흔들리지도 않고 짙은 눈썹 형에 비해서 생존력이 강하다는 점이다. 또한 짙은 눈썹 형의 성격이 정적인데 반해 옅은 형은 동적이라고 볼 수 있다. 옅은 형의 성격적 특징을 봤을 때 다른 부위에 큰 하자가 없다면 월급쟁이보다는 사업가 기질에 더 가깝다.

물론 위의 평가는 코의 높낮이와 인당의 생김새와 비교해봐야 좀더 정확하게 알 수 있겠지만 눈썹 형태 하나만 봤을 때 그렇다는 말이다.

필자의 설명에 옆의 친구들은 말없이 고개를 끄덕였다. 오랫동안 가까이서 지켜본 사람들이니 동의한다는 뜻이리라.

만일 필자의 관상 평이 조금이라도 틀리게 나왔다면 손님들은 어떤 반응을 보일까? 관상가, 혹은 역학한다는 사람이 잘 알아 맞추지 못할 때 손님들은 내색을 않고 그냥 덤덤히 앉아 있기만 할까? 그렇지 않다.

경험에 비추어 볼 때, 열이면 열 모두 틀리다고 즉각 반응한다. 거의 대부분 틀리다거나, 아니라고 직접 대놓고 말하거나 고개를 가로로 내젓는다.

손님들이 그렇게 반응을 보이면 어떤 사주보는 사람은 자신의 말이 맞다고 부득부득 우기며 손님과 언성을 높여 싸우는 것을 봤는데, 그것은 크게 잘못된 일이다. 자신의 지나온 과거는 이 세상 그 누구보다 자신이 가장 잘 안다.

그런데 상담자가 손님의 부정에 반박한다면 그건 개가 코웃음 칠 노릇이지 않은가. 그렇게 얼굴 붉어지는 일이 자주 발생하자 어떤 사주 보는 사람은 손님의 과거와 현재는 얘기해 주지 않고 미래에 일어날 일들만 장황하게 말해 주는 것을 봤다. 과거에 일어났던 일은 손님이 너무 잘 알고 있기 때문에 자칫 망신을 당할까 두려워서 그랬을 것이다.

미래에 일어날 일은 그 누구도 확인할 수 없기 때문에 손님이 반박할 수가 없다. 그런 점을 노린 것이다. 그런 식으로 상담을 해주는 사람이 있다면, 아무리 사주를 오래 했어도 실력이 늘기는커녕 눈치만 늘어 돌팔이 사주쟁이가 된다.

손님 입장에서 누가 유능한 사주쟁이이며 관상쟁이인지 알아보는 방법이 있다. 누구도 알지 못하고 확인이 안 되는 미래의 일만 물어 볼 게 아니라, 자신의 과거에 일어난 큰 사건 중에 어떤 것이 있었는지 물어보고 확인하는 것이 그 일이다.

상식적으로, 과거의 일도 알아 맞추지 못하는 사람이 미래에 일어날 일을 어떻게 알 수 있는가 말이다. 과거를 확인해서 그 자리에서 알아 맞추는 사람이라면 미래의 일도 신용할 수 있는 것은 당연한 이치 아닌가.

필자의 경우는 상담 손님의 지나온 일들 중에 인생에 영향을 끼쳤을 만한 큰 사건들을 먼저 이야기 해주고 난 다음에 현재와 미래에 일어날 일들을 설명해 주는 방법을 택한다. 이후엔 손님들이 필자의 말에 신뢰를 보내며 맞장구도 쳐주고 분위기도 안정되어 지는 것이다.

그 중에 필자가 틀린 관상법이 나오면 손님의 말에 100% 수용해준다. 그리고 손님이 돌아간 다음 관상법이 어디서 어떻게 잘못됐는지 몇 시간이든 며칠이든 분석을 해서 완전히 소화를 시킨 뒤에야 안심한다.

이렇게 해야 다음에는 똑 같은 실수를 하지 않고 내 관상법이 한 단계 올라서서 발전하는 것이다.

"코가 잘 생겼습니다. 복 코네요."

"복 코요? 하하하하."

필자의 말에 사내는 코를 만지며 쑥스러워했고 옆의 사람들은 서로의 코를 바라보며 웃음을 터트렸다. 그들이 웃는 이유는 아무리 봐도 자신들의 눈으론 잘생긴 것 같지 않고 크지도 않은 것 같아 보이는데 좋은 코라니 그렇게 반응하는 것일 터이다.

사내는 얼굴은 크고 빈대떡 같이 넓적한데 비해 코가 상대적으로 작은 데다가 낮기까지 해서 볼품없게 보였을 것이다.

그러나 그의 코는 콧구멍이 드러나지도 않고 아담하고 암팡지게 생겼으며 안으로 꽉 움켜진 형을 하고 있어서 재산 관리를 아주 잘하게 생겼다. 그것은 재물의 쓸모에 대해서 그때그때 감정에 따라 지출하는 형이 아니라 이성적인 판단으로 지출하는 형이다.

같은 크기의 코라도 야무지게 생긴 형이 있고 힘없이 퍼진 형이 있다. 또한 콧구멍이 훤히 드러난 형이 있고 안으로 감싼 형이 있는데 이것은 각기 장점과 단점이 있기 때문에 어떤 것이 좋다 나쁘다 할 수는 없다.

그러나 사내 같은 형의 코는 재산을 모으거나 관리하는 데 있어서는 좋은 코라는 것이다. 다만, 금전에 인색하다는 소릴 들을 수도 있으니까 기억하며 살아야 할 것이다.

얼굴의 크기에 비해서 낮은 코와 높거나 큰 코의 관상적 차이는 뚜렷하다.

낮은 코는 세상을 얕고도 넓게 보는 시야가 뛰어나기 때문에 변화무쌍하게 돌아가는 현 세상의 일에 능동적으로 대처하는 능력이 뛰어나다.

특히나 그때그때 상황에 따라서 적절히 대처해야 하는 현대사회에서는 적합하다고 할 수 있다. 그것이 재산이나 지위를 상승시키는데 좋은 영향을 끼치리라 보기 때문이다. 다만, 신중하고 깊이 헤아리는 습관을 들이는 것도 좋으리라.

낮은 코의 반대는 높거나 큰 코다. 이 코의 특징은 보수적 사고방식의 소유자라는 데 있다. 그 때문에 고집이 있게 비친다. 보수적 시각이라는 것은 옛날부터 내려오는 관습 같은 것을 지키려고 하는 사고방식이 강해서 발 빠르게 돌아가는 현대의 변화에 둔감한 면이 있다.

옛날 관상 책을 보면 코 큰 사람은 탐욕스럽다고 설명했던데 그렇지 않다. 의외로 소탈하고 기분파적인 면도 있고 탈속적이기까지 하다.

그래서 손님에 따라 아양도 떨고 비위를 맞춰야하는 장사꾼으로는 큰 코를 가진 사람이 그리 어울리지 않는다.

노래방 같은 흥이 있는 장소에서 몸도 자유롭게 비틀고 춤추는 사람들을 관찰해 보면 코가 작거나 낮은 사람들인데 이들의 동작은 버들가지처럼 유연하다.

그와 반대로 코 큰 사람은 보수적이고 자존심이 강해선지 춤추는 몸도 뻣뻣한데다 그리 능숙치 못하고 그런 장소에서 잘 어울리지 못하는 것을 볼 수 있다. 그리고 남을 지나치게 의식해서인지 허드렛일 같은 자존심 상하는 일을 잘 못한다.

그런 사고방식은 조선시대 양반사회에서는 위엄이 있게 보였을 런지 모르지만 현대 사회에서는 분명 마이너스다.

그렇게 비교해 볼 때 낮은 코가 현대사회에서는 잘 적응할 수 있다는 얘기다.

다만 높은 코라 하더라도 광대뼈, 이마, 턱, 귀, 인당 등 주변을 받쳐주는 부위가 발달해서 코를 감싸주는 역할을 한다면 더 없이 좋은 상이다. 일의 추진력, 재산, 건강, 그릇 크기 등에서 좋다.

낮은 코라도 광대뼈 등이 주위에서 감싸주는 역할을 해야 좋다는 것은 당연하다. 코가 아무리 잘 생겼다 하더라도 주변에서 감싸주지 못하고 독야청청하다면 고독한 일들이 벌어질 것이고 재산 형성에도 그리 좋다고 볼 수 없다. 기가 바깥으로 흩어지는 형상이기 때문이다.

기가 안으로 모이지 않고 달아나는 관상이라면 그 사람이 겉으론 제 아무리 잘생긴 것처럼 보일지라도 재산 복만큼은 그리 실속적이지 못하다는 것을 알아야 한다.

필자는 그에 대한 이치를 풍수지리법에 대비해 보았다.

명당 중에 교과서적이라 할 수 있는 산의 모양을 보면, 그림에서 보듯이 듬직하고 높은 산맥에서 내려온 산줄기 하나가 봉긋한 언덕을 이루고 그 언덕 좌우에서 다른 산들이 감싸주는 형국을 좋은 터라고 꼽는다.

모산母山의 정기를 받은 봉긋 솟아 오른 언덕을 양쪽 산들이 좌우에서 호위하듯이 감싸고 있는 것은 기운이 흩어지지 않고 가두어 두는 역할을 한다.

그와 마찬가지로 사람의 얼굴에서 코를 중심으로 광대뼈와 귀, 인당, 입술, 턱이 발달해야 좋다는 것이다.

기의 작용에 대해 보충 설명을 하자면, 바람이 많이 부는 날 머리카락이 이리저리 헝클어지면 정신이 산란하게 되는데 코 역시 주변의 바람막이가 되어주는 부위들이 발달하지 못하고 약하거나 뒤로 달아나는 형상이라면 실속이 없다는 걸 뜻한다.

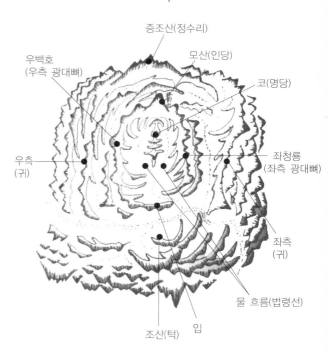

증조산(정수리)
모산(인당)
우백호 (우측 광대뼈)
코(명당)
우측 (귀)
좌청룡 (좌측 광대뼈)
좌측 (귀)
물 흐름(법령선)
조산(턱)
입

▲ 명당 산도

풍수風水는 장풍득수藏風得水를 줄인 말이다. 장풍득수란 바람을 가두고 물을 얻는다는 뜻이다. 그림에서도 보듯이 명당 중심지 언덕의 좌우로 흐르는 물줄기가 있는데 이것이 득수得水다.

얼굴에서의 물줄기는 코 양쪽에서 입가로 내려온 주름이다. 이것을 법령이라 하는데, 생긴 모양을 보면 물이 흘러내리는 곳 같아 보인다.

성공한 사람치고, 아니면 자신의 직업에 전문가인 사람치고 이 법령선이 얕은 사람은 없다.

법령선이 뚜렷한 사람은 주변에 의해 이리저리 흔들림 없이 의지가 굳고 자신의 직업에 대한 만족도와 집중력이 뛰어나다. 그래서 이 선을 직업선이라고 부르기도 하는 것이다.

얼굴을 부위별로 나눠서 설명했듯이 사내는 재산을 나타내는 여러 곳이 잘 짜여져 있음을 볼 수 있었다. 한 가지 부족한 면이 있다면, 입이 작고 얇은 것이 흠이었다. 이것은 눈썹에서 나타난 대로 성깔이 있는 사람치고는 소심한 면도 있다는 걸 뜻한다.

그리고 이 부위가 이렇게 생겼으면 40대 중후반에서 50대 초반 사이에 금전 관리를 잘해야 할 상으로 본다.

"금전관리라는 게 어떤 뜻입니까?"

"가까운 혈육하고의 빚보증이나 큰 액수의 금전 거래를 말합니다. 작은 액수라면 도움을 줘도 무방하지만 인생이 걸린 큰 액수는 신중할 필요가 있겠어요."

필자의 말이 끝나자마자 옆에 있던 동료들이 킥킥대고 웃었다. 사내 역시 씁쓰레한 표정으로 말했다.

"아이고, 말도 마세요. 조카니 형제들이니 나한테 뜯어간 돈만 해도 아파트 몇 채 값은 될 겁니다. 전에도 그랬고 요즘도 그런데요, 뭘. 아마 앞으로도 그럴 것 같습니다. 하하."

"원체 가진 재산이 많으니까 그나마 영향을 입지 않았지만, 그렇지 않았다면 큰 타격을 받았을 상입니다."

"네."

"그리고 또 하나 얼굴에 나타난 단점은 볼 옆의 보조개 부근에 찍힌 점입니다. 점도 점 나름인데, 평평한 점이 있고 볼록 나온 점이 있습니다. 그 중 돌출된 점은 훨씬 영향이 크지요."

사내 볼 옆의 점은 큰데다가 돌출된 점이다. 이 점이 보조개 부근에 찍히면, 한곳에 머물기보다는 여기저기 돌아다니기 좋아하는 성향이 있다.

"그래서 그런 일이 생기는 건가요? 제가 지금 사업체를 다섯 개나 벌여놓고 있습니다. 여태껏 직종을 바꾼 회사만 해도 열댓 개는 될 겁니다. 그 것은 사업이 안 되서라기보다 오래하면 싫증이 나서였습니다."

"방랑 기질의 점이기 때문에 영향을 받았을 거라고 봅니다. 그런 성향을 직업으로 잘 활용한다면 단점을 장점으로 활용할 수 있지요."

자신의 얼굴 관상을 알면서 살아가는 것과, 전혀 모른 채 살아가는 것과는 인생에서 커다란 차이가 있다.

우리는 헤아릴 수 없을 정도로 많이 자신의 얼굴을 거울에 비춰보며 살아간다. 그렇게 마르고 닳도록 봤으면 자신의 얼굴 생김에 대해서 잘 알고 있을 것 같지만 전혀 그렇지 않다는 것을 상담 손님을 대할 때마다 느낀다.

너무 많이 봐서 내성이 생긴 탓일까? 손님들 거의 대부분이 자신의 얼굴에 점이 어디에 찍혔는지, 흉터가 어디 있는지 잘 모를 뿐만 아니라 타인과 얼굴이 어디가 어떻게 다른지, 그것이 인생에서 어떤 영향을 끼치는지에 대해서는 더 더욱 모른다.

얼굴은 누구든지 제각각 다르다. 부모조차 잘 구별 못하는 쌍둥이라도 다르다. 그 다른 특징만큼 인생이 갈려진다고 볼 수 있다.

관상을 보는 목적은, 자신의 장단점을 객관적인 시각에서 정확히 안 뒤, 조심하고 보완해 대인 관계나 직업 등으로 잘 활용하여 행복한 인생을 살자는데 그 목적이 있다.

상담이 끝나자 사내와 일행들은 얼굴이 밝아져 있었다.

"오늘 술김에 얼떨결에 들어와 아주 귀중한 정보를 얻고 갑니다. 살아오면서 늘 제 얼굴에 대해서 궁금해 했는데 모든 걸 알고 나니 속이 다 후련합니다."

사내는 자리에서 일어서다 말고 물었다.

"제가 여자 복은 있겠습니까?"

"여자 복요? 무슨 여자 복? 마누라 복은 있겠어요. 일편단심 형이어서 여기저기 다니며 외간 여자와 염문을 뿌리는 상이 아닙니다. 여자 꽁무니 쫓아다녀봐야 소득도 없을 뿐더러 헛물만 켜게 될 겁니다."

필자의 말에 모두들 큰 소리로 웃으며 흡족한 표정이 되어 나갔다. 사내의 얼굴은 앞서도 소개했듯이 일반사람들이 보기엔 못생긴 축에 든다. 점수로 따진다면 한 40점이나 될까? 그러나 그것은 어디까지나 관상을 잘 모르는 사람들이 매긴 점수일 뿐이다.

물론 재물 운만 좋다고 해서 성공한 인생이라고 볼 수는 없지만, 둥글고 펑퍼짐해서 매력이라곤 없을 것 같은 사람이 재산뿐만 아니라 건강 상태도 양호하고 부부 관계까지 무난하다면 괜찮은 관상이라고 생각한다.

귀에는 심성과 가까운 장래의 운명이 들어 있다

귀만 잘 생기면 천하무적인가

관상에서 귀는 재산의 많고 적음, 수명의 길고 짧음, 심성의 가벼움과 무거움을 가늠한다. 그리고 의학적으로는 정보를 수집하는 창구 역할을 하며 신체의 균형 감각을 유지하도록 하는 기능을 맡고 있는 중요한 곳이다.

또한 귀의 색을 보고 최근에 일어나는 운기의 상승과 하강을 보기도 하고 건강 상태를 예측할 수 있다.

사람들은 귀만 크면 천하무적인 줄 착각하고 '귀가 큰 걸 보니 부자 되겠다' 고들 말하곤 한다. 이런 말은 하나만 알고 둘은 모르는 우물 안 개구리 같은 좁은 지식의 소치다.

필자가 알고 있는 사람 중에 중년 사내가 있다. 그의 잘 생긴 귀는 살집도 두둑하고 크기 또한 얼마나 큰지 부처님 귀 같았는데 머리를 좌우로 흔들면 귓불이 출렁거릴 정도다.

독자 여러분은 여태껏 살아오면서 그렇게 큰 귀를 본 적이 있는가? 필자는 수많은 사람들을 상담해 왔지만 그렇게 잘생기고 귓불 살이 두둑하고 큰 귀를 본 적이 없다. 아마 그는 어렸을 적에 주변의 어른들한테 귀를 보니 부자 되겠다는 덕담을 무수히 들으면서 자랐을 것이다.

그런 그는 과거에 자신의 능력 이상으로 턱도 없는 일만 벌이기를 좋아했고 실속도 없이 실패만 하는 세월을 보냈다. 현재도 의욕만 앞서고 배포만 커서 이일저일 손을 대보지만 빈털터리다. 앞으로의 재산 운 역시 자중해서 기를 안으로 모으지 않는 이상 그리 좋아 보이지 않는다.

그의 부인 눈에도 결혼하기 전에 상대 남자의 귀를 보고 내심 만족해하지 않았을까 싶을 정도로 잘생긴 귀다. 그러나 실제 살아보니 재산이 불어나기는 고사하고 일만 저지르는 데다 성격마저 전혀 맞지 않는다는 걸 알고 별거를 거쳐 이혼 수속을 밟고 있는 중이라는 얘기를 들었다.

관상이란 게 코나 귀 등 얼굴의 어느 한두 부위만 잘생겼다고 좋다 그르다 판단하는 것이 아니다. 귀 큰 거지나 코 큰 거지들을 어떻게 설명할 것인가.

즉, 여러 부위를 종합해 그것들이 유기적인 관계로 잘 짜여져 있느냐를 봐야 하고 기의 모임과 흩어짐이 어떤지 감지할 줄 알아야 한다. 그렇더라도 못생긴 귀보다야 잘생긴 귀가 관상적으로 좋다는 건 두말 할 나위가 없다.

큰 귀

사람들은 귀가 커야지 재산복도 있고 좋다고 한다. 그 말이 맞기도 하고 그렇지 않기도 하다.

큰 귀에도 여러 종류가 있다.

귀에 살이 두둑하고 크기도 큰 귀가 있는 반면, 겉보기에는 큰데 살집

큰 귀

이 없고 종잇장 같이 얇은 귀도 있다. 또한 귀가 크고 살집도 좋은데 색깔이 거무스레 먼지가 낀듯하여 색이 밝지 못하거나 핏기가 없는 창백한 빛의 귀도 있고, 귓바퀴가 정면에서 보이는 귀가 있는 반면 보이지 않는 귀도 있다.

크기가 크더라도 유형에 따라 관상적 의미는 전혀 달리 해석되므로 단순히 귀의 크고 작음만 보고 섣불리 판단하면 안 된다.

귀가 크면서도 살집이 있고 색깔도 밝은 귀

귀 중에 가장 이상적이고 좋은 귀다.

• 생각이 깊고 언행도 신중하며 경솔치 않다.

• 모나지 않은 원만한 성격으로 대인 관계가 무난하다.

• 부모 등 혈육의 덕이나 주변 사람들의 협조를 받아 재산을 모으고 이름도 얻으며 장수할 상이다.

크면서도 살집이 없어 종잇장처럼 얇은 귀

• 남의 소문에 이리저리 휘둘리거나 중요한 일에 성급하고 경솔하게 결정해서 일을 그르칠 수 있다. 특히 소문에 현혹되어 부동산 거래 시 큰 타격을 입을 가능성이 있으니 신중해야 한다.

• 건강이나 재산 운이 그리 좋다고 볼 수 없는데 다만 귀의 색깔이 밝고 윤택하다면 그 단점을 어느 정도 비켜갈 수 있을 것이다.

귀의 색깔

귀는 크고 작음보다 색깔이 훨씬 더 중요하다. 제 아무리 귀가 크고 살집이 있더라도 색깔이 나쁘다면 좋은 귀가 아니라는 뜻이다.

반대로 귀가 좀 작더라도 암팡지고 색깔이 밝고 윤택하다면 그 귀는 좋은 운을 끌어들인다. 그만큼 귀의 색은 인생 전반에서 큰 작용을 한다.

그런데 여기서 필자가 말하는 귀의 색이라는 것은 얼굴의 광대뼈, 턱, 이마의 색깔과 비교해서 검은가 흰가를 판단하라는 것이다.

또한, 귀의 색에서 희다고 좋고 검다고 꼭 나쁜 건 아니다.

· 귀의 색이라는 것은 하루아침에 나빠지거나 좋아지지 않는다.

· 윤기가 흐르는 밝은 색은, 최근 혹은 몇 년 후나 그보다 더 오랜 세월 동안 운기가 상승하는 시기라고 본다.

· 눈빛이 살아 있으면 귀 색깔도 점차 좋아지는 반면 눈에 힘이 없고 기가 흩어지는 느낌이 들면 귀의 색 또한 밝지 않다.

· 귀의 색이 나쁘면, 최근에 하는 일이 막혀있고 그로 인한 마음고생을 많이 하고 있는 상태다. 건강 또한 좋지 않아 내부의 장기능이 약화되어 있다.

· 귀의 색깔에서 어떤 사람은 타고날 때부터나 사춘기 이후에 운명적으로 정해지는 사람도 있다

· 흰색 중에서도 핏기가 없이 창백한 흰색이 있다.

이런 창백한 색은 얼굴의 다른 부위가 그럴듯하게 잘 생긴 것 같아 보여도 현재 하고 있는 일이 순조롭지 못하고 어려움에 봉착해 있든가 내부

장기의 건강이 약화되어 있다는 걸 나타낸다.

- 성격 역시 자신감이 떨어지고 일에서도 활력이 떨어진다.
- 매사에 밝은 쪽, 긍정적인 생각을 해야 하고 작은 일일수록 만족해하면서 내공이 쌓이기를 기다려야 한다.

거무스레하게 보이지만 윤기가 흐르고 밝은 빛이 나는 귀

비록 색은 검게 보일는지 모르지만 윤기가 흐르고 밝은 빛이 난다면 눈빛 또한 살아있으리라 짐작이 되고 하는 일이 순조롭고 건강 또한 양호할 것이다.

귀의 색을 볼 때 광대뼈나 턱 등의 색과 비교하라는 이유는, 햇빛에 자주 노출되는 직업을 가진 사람의 경우 귀 역시 거무스레하게 탔을 것이 분명하기 때문이다.

다시 말해 햇볕에 검게 탄 얼굴이라고 해서 관상이 나쁘고 좋은 것하고는 전혀 상관없으니 그것을 감안해서 색깔을 구분해야 한다는 뜻이다.

밝은 느낌이 없고 색깔이 거무스레하면서 피부가 거친 귀

- 총명한 척하지만 어리석고, 객지를 떠돌며 어렵게 생활할 상이다.
- 일에 대한 의욕은 넘치나 끝이 흐지부지 하고 건강 또한 그리 좋지 않다.
- 운의 막힘이 오랜 기간 지속될 가능성이 있다.
- 나보다 남을 진심으로 위하며 살다보면 운이 살아날 것이다.

작은 귀

작은 귀

작은 귀라는 의미는 얼굴 크기에 비해서 작다는 뜻이다. 사람들은 자신의 귀가 작다고 실망하는 걸 많이 봤는데, 물론 크면서 살집도 있고 색깔까지 밝은 귀가 좋긴 하겠지만, 앞에서 말한 바와 같이 귀의 크고 작음보다는 얼마나 단단하고 암팡지게 보이느냐와 색깔이 밝으냐 어두운가에 따라 좋고 나쁨이 갈린다.

• 귀가 작으면서도 얇고 색이 창백하기까지 하다면, 겉보기는 인물이 잘 생긴 듯 보여도 활기가 떨어지고 일의 막힘이 자주 발생한다.

• 성품은 예의 바르고 착하지만 소심하고 어떤 일을 결정할 때 성급하고 경솔해서 잘못된 판단을 할 우려가 있다.

• 약한 기(에너지)를 갖고 태어난 사람이어서 장기간 신경을 많이 쓰는 일을 피해야 하고 과도하게 몸을 활동하는 것도 자제해야 한다.

• 주관이 자주 흔들리고 능동적인 인생보다는 수동적인 인생을 살아갈 상이다.

• 큰 그릇이 아닌 만큼 작은 금전, 작은 일에 만족하며 차근차근 재산을 모아야 탈이 안 생긴다.

• 장수상이 아니다.

• 귀가 작더라도 암팡지고 단단해 보이고 색이 밝은 빛을 띠면 운기가 살아 있다는 뜻이다. 운기가 살아 있다는 말은 건강상태도 좋고 하는 일이 잘 풀리는 상승의 시기라는 의미다.

귀공자 타입의 대명사이자 태양 같은 젊음의 상징이었던 영화배우 제임스 딘

그는 한창 활동했던 당시 세계 수많은 여성들의 가슴을 애태우던 우상 중의 우상이었다. 그런 그가 너무나 짧은 삶으로 생을 마감했다. 관상으로 봤을 때 그의 얼굴 특성은 귀에 있다.

• 얼굴 크기에 비해 작고 귀가 눈썹선 위로 붙어 있다.

• 비록 흑백 사진이지만 우수 짙은 눈빛과 비교해 볼 때 귀의 색깔마저 창백해 있음을 짐작할 수 있다. 이것은 기(에너지)가 약한데다 활력이 떨어지는 것을 나타낸다.

이것이 바로 그가 단명할 것이라는 관상적 해석이다.

정면에서 보아 귓바퀴가 전부 보이는 상

• 부지런하고 언어의 순발력이 좋다.

• 이곳저곳에서 자질구레한 소문을 잘도 주워듣고 그것을 퍼트리기도 하는 소식통 형인 만큼 말과 행동에 신중해야 한다.

• 성품의 바탕은 뒤끝이 없고 소탈하지만 성급하고 경솔한 면이 있어 중요한 일을 쉽게 결정하다가 낭패를 보기도 한다. 특히 부동산 거래 시 남의 소문에만 의존해 결정하다가 큰 손해를 볼 우려가 있다.

귓바퀴가 보이는 귀

뺨에 붙어 정면에서 보이지 않는 귀

똑같이 귀가 보이지 않은 형이어도 귀의 폭이 좁은 모양과 넓은 형이

보이지 않는 귀

있는데 폭이 좁은 귀는,

• 주관이 뚜렷하다.

• 고집이 세고 집념과 집착이 강하고 편협한 사고방식을 가지고 있다.

이 단점을 고치려면, 타인의 의견을 진지하게 들어 줘야 하고 자기 주장을 지나치게 내세우지 말아야 한다.

귀의 폭이 넓은 귀는

• 의지가 굳세고 무리를 거느리며 살 우두머리 상이다.

• 남에게 고용되기보다는 자력으로 운세를 개척하는 형이다.

• 육체적으로도 건강하고 생활력이 강하다.

칼귀

칼귀

일반적으로 귓불이 구슬처럼 맺혀야 좋다고들 하지만 칼귀는 빠르게 아래로 내려온 생김이어서 귓불이 없다. 그렇다면 귓불이 없는 칼귀는 관상적으로 좋지 않단 말인가?

귓불에 살집이 도독하게 올라 있으면 성격적으로 감성적인 면이 발달해 있는 반면 칼귀는 이성적인 편인데 어떤 점이 좋다 나쁘다보다는 나름대로 장단점이 있다.

• 칼귀는 사리 판단을 할 때 감정에 치우치지 않고 냉철해서 사사로운 감정에 좌우되지 않는다.

• 체념 또한 빨라서 친구에게 꾸어준 돈이나 오래 사귄 애인이 변심하

면 매달리거나 구걸하지 않고 깨끗이 포기하고 잊어버린다.

• 재운이 좋은 귀다.

귀 전체의 느낌이 둥근 귀

• 활동가이고 성격도 원만해 남과 조화를 잘 이룬다.

• 성실하고 부지런한 성향을 가지고 태어났다.

• 재산을 남기는 노력파다.

둥근 귀

내륜의 곽이 젖혀져 있는 귀

이 귀도 칼귀와 함께 사람들로부터 이혼할 귀라는 둥 가난할 귀라는 둥 하며 턱도 없이 오해를 많이 받는 귀다.

• 형제 중 맏이가 아닌 둘째나 셋째 등 아래 형제가 흔히 가지고 있는 귀의 모습이다.

• 자존심과 반발심, 독립의지가 강하다.

• 여성의 경우는 적극적이고 신념도 강하며 수완도 좋다.

젖혀진 귀

윤곽이 뚜렷치 않은 귀

• 보수적이고 소극적이며 자기 주관이 뚜렷치 않다.

• 이기적이면서도 소심하다.

윤곽이 뚜렷치 않은 귀

오른쪽과 왼쪽의 크기가 다른 귀

오른쪽과 왼쪽의 크기가 다른 귀

오른쪽 귀와 왼쪽 귀의 크기가 같은 것 같지만 누구나 약간씩 다르다. 그러나 눈에 확 드러날 정도로 차이가 난다면 관상적으로 중요한 의미가 있다.

• 사춘기 이전 어린 시절에 부모 중 어느 한쪽과 인연이 멀다는 걸 나타낸다. 인연이 멀다는 뜻은, 일찍 돌아가셨다든지 부모님의 사이가 나빠 떨어져 살았든가 부모님의 직업 때문에 떨어져 사는 바람에 정을 못 받고 자란 경우이다.

• 어릴 적부터 정서적으로 불안정한 상태에서 성장했을 가능성이 있으므로 성인이 되면서 안정을 찾는 게 우선이다.

• 양쪽 귀의 높낮이가 다른 경우나 생김새에서 차이가 많이 나는 것도 이에 해당된다.

색깔이 붉고 밝은 색의 귀

운이 상승하는 중이고 혈액순환도 잘되고 있다는 표시이며 성욕도 왕성한 상태다.

귓구멍이 좁은 귀와 넓은 귀

귓구멍이 좁으면, 어리석고 좋은 운이 좀체 오지 않으며 장수상이 아니다.

귓구멍이 넓으면, 지혜롭다.

눈썹선보다 위로 솟은 귀와 눈썹선 아래로 쳐진 귀

옛 관상 서적을 보면, 귀의 위 끝이 눈썹선 위로 올려 붙을수록 좋다고 설명되어 있는데 이에 대해 필자는 동의하지 않는다.

귀가 눈썹선 위로 올려 붙어야 좋다는 것은, 몸을 많이 사용해야만 의식주 해결이 됐던 옛날 농업 위주의 시절에 맞는 관상법일지는 모르지만, 현대 관상법에서는 귀가 눈썹선 아래로 많이 내려올수록 좋다고 주장하고 싶다.

귀의 높이

동물들을 관찰해 보면, 개나 토끼, 소 등의 귀는 쫑긋 솟아서 머리 위로 올려 붙은 것을 볼 수 있다. 그것은 동물들이 자신의 몸을 보호하기 위해 멀리서도 소리를 감지할 수 있는 귀의 효용가치 때문일 것이다.

그러나 인간은 자신의 몸을 짐승의 공격으로부터 지켜낼 수 있는 뛰어난 지능도 있는데다가 도끼나 화살을 만들기 시작하면서부터는 성가시게 나뭇가지에 걸리기만 하는 귀가 굳이 위로 붙지 않아도 되었다. 따라서 귀는 점차 퇴화되어 아래로 내려올 수밖에 없었을 거라는 생각이다.

옆얼굴을 봤을 때 귀의 윗부분이 눈썹선 위로 솟은 귀는,

- 운동신경이 발달해 있고 정적인 면보다는 동적인 형이다.
- 이성보다는 감성이 발달해 있다.
- 부지런하고 성실한 상이다.

귀의 위 부위가 눈썹선 아래로 내려온 귀는,

- 지능이 좋으면서도 경솔치 않고 신중하며 치밀하게 계획을 짠다.
- 귀의 윗부분이 아래로 내려오면 귓불도 당연히 입 아래로 내려오게

되는데, 이런 모양의 귀는 재산 형성에서도 좋은 역할을 한다.

입을 향해 비스듬히 내려온 귀와 수직으로 내려온 귀

얼굴을 옆에서 봤을 때, 귓불이 입 쪽을 향해 비스듬하게 내려온 형이 있고 수직으로 바로 내려 온 모양을 한 귀가 있다.

버드나무가 물이 흔한 곳에서 잘 자라는 것이나, 나뭇가지가 햇볕이 잘 드는 남동쪽 방향을 향해 더 무성한 이유를 비교해 보면, 재물을 나타내는 중요한 부위인 귀가 의식주 중 입이라는 먹는 기관을 향해 내려오는 모양새가 관상적으로나 자연 이치상으로 더 낫다는 생각이 든다.

얼굴 다른 부위에 큰 하자가 없으면 비스듬히 내려오든 수직으로 내려오든 상관없이 좋다.

속에 긴 털이 난 귀

장수한다.

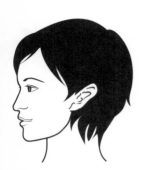

입을 향해 비스듬히 내려온 귀

운명은 비껴갈 수 없는가

우리는 운명 혹은 팔자라는 말을 밑도 끝도 없이 쓸 때가 많다. 아무리 노력해도 가난을 벗어나지 못할 때도 팔자타령을 갖다 붙인다. '내 팔자에 무슨…….' 하는 식이다. 젊은 나이에 요절해도 그것이 그 사람의 운명이라고 치부하기도 한다. 자신이 미리 정해진 날에 죽도록 정해져 있기 때문에 어떤 주의나 노력을 기울여도 그 재앙에서 벗어날 수 없다고 믿어 버리는 것과 같은 이야기다. 과연 운명이란 비껴갈 수 없는 것일까? 그에 대한 예를 들어보기로 하자.

옛날에 처녀가 어느 집으로 시집을 가게 되었다. 결혼식은 지금도 그렇지만 옛날에는 더욱 그 절차가 복잡했다.

집집마다 고유한 풍습이 있기 마련인데, 이 집안 같은 경우 신부를 맞이하는 신랑 측 집에서 새사람 맞아들이기 절차가 매우 독특했다. 대청마루에다 비단 휘장으로 특별히 꾸며진 제단을 마련하고 그곳에 큰 절을 올리는 것이었다.

이 행사는 집안을 대대로 지켜주는 왕신王神에게 드리는 신고식 같은 것이었는데, 그 신을 잘 모셔야 가문이 번성한다고 시어머니 될 사람이 신신당부를 하는 것으로 시작되었다.

어른들의 말씀이니 이후부터 새 신부는 이 집안의 풍습대로 모든 음식을 만들면 왕신에게 먼저 바친 다음 가족들에게 상을 따로 차려야했다. 시장을 봐 오던가 햇곡식을 수확했을 때도 반드시 그 절차를 지켜야했는데, 며느리 입장에서는 생소할 뿐더러 보통 번거로운 일이 아니었다. 그러나 하늘같은 시부모가 하라고 하니 하는 수 없이 하긴 하지만 너무 귀찮다는 생각이 들면서 내심 여간 못마땅한 것이 아니었다.

그런 어느 날, 집안에 아무도 없이 혼자만 남게 된 며느리는 궁금증이 일어나 왕신 제단에 놓여있는 신주단지라는 것을 살그머니 꺼내 자세히 살펴보았다.

꼭 요강단지 같은 옹기그릇에 부적같이 생긴 한문 글씨 몇 자와 색색의 실 꾸러미 묶음 두어 개만 달랑 들어 있을 뿐, 아무리 봐도 영험한 귀신의 위엄이라고는 찾아볼 수가 없었다.

며느리는 크게 실망한 나머지 눈을 흘기며 별 같잖은 것이 사람을 귀찮게 한다고 투덜거리다가 심통이 나서 엉덩이를 내리 까고 신주단지 안에다 오줌을 시원스레 싸고는 '왕신 할매야! 이거나 마셔라!' 하며 눈을 한번 부라린 뒤 단상에 올려놓았다.

그런데 이게 어찌된 일인가. 그날부터 시동생이 급체를 했는지 구토를 하고 온 몸을 사시나무 떨 듯하며 고통을 호소하기 시작했다.

놀란 시어머니와 가족들은 왕신할머니 제단 상에 엎드려 살려달라고 빌고 또 빌었다. 그러나 기도의 효험도 없이 시동생은 끝내 숨을 거두고 말았다. 이에 시어머니는 새 며느리가 들어온 뒤 왕신을 모시는 정성이 부족해 신께서 노하셨다며 장차 집안이 망할 것처럼 통곡했다.

그때부터 시어머니의 며느리에 대한 구박이 시작됐다. 며느리는 바늘방석에 앉은 듯 자신이 왕신 제단의 신주단지에 오줌을 싼 것이 들키기라도 하면 어쩌나 걱정이 태산 같았다. 그러나 누구도 함부로 신주단지를 열어볼 수 없다는 금기사항 덕분에 무사히 넘어가는 듯 했다.

그러나 문제는 거기서 끝난 게 아니었다. 며칠 뒤 이번엔 남편마저 시름시름 앓아눕는 사건이 발생했다. 그렇게 되자 시어머니는 더 한층 며느리를 미워하였다.

며느리가 왕신을 마음으로부터 정성을 다해 모시지 못해서 집안에 액운이 끼었다고 생각한 시어머니는 밥 짓는 것도 당신이 대신했고 며느리에게는 사사건건 심한 구박을 주었다.

일이 이쯤 되자 며느리는 이 집안에서 쫓겨나는 것도 시간문제일 듯하여 사생결단의 각오로 중대 결심을 하고는 결판을 내야겠다고 별렀다.

어느 날 식구들 모두 들일을 나가고 집을 비운 사이 왕신단지를 들고 나가 바깥마당에 패대기를 쳐서 박살을 내고는 거름 속에다 내던져버렸다. 그 놈의 신주단지 때문에 자신이 쫓겨나게 된 것에 대한 분풀이였다. 며느리는 거기 그치지 않고 제단 자체까지 뜯어내어 집 뒤꼍에다 불을 질러 완전히 태워버린 뒤,

"야, 이 왕신아! 네가 뭔데 나를 쫓겨나게 만들어? 이 귀신 빗자루 같은 놈아!! 어디 나한테도 한번 신통술을 부려봐라. 흥!"

며느리는 큰소리로 한껏 기개를 부리고는 침까지 퉤퉤 내뱉었다. 그리

고 시어머니가 이제 자신을 쫓아낼 것이란 생각이 들었으나 당당히 시집 식구들과 맞서리라고 다짐했다.

만에 하나 남편이 죽기라도 한다면 왕신 하나 못이기는 그런 시원찮은 남편은 있으나마나라고 마음을 다지며 절대 친정으로 쫓겨 가지 않겠다는 각오로 시부모와의 한판 승부를 별렀다.

한편 시어머니는 들일을 하다가 날씨가 너무 더워 나무 그늘에서 낮잠을 청하는데, 꿈속에서 왕신할머니가 온몸에 지독한 오물을 뒤집어쓴 채 허겁지겁 집을 나가고 있는 게 아닌가. 놀란 시어머니가 황급히 달려가,

"왕신 할머님! 이게 어찌된 일이십니까?"

하고 집안으로 모셔 들이려 하자 왕신 할머니는 고개를 저으며 말했다.

"내가 네 집에서 몇 대에 걸쳐 잘 먹고 잘 지냈다만 이번에 들어온 너의 집 새 며느리는 100년에 한 번 나올까 말까 한 여장부니라. 비록 나는 이렇게 쫓겨 간다만 너희 집엔 대단한 여걸이 들어 왔으니 장차 가문이 크게 흥할 것이며 큰 인물이 나올 것이다. 이 세상 모든 어머니들의 헌신적인 사랑이 중요하지 않은 적이 없지만, 장부를 길러낼 만큼 기상이 위풍당당한 지어미는 별로 없었다. 그러나 너희도 이제 여장부 며느리가 들어 왔으니 절대로 박해하지 말고 그 며느리가 이끄는 대로 힘을 합쳐 가정에 무궁한 번영을 이루어라.

참! 한 가지 일러둘 것은 너희 둘째 놈이 죽은 것은 음식을 잘 못 먹어 생긴 급체 증세인데 의원을 부르거나 약은 쓰지 않고 나한테만 빌다가 때를 놓쳐 죽었다. 그것은 네 가족의 불찰인고로, 지금 앓고 있는 큰 아들도

치료를 잘 받으면 금방 낳을 것이다.

운명은 자신이 개척하는 일이지 나 같은 귀신이 생로병사를 관장할 수는 없다. 나는 다만 너희 집에서 몇 대를 걸쳐 섬김을 받으며 너희들에게 정신적 지주가 되어주었을 뿐, 죽고 사는 천명이나 재산의 많고 적음에는 아무런 기여한 바가 없었느니라."

왕신 할머니가 그 말을 뒤로하고 떠나가자 시어머니는 소리치며 가지 말라고 버둥대다가 낮잠에서 깨어났다. 그리고 허둥지둥 집으로 뛰어가서 왕신 제단을 살펴보니 어디론가 깨끗이 치워져 있는 것이 아닌가.

시어머니는 이 어이없는 사태에 할 말을 잃고 며느리를 바라보았다. 이에 며느리는 아주 태연하게 웃으며,

"어머님, 제단을 너무 오랫동안 청소하지 않아 지저분하여 전부 불태워 버렸습니다. 깨끗해서 좋지요?"

시어머니는 황당한 가운데서도 조금 전 꿈속에서 왕신이 한 말이 생각났다.

이후에는 장부 같은 며느리의 주도로 집안을 이끌어 갔고 훌륭한 자손을 두어 내내 번성했다고 한다.

처마 밑으로 떨어지는 하찮게 보이는 낙숫물일지라도 바위를 뚫듯이 인간의 굳센 신념 앞에는 신이라는 존재도 좌지우지 못한다.

따라서 위의 이야기는 그 어떤 운명도 인간의 집념으로 이겨낼 수 있다는 것을 알려주는 좋은 본보기이다.

우리가 믿는 신이라는 존재는 인간 개개인에게 영향을 직접적으로 주

지 못한다. 수 천년 동안 인간들이 그토록 애절하게 갈구하는 생로병사와 희로애락의 문제를 그토록 전지전능한 능력을 가지고 있다는 신이 언제 한 번이라도 시원스럽게 보여준 적이 없었다는 것이 그 증거이다. 고작 보여 준다는 것이 뜬구름 잡기 식의 아리송한 미사여구로 인간들의 마음을 어지럽게만 했을 뿐이다.

하기야 그런 신의 말씀도 신이 직접 전해 준 것인지, 인간들 스스로가 꾸며낸 이야기인지도 분명치 않다.

그렇다고 신이 아주 없는가하면 그렇지도 않다고 본다. 전지전능한 신은 있되 그 힘이 우리 인간들에게 미치지 않는, 전혀 다른 차원의 세계에 있기에 있으되 없는 것이나 마찬가지라는 이야기다.

그렇지만 인간이 신이라는 존재를 믿음으로써 오는 긍정적인 면도 있긴 하다. 신이 있다는 가정 아래, 인간의 힘으로는 극복할 수 없는 자연재해 등 천재지변을 만났을 때 신이라는 이름으로 갈구하고, 위안을 받으며 정신적 지주로 삼는다는 점이다.

인간의 힘으로는 어쩔 수 없는 불가항력적인 현상들에 대하여 누군가에게 호소하고 의지하지 않으면 인간들 스스로 커다란 혼란에 빠질 것이 뻔하다. 그러므로 어떤 초월적인 존재에 기대서도 안정을 찾으려는 본능이 작용한 때문인지도 모른다. 그렇게 위안을 얻는다는 차원에서도 우리에게 종교는 필요한 것이라고 본다.

종교의 필요성은 그런 면에서도 중요하지만 또 다른 차원에서 생각해보면 더욱 절실하다.

필자의 생각으로는 기독교에서 말하는 전지전능한 신만큼은 아니라 하더라도 인간의 마음속에는 기적을 일으키는 능력이 누구에게나 내재되어 있다고 생각한다. 단지 그것을 활용하는 방법을 모르고 있을 뿐이다.

사람들이 기적을 일으키는 인간 내부의 에너지를 꺼내어 활용하는 여러 방법을 연구하다가 기독교, 불교, 이슬람교…… 등의 종교가 생겨난 것이 아닐까 하는 생각이 들기도 한다.

우리가 미신이라고 터부시하고 있지만 예로부터 뿌리 깊게 내려오는 민간 신앙인 나무나 돌에 절을 하고 숭배하는 행위 역시, 그런 이유 때문에 생겨나지 않았을까?

불교의 예를 들어볼 때, 절간에 모셔져있는 부처라는 존재는 실상은 한낱 돌덩이, 쇳덩이에 불과하다. 그런 생명도 없고 인간의 말이나 생각을 알아들을 수 없는 물체에 엎드려 손이 닳도록 비는 것이나, 바위나 나무에 가서 영험을 보여 달라고 비는 행위는 매우 유사하다.

그런 과정들을 오늘날의 과학으로 어떻게 해석해야 할까? 기독교적 시각에서 보면 비 과학이고 터무니없는 미신적인 행위이며 우상숭배라고 할 수도 있을 것이다.

그런 이해 못할 행동이나 비난에도 불구하고 불교는 수천 년 동안 끊어지지 않고 이어져 왔으며, 우주로 눈을 돌리고 있는 첨단과학의 시대에 사는 요즘 사람들 사이에서도 조금도 위축되지 않고 있다.

자신이 바라는 바를 부처에게 기도드릴 때 그 대상이 비록 실물이 아닌 돌이나 나무라 할지라도 그것을 향해 비는 마음은 살아있는 부처에게 대하듯 간절하다.

기도를 할 때는 다른 잡념이 들지 않는 무념의 상태여야 효험을 본다는 사실 또한 누구나 알 것이다. 정신을 집중해 어떤 하나의 대상을 향해 기도하면, 그것은 마치 작은 물방울이 바위를 뚫듯 혹은, 볼록렌즈로 햇빛을 모으면 불이 붙듯, 마음을 한곳으로 모으게 된다. 바로 이것이 신앙의 본질 중의 하나라고 본다.

우리들 마음속에는 무궁무진한 잠재력이 있는데 그것을 꺼내 쓰는 방법도 바로 신앙을 통해 얻을 수 있다는 이야기다.

예수나 돌부처에게 기도를 하고 있지만 그런 행위는 정신집중을 하는 하나의 절차나 도구일 뿐 실상은 자신도 모르는 사이 정신을 한곳으로 모이게 하고 그것이 마음속 저 깊이 숨겨져 있는 미지의 에너지에게 전달되어져 기적을 일으키게 된다는 뜻이다. 마음속으로 갈구하는 것에 집중해 잠재의식 속에 심어 놓으면 언젠가는 원하는 바가 이루어진다는 이치이다.

그 결과물에 대해 사람들은 하느님이 응답을 해주셨다거나 부처님의 신통력으로 기도의 효험을 보았다고 흔히 말하는 것이다. 그것은 무생물에 대한 기도가 부처님 혹은 삼신할머니의 가피를 얻어 원하는 대로 이루어지게 한다는 믿음이 있기에 가능할 것이다.

집중해서 기도를 하다 보면 부정적인 마음은 사라지고 딱딱했던 근육 또한 부드럽게 풀어지면서 긴장과 두려움에서 벗어나게 된다. 그것은 어머니의 품에 안겨있는 아이 같은 믿음의 상태가 되면서 정신적 안정을 찾았다는 뜻이고, 동시에 자신이 갈구하는 소원이 잠재의식 저 깊은 곳까지

도달하게 되는 이치이다.

　종교를 통한 구원의 길은 여러 가지가 있다. 그것은 마치 산을 오를 때 서로 다른 방향에서 등정하더라도 같은 꼭대기에서 만나듯이 다른 신앙을 통해서도 구원에 이를 수 있다.

입과 입술과 치아에 의한 관상

이상적인 입

큰 입

입은 공기가 드나드는 문이고 음식이 들어가는 곳이며 자신의 생각을 밖으로 표현하는 기관이다. 말을 하든, 음식을 섭취하든 어떻게 입을 벌리고 닫느냐에 따라 행복과 불행이 갈리고 인생의 성공과 실패에도 영향을 끼친다.

이상적인 입 모양

• 단정하게 다물어져 힘 있게 보여야 하고 입의 양쪽 끝부분이 위로 올라간 듯한 모습이 좋다.

• 입은 큰 듯하면서 입술도 약간 두텁고 넓은 게 좋다.

• 이런 입은 육체적으로 건강하고 주관과 중심이 잘 잡혀 있고 일에 대한 추진력과 돌파력이 있다.

• 중년 이후에는 생활도 안정이 되고 성욕도 양호하다.

큰 입

• 욕망과 동물적 본능이 강한 야심가다.

• 입이 크면서 다른 얼굴 부위도 좋으면 입신출세할 상이다.

- 여성은 매사에 적극적이며 재물운도 좋고 애정문제에도 정열가다.
- 다만, 입이 크면서도 야무진 느낌이 있어야 똑똑하고 포용력도 좋은데, 탄력이 없고 두텁기만 한 입술은 색욕에 빠지기 쉽다. 또한 일을 하더라도 애착심과 집중력이 떨어져 끝마무리를 잘하지 못한다.
- 입이 크면서도 입술이 엷으면, 냉정하고 이기적이며 타인의 비밀을 잘 지켜주지 못한다.
- 입이 얼굴 균형에 비해 지나치게 크면 자기주장이 강하고 탐욕적이어서 혈육과 주변 사람들과의 관계에서 갈등을 일으킨다.

작은 입

- 자기주장을 잘 하지 못하고 행동에서도 소극적이다.
- 50세 전후에 가까운 사람과의 큰 금전 거래에서 타격을 받거나 가정생활에서 변화가 있을 가능성이 있다.

작은 입

두터운 입술

- 동적인 감성이 발달해 있고 적극적이다.
- 남녀 애정에서 일어나는 문제를 조심해야 한다.

엷은 입술

- 애정이 적고 타산적이며 냉철하다.
- 시기심과 질투심이 많고 열정이 부족하다.

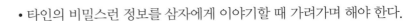

• 타인의 비밀스런 정보를 삼자에게 이야기할 때 가려가며 해야 한다.

툭 튀어 나온 입술

• 주관이 뚜렷하고 적극적인 성향 탓에 상대방이 언어와 동작을 거칠게 받아들일 수 있다.

• 자신의 생각과 불평불만을 노골적으로 표현해 대인관계에서 불화가 잦다.

• 공격적이고 웅변으로 사람을 압도하기도 한다.

• 생활력은 왕성하고 이성과의 애정 문제에도 적극적이다.

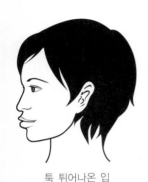

툭 튀어나온 입

들어간 입술

• 내성적이고 안정지향형이며 다툼을 좋아하지 않는다.

• 세심하고 꼼꼼한 성격이고 자신의 생각을 좀체 밖으로 드러내지 않고 가슴 속에만 불태우는 일이 잦다.

• 지나치게 신중하거나 자신의 주장을 내세우지 못하는 것도 자기 인생을 살아가는 데는 그리 바람직스럽지 않다.

삐뚤어진 입

• 지기 싫어하는 허세가 있다.

• 고집이 세고 콩을 팥이라 우기며 남과의 협조와 타협을 하지 않아 적을 만들고 다툼이 잦을 상이다. 이런 성격 때문에 부부 관계도 소원해질

삐뚤어진 입

가능성이 있다.

• 남의 밑에서 일하기보다는 개인적으로 할 수 있는 농업이나 기술직, 예술 쪽 직업이 적합하다.

늘 열려 있는 입술

보통 생각하기를 말을 하지 않을 때는 입술이 닫혀 있는 것으로 인식하기 쉽지만, 자신도 모르는 사이에 입이 늘 벌려져 있는 사람이 있다.

• 이런 사람은 지능 발달이 늦거나 나쁘고 무슨 일을 하든지 끈기와 근성이 부족하다.

• 자기 주관보다는 남의 뜻에 따르는 일이 잦고 일을 하더라도 끝맺음이 매끄럽지 못하다.

아랫입술이 툭 튀어나온 입

아랫입술이 많이 나와 윗입술을 덮는 모양이다.

• 사춘기 이전에 한쪽 부모와의 인연이 좋지 못했고 부부생활도 원만치 못한 상이다.

• 같은 입술 모양이라도 두 가지 성향의 성격으로 나눌 수 있다.

첫째, 잔정이 깊고 자기주장을 잘 하지 못하며 소심하고 내성적인 사람이 있는 반면,

둘째, 외향적이고 활달한 사람이라면 허풍이 세고 언행도 경솔한 유형이 있다.

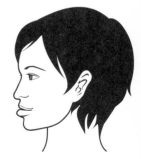

아랫입술이 튀어나온 입

이런 사람이라면 자신의 속셈을 감추고 이익을 위해선 신의를 깨트리는 이기주의자다. 정이 부족하고 상대방의 애정만을 요구하기도 한다. 말은 그럴싸하게 잘 하지만 뱃속을 알 수 없기 때문에 오래 사귈수록 믿음을 주지 못한다. 여성은 남편을 지배하려 든다.

윗입술이 아랫입술을 덮는 입

- 온순하고 내성적이며 꼼꼼한 성격이다.
- 자기주장보다 남의 의견에 따르는 수동형이다.
- 여성은 남편의 의견에 잘 따르는 맹종한다.

입술이 벌어져 치아가 밖으로 드러나는 입

치아가 드러나는 입

말을 하지 않을 때라도 입술이 다물어지지 않고 치아가 밖으로 드러나 보이는 입이 있다. 이런 형은, 자신의 감정을 숨기지 않는 솔직한 성품을 갖고 있다. 하지만 경솔하고 끈기가 없어 일을 하더라도 끝맺음이 흐지부지되는 걸 염두에 둬야 한다.

불을 부는 것 같은 입술

질투심이 많고 자식과도 떨어져 사는 고독한 상이다.

세로 주름이 많은 입술

세로 주름이 많은 입술

애정이나 사교성이 좋다.

가로 주름이 있는 입술

혈육과의 인연이 좋지 못하고 고독한 상. 위궤양 등 소화기 계통이 약하다.

주름이 없는 입

교만하다.

입의 양쪽 끝이 위로 살짝 올라간 입술

• 긍정적인 사고방식을 갖고 있고 상승하는 운이다.

• 일처리를 야무지게 하고 여성은 살림을 매끄럽게 잘 할 상이다.

입꼬리가 올라간 입

치아의 생김도 인생에 영향을 끼친다

치아는 음식물을 씹어서 우리 몸의 각 기관에 영양분을 공급하는 첫 단계의 역할을 한다.

치아의 중요성은 이가 아파봐야 비로소 절실히 느낄 수 있다. 인체의 뼈가 튼튼하면 치아도 견고하고 골격이 쇠퇴하면 치아도 약해짐을 알 수 있다. 뼈와 치아는 유기적 관계에 있는 것이다.

치아의 생김으로 당사자의 성격과 혈육 관계, 건강 상태, 식복의 유무, 수명의 장단을 예측할 수 있다.

좋은 치아

치아는 길고 뒤틀림 없이 고르게 틈새가 없어야 하며 빛깔도 희고 빛이 나야한다. 이런 치아를 가지고 있으면 성품도 바르고 건강과 재물운도 좋다.

틈새가 벌어진 앞니

성인이 되어서도 틈새가 벌어진 치아를 가지고 있는 사람은 그 원인으로 두 가지의 예를 들 수 있다.

어머니 뱃속의 태아 상태에서 영양 공급을 제대로 못 받았을 경우거나 어머니가 가정환경 등으로 인해 정신적으로 스트레스를 많이 받아 태아한테 영향을 줬을 경우가 있다. 그게 아니라면, 당사자가 어린 시절 병치레를 많이 하는 등 몸이 허약했을 때 치아가 벌어지는 현상이 일어난다.

옛사람들은 앞니의 틈새가 벌어지면 복이 새나간다고 믿었다. 물론 미관상이나 관상적으로 좋다고는 볼 수 없다. 왜 그런가하면, 몸 안의 정기가 벌어진 치아의 틈사이로 자신도 모르게 필요 이상으로 밖으로 새어 나가기 때문이다. 그것이 몸의 근간을 이루는 에너지의 허실로 이어져 좋지 않은 결과로 나타날 가능성이 있기 때문이다. 그렇다고 그것이 재산상 크게 나쁜 영향을 끼치든가 하는 일은 일어나지 않으리라 본다.

그러나 본인이나 배우자의 갑작스런 사고를 조심해야 한다.

뒤틀린 앞니

이 경우도 앞의 예처럼 태아 상태에서 영양 공급 부족이나 어머니의 스

틈새가 벌어진 입

트레스 혹은 어린 시절에 병약했을 때 흔히 일어나는 현상이다.

• 성격상으로는 원만한 성격이 되지 못하거나 부정적 사고방식이 자리 잡을 수 있다고 본다.

• 아랫니가 지나치게 많이 삐뚤어져 있으면 양자를 둘 가능성도 있다.

옆으로 쏠린 앞니

보기 싫을 정도로 많이 쏠린 치아는 성격이 바르지 못하고 허풍이 심한 상이다.

치아와 잇몸이 훤히 드러나는 상

말을 할 때나 웃을 때 앞니는 물론 잇몸까지 훤히 드러나는 사람이 있다.

• 적극적이고 낙천가이고 뒤끝이 길지 않은 솔직한 성품을 가진 사람이다.

• 이성보다 감성이 발달한 성격이어서 여성의 경우는 유혹에 약할 수 있다. 그러나 섣불리 상대해서 자존심을 건드리면 상대방을 경멸하고 두 번 다시 마음을 두지 않는다.

윗니 두개가 긴 토끼 치아

• 밝고 솔직한 성품의 소유자고 사교성이 좋다.

• 가볍고 경솔해서 비밀을 잘 지키지 못하는 단점이 있다.

• 순발력과 언어 능력이 좋아서 그 방면으로 직업을 정하면 뛰어난 능

토끼 치아

력을 발휘할 것이다.

덧니

• 위 치아에 난 덧니는 매우 솔직하고 애교도 있는 성격이어서 마음속에 품은 생각이 금세 얼굴에 드러난다.

• 그러나 여성의 보기 싫을 정도로 심한 덧니는 초혼이 그리 순탄치 않을 가능성도 있다.

뻐드렁니

앞니가 수박을 잘 먹을 수 있을 것처럼 생긴 치아다.

• 약삭빠르고 색정이 깊다.

• 다변이고 지나치게 솔직한 성격 때문에 경솔하게 비쳐진다.

• 비밀을 지키지 못한다.

옥니

뻐드렁니와 상반되는 치아다.

• 자신의 생각을 상대방에게 시원하게 털어놓지 않는다.

• 교제범위가 그리 넓지 않고 음성적인 성격이다.

• 조심스럽고 집념이 강하다.

앞니가 작고 가지런한 치아

금전관리를 잘한다.

검은색 앞니

색욕이 강하고 바람기가 있다.

어떻게 생긴 턱이 좋은가

턱이 긴 사람

얼굴을 옆에서 봤을 때 이마가 넓게 차지한 반면 코가 짧게 보이는 사람이 있고 턱이 긴 사람도 있는 등 여러 유형이 있다. 이런 차이도 성격과 대인관계, 나가서는 인생 전반에 걸쳐 큰 영향을 끼친다.

턱이 길게 느껴지는 상은,

• 언행에 신중하고 사리분별력이 있으며 사고방식이 어느 한쪽으로 치우치지 않고 중심이 잡혀있다.

• 배우자와 자녀에 대한 애정이 깊고 매우 가정적인 상이다.

• 남을 배려하는 마음과 의협심이 있다. 그러나 정에 약해서 남의 일에 지나치게 신경을 써주는 경향이 있다.

• 진지하고 열심히 일하는 좋은 심성의 소유자다.

• 평온하고 행복한 인생을 보낼 상.

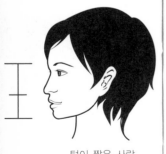

턱이 긴 사람

턱이 짧은 사람

• 그때그때 상황에 따라 대처하는 순발력이 좋다.

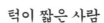

턱이 짧은 사람

- 깊은 생각 없이 성급하고 즉흥적인 결정으로 오판하는 일이 잦다.

- 소극적이고 신경질적이다.

- 어른으로써의 자각이 약간 부족한 면이 있고 감상적이다.

- 여성은 애교가 있으며 가정에 머무르기보다는 밖으로 나다니길 좋아한다.

아감뼈가 발달한 턱

- 지배욕, 물욕, 정복욕, 식욕, 투쟁심 등 욕망과 욕심이 남달리 강하다.

- 집념과 집착력이 강해 타인과의 갈등이나 남녀 애정문제에서 폭력 등을 조심해야 한다.

- 자존심이 강하고 자기 주관이 뚜렷하다.

- 고집이 세고 타협심이 적다.

- 여성은 가정을 꾸며도 자기 위주의 생활로 인한 잦은 충동을 주의해야 한다.

아감뼈가 발달한 턱

살찐 둥근 턱

심성은 느긋하고 애정이 깊으며 부부 운과 자녀 운, 재산 운이 좋다.

이중 턱

금전운도 좋고 복을 넉넉히 받을 상이다. 여성의 이중 턱은 성욕이 강하다.

이중 턱

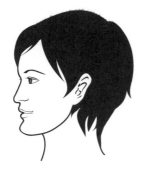 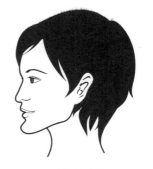 

살찐 주걱턱   야윈 주걱턱   모난 턱

주걱턱

• 정에 약하고 자신을 희생하는 봉사정신이 발달해 있다.

• 여성의 주걱턱은 이성에게 적극적인 편이다.

살찐 주걱턱

• 끝없는 야망으로 몸과 마음을 불태운다.

• 대인관계도 무난하고 실천력이 강해 권세를 얻고 뜻을 이룬다.

야윈 주걱턱

배나 다리, 허리 살이 많은데 턱은 메마른 주걱턱을 말한다.

• 순발력이 좋은 대신 그것이 지나치면 변덕으로 비춰질 수 있으니 신중하게 언행을 해야 한다.

• 중년이 되어도 살이 안 붙는 주걱턱은 말년의 금전 운이 좋지 않을 수 있다.

• 중년 이후에 방랑 기질이 생긴다.

모난 턱

• 체력과 의지력이 강하다.

• 성격은 완고하고 남에게 지기 싫어한다.

• 너무 자기 고집이 강해 때로는 대인 관계에서 문제가 생긴다.

• 정서적인 면보다는 육체적 활동성이 강하다.

• 곤란을 극복하는 힘이 있다.

• 집념과 집착이 강해 애정문제로 인한 폭력을 조심해야 한다.

뾰족한 턱

뾰족한 턱

• 순발력과 심미안이 뛰어나다.

• 부하 덕과 인덕이 그리 좋지 못한 사람이라면 이것은 자신의 변덕스러움에서 비롯된 것이다.

• 턱이 뾰족하든가 짧은 사람이 넓은 이마를 가지고 있으면 순발력이 지나쳐 사기성 있게 비쳐질 수 있으니 조심해야 한다.

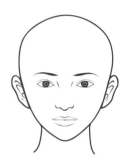

이마가 넓으면서 뾰족한 턱

중앙에 홈이 파여진 턱

• 성적인 매력이 있는 정력가다.

• 사랑하는 데도 일에도 정열적이다.

중앙에 홈이 파진 턱

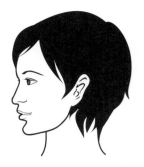

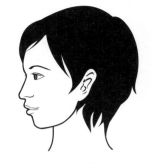

아랫입술과 턱 사이가
움푹 파인 상

주름잡힌 턱

뒤로 후퇴한 턱

아랫입술과 턱 사이가 움푹 파인 상

• 권력이나 부를 축적하면 남을 억누르려 하는 심리가 있다.

• 굳센 자만심이 있고 남에게 냉소적인 면도 있다.

주름잡힌 턱

• 성실하고 부지런한 노력파다.

• 자기 위주의 완벽함을 요구해서 주변 사람을 늘 긴장하게 만들므로

약간 느슨하고 여유 있는 마음 자세가 필요하다.

앞으로 나온 턱

턱은 앞으로 내밀수록 정열적이고 재운도 좋다.

뒤로 후퇴한 턱

• 자기본위대로 산다.

• 이마, 광대뼈, 귀와 함께 턱도 얼굴 중앙의 코를 오긋이 감싸고 바쳐주는 역할을 해야 재산이 흩어지지 않는다고 볼 때, 아래로 흐르는 기를 턱이 바쳐주지 못하면 그리 좋다고 볼 수 없다.

좌우의 턱이 삐뚤어져 비대칭으로 생긴 상

성격이 고르지 못하다.

좌우의 턱이 삐뚤어져
비대칭으로 생긴 상

사각 턱

• 감성이 무디고 자신의 희로애락을 잘 나타내지 않으며 일하는데 많은 정신을 쏟는다.

• 남녀간에 애정 표시나 기교가 단순하다.

• 여성으로서의 애교나 부드러운 감정이 무뎌서 무심하게 보일 수 있다.

사각 턱

성형수술을 하면 관상도 바뀌나요?

"성형수술을 하면 관상도 바뀝니까?"

"성형을 하면 태어날 때부터 가지고 있던 나쁜 운이 없어지나요?"

"제 얼굴 어디를 고치면 좋을까요?"

필자가 상담 중에 많이 받는 질문 중 하나가 성형 수술에 관한 것이다.

성형수술을 잘하면 얼굴도 분명 밝아지고 따라서 운도 좋아지리라 생각한다. 하지만 태어날 때부터 가지고 나온 천성이나 그릇의 본바탕은 변하지 않는다고 본다.

그리고 성형을 했다고 해서 금세 나쁜 기운이 없어지는 것도 아니다. 점을 빼거나 문신을 하는 행위 역시 성형의 일종인데 꿈속에서라도 성형 후의 얼굴이 진정한 내 얼굴이라는 자각이 들 때쯤에야 조금씩 변하는 것이다.

성형수술을 하면 좋아지는 것 중 첫째가 여태 갖고 있던 얼굴에 대한 불만이 어느 정도 해소되면서 자신감을 갖게 된다는 점이다.

필자의 사무실에 상담하러 온 사람 중에 ㅈ이라는 손님이 있었다. 대부분의 상담객들은 필자의 요구에 따라 눈을 마주보게 되는데, 이 사람은 고개를 바로 들지 못하고 자꾸 아래로 숙이려고만 하는 것이었다. 이상하게 생각해 몇 번 이야기했지만 그때뿐이었다. 그런 자세가 습관이 돼서인지 나이에 비해 어깨가 처졌다.

그 원인은 심한 들창코 때문이었다. ㅈ은 자신의 코 생김새 때문에 어린 시절 놀림 반 걱정 반의 소리를 줄곧 들으며 살았다고 한다. 학교에 들어가서는 친구들한테 손가락질의 대상이 되어 '옥상 꼭대기에서 내려다봐도 콧구멍이 보이겠다', '비가 오면 빗물이 코로 들어가겠다.'는 둥 놀림을 받기 일쑤였다.

동양사람 대부분은 어릴 때 약간 들창코로 있다가 성장하면서 개선되기 마련이지만 ㅈ은 워낙 정도가 심해 성인이 되어서도 그대로였다.

들창코는 미관상으로도 그렇지만 관상으로도 그리 좋다고 볼 수 없다. 개방적이고 낙천적인 성품의 소유자이긴 하지만 그런 성격 탓인지 금전이 들어오면 씀씀이 조절에 능하지 못한 것이 큰 흠으로 꼽힌다.

필자는 그런 ㅈ에게 성형을 해서 코를 교정하는 것이 좋겠다고 충고해 주었다. 그리고 까마득히 잊고 있던 어느 날 그가 몰라볼 정도로 자신감 넘치는 밝은 표정으로 필자의 사무실에 들어섰다.

"코 성형수술을 하고 났더니 제 얼굴에 자신감도 생겼고 주변 사람들과의 관계도 좋아졌습니다."

그를 보면서 성형의 중요성을 새삼 확인할 수 있었다.

그렇지만 큰 하자가 없는 이상 멀쩡한 얼굴에 굳이 칼을 댈 필요는 없다. 성형수술을 하면 과연 관상까지 좋아질까? 답은 아니다.

이치를 설명하자면 이렇다. 얼굴을 전부 뜯어고쳐서 대한민국에서 재산가로 행세할 수 있는 관상으로 만들었다고 치자. 성형의 효과가 나타난다면 얼마나 좋겠느냐만 실제는 그렇지 않으니 문제다. 성형을 했다고 해서 타고난 운 자체가 변화하는 것이 아니라는 말이다.

ㅈ처럼 지나친 콤플렉스 부위를 교정하고 나서 정신적인 자신감이 생겼고 그것이 대인 관계에서 위축되지 않고 적극적이고 긍정적인 자세가 되다보니 하는 일이 잘 풀린 것이지 성형 자체로 좋아진 것은 아니라는 뜻이다.

다시 말해 성형 효과는 다른 데 있는 것이 아니라 자신감 회복이라는 심리 작용이다. 각자의 개성에 맞는 얼굴이 자연스러운데 성형으로 멀쩡한 얼굴을 뜯어고치면 오히려 해로운 결과가 올 수 있다는 것을 알아야 한다.

얼굴은 빈대떡 같이 넙적한데 코는 영화배우 누구처럼 오똑하게 고친다든지, 눈이 당사자의 얼굴과 잘 조화를 이루어 관상으로 봐서는 좋은 눈인데도 탤런트 누구의 눈처럼 성형하고 싶다고 떼를 쓰는 사람이 있는데 그것은 잘못된 생각이다. 눈을 성형한답시고 무턱대고 크게만 고친다면 자칫 타인에게 가벼운 인상으로 비춰질 수 있으니 유의해야 한다.

사람은 개인의 고유한 균형이 있고 분위기가 있는 법이다. 조화로운 얼굴에다 어느 부위를 잘못 고치면 '소 살에 말 살 붙이기'처럼 어색해져 오히려 관상적인 측면에서 균형이 무너진 결과를 초래한다.

그렇다고 예뻐지고 싶은 인간의 욕망을 마냥 탓만 하고 싶지는 않다. 그러나 앞의 ㅈ처럼 정신적인 면까지 영향을 받을 정도가 아니라면 굳이 성형수술을 할 필요가 없다고 본다. 그런 정성이라면 차라리 마음을 갈고 닦는데 신경을 쓰든가 독서를 많이 한다면 훨씬 더 좋은 운기를 간직할 수 있을 것이다.

비눗방울이 일시적으로 화려하게 보일는지 모르지만 그것은 순간이다. 성형으로 제 아무리 예뻐졌다고 하더라도 마음 씀씀이가 올바르지 못하다면 그것은 모래 위에 지은 집처럼 거품으로 보인다. 바람 든 무같이 겉모습은 그럴싸하지만 알차지 못하고 가벼워 보이는 얼굴은 자칫 인생이 겉돌기만 할 우려도 없지 않다.

그 좋은 예로 언젠가 찾아온 ㅂ이라는 여성을 들 수 있다. 20대 후반의 나이였는데, 겉보기에는 화려하면서도 예쁜 얼굴을 하고 있었다.

그러나 잠깐 주의를 기울여 보니 기가 안으로 오긋이 모인 게 아니라 이리저리 흩어져 썩 좋아 보이지 않았다. 성형수술로 코와 눈, 광대뼈를 크게 고친 얼굴이었다.

그런 문제보다 더 심각한 것은, ㅂ 스스로 얼굴에 대한 지나친 자만심에 빠져있다는 것이다. 자신이 영화배우 누구의 코에다 눈까지 닮아있다는 우쭐한 마음이 확연히 느껴질 정도였다.

ㅂ이 자신의 얼굴이 이렇게 완벽하니 관상도 당연히 좋지 않겠느냐고 마음속으로 시건방지게 생각하고 있는 것도 은연중에 느껴졌다.

필자가 늘 강조하는 말 중에 하나가 얼굴이 제 아무리 기생오라비 아니라 영화배우같이 생겼어도 그것은 수박 겉핥기식으로 보는 보통 사람의 시각일 뿐, 관상까지 좋다는 법은 없다.

클레오파트라가 왔다가 울고 갈 미인 중에도 내실 있는 미인이 있는 반면, 순전히 겉멋에만 정성을 쏟은 얼굴도 있다.

ㅂ은 자신의 얼굴에 관심을 치중한 반면 내면을 살찌우는 노력을 게을리 하였으며 자신의 겉모습에 대한 자신감이 도를 넘어 자만심으로 바뀐 경우였다.

우리 내면에 있는 정신을 밖으로 드러낸 것이 인상이며 그것은 평소의 마음가짐이 고착화된 결과물이기도 하다.

흔히 상대의 겉모습만 보고 인물이 좋다든지 나쁘다고 말하기 십상인데 그것은 잘못된 평가일 수 있다. '관상은 나쁜데 인물은 좋다.' 는 말은 있을 수 없는 것이다.

관상으로 본 얼굴은 그 사람의 이력서이자 청사진이다. 관상에서는 외모보다 내면을 더욱 중시한다. 속마음이 당사자의 인생을 결정짓는 중요한 요인이라고 보기 때문이다.

머리와 이마의 생김에 대하여

머리에는 앞짱구가 있고 뒤짱구가 있는데 특히 뒤짱구 즉, 뒷머리 뼈는 어느 부분이든지 튀어나와 있으면 관상적으로 좋다.

뒷머리의 위쪽이 발달 상

쉽게 말해 뒤통수가 튀어나온 형이다. 의지가 강해서 한 번 결심하면 백전불굴의 추진력이 있다.

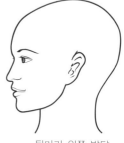

뒷머리 위쪽 발달

뒷머리의 아래쪽이 발달한 상

• 애정 감각이 발달해 있고 성욕이 강하다.

• 이성적 판단보다는 본능대로 행동하기 쉽고 치정 사건을 조심해야 한다.

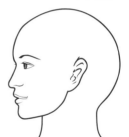

뒷머리 아래쪽 발달

좌우 옆머리가 발달하고 턱이 좁은 상

• 허영심이 많고 권모술수가 뛰어나며 임기응변에 능하다.

• 옆머리가 지나치게 발달하면 솔직하지 못하고 거짓말을 잘한다.

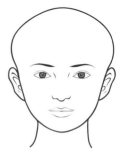

좌우 옆머리 발달

155

불규칙한 머리칼

이마와 머리의 경계 부위에 머리칼이 불규칙하게 난 상

• 매사에 불평불만이 많은 부정적 사고의 소유자다.

• 도덕심이 떨어지면서도 달변이다.

• 윗사람에게 반항 심리가 강하고 대인관계에서 많은 문제가 발생한다.

넓은 이마

• 사회성, 직관력이 뛰어나다.

• 한꺼번에 많은 사람들을 상대하는 직업이 잘 어울린다.

• 이름을 크게 얻으며 살아갈 상이다.

• 인당까지 넓다면 지능, 기억력이 좋은 수재형 상이다.

• 그렇지만 이마가 넓은 대신 턱이 든든하게 받쳐줘야 제 역할을 하는데, 만일 턱이 뾰족하든가 짧든지 해서 넓은 이마와 조화를 이루지 못하면 약삭빠름이 지나쳐 사기성이 농후하다고 본다.

• 여성의 경우 이마가 적당히 발달하면 훌륭한 남편을 두고 남편을 출세시킨다.

• 그러나 턱이 바쳐주지 못한 채 이마만 지나치게 발달하면 집안에 머물기보다는 바깥으로 활동하려는 성향이 강하고 남편과의 심각한 갈등이 생길 수 있다.

장만옥은 영화 〈첨밀밀〉, 〈화양연화〉 등에서 열연한 우리에게도 친숙한 홍콩 배우다.

그녀의 이마는 참으로 시원하고 매끈하게 잘 생겼다. 거기에다 지능을 나타내는 부위인 인당 또한 훤히 열렸고 이마를 바쳐주는 턱 또한 강하게 보이는 좋은 상이다.

코는 또 어떤가. 필자가 말하는 좋은 코가 바로 이런 유형의 코인데, 높지도 낮지도 않으면서 휘어지지 않은 콧대가 바르게 뻗어있다. 눈썹의 생김과 턱을 보아서는 집념과 추진력이 강한 여걸 상이다.

이렇게 이마와 인당, 그리고 든든한 턱을 갖고 있다면 한 시대를 풍미할 수 있는 명성을 얻을 것이고 그것을 능히 감당해낼 큰 그릇으로 태어난 인물임이 분명해 보인다.

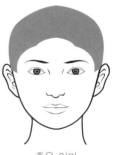

좁은 이마

좁은 이마

• 사회성이 떨어지는 상이다.

• 많은 사람을 한꺼번에 상대하는 직업을 오랫동안 가지면 까닭 없이 스트레스를 받고 적응을 못한다.

• 이마에 솜털이 많이 났다면, 부모 중 한쪽과 인연이 멀었거나 어머니가 임신 중일 때 부부사이나 가정에서 생긴 스트레스가 태아에게 영향을 끼쳤을 가능성이 높다.

• 부부 사이에 갈등이 심할 수도 있다.

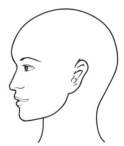

튀어나온 이마

이마가 지나치게 튀어나온 여성

난산을 한다.

오른쪽과 왼쪽의 모양이 다른 이마

이마의 좌우 높이가 유난히 차이가 나는 사람이 있다. 이런 이마는 어린 시절 부모 중 한쪽과 인연이 멀었다는 표시다.

일각과 월각이 잘 발달한 이마

이마의 왼쪽과 오른쪽 뼈의 발달을 말한다.
직업 운과 사업 운이 좋은 상이다.

뒤로 넘어간 이마

용의주도함과 처세가 발달하고 약간의 허세도 있다.

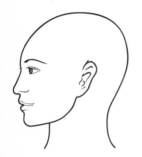

뒤로 넘어간 이마

일각이나 월각에 찍힌 점이나 흉터

일각과 월각의 위치는 그림에서 보듯이 이마 좌우에 약간 솟아오른 듯한 부분이다.

• 이곳에 점이 찍혀있다면 부모 중 어느 한쪽과 인연이 멀었던 상이다.

인연이 멀다는 뜻은, 사춘기 이전에 일찍 돌아가셨든가, 부모가 심각한 갈등이나 이혼 혹은 직업으로 인해 떨어져 사는 바람에 한쪽 부모의 정을 못 받고 자랐다는 의미다.

남자의 경우, 오른쪽에 점이 있으면 어머니 쪽과, 왼쪽이면 아버지 쪽인데 여성은 반대다. 그러나 부모 중 어느 쪽이냐는 것은 사람마다 다르기 때문에 꼭 맞는다고 볼 수 없다.

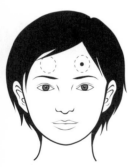

점선의 왼쪽이 일각이고 오른편이 월각이다.

사람마다 다른 이유는 파동(에너지의 파장. 주파수)에 따라 해석을 달리 해야 하기 때문이다.

• 이곳에는 점뿐 아니라 흉터가 있어도 마찬가지로 해석한다.

흉터는 어렸을 때 넘어져 생겼든 옆집 아이와 장난치다가 긁힌 흉터든 간에 그것이 성인이 되도록 없어지지 않고 뚜렷이 남아 있으면 해당이 된다.

점과는 달리 흉터의 경우는 당사자의 에너지 파장에 따라 영향이 없는 사람도 간혹 있지만, 이것은 오랜 수련을 거친 뒤에야 깨칠 수 있기에 여기서는 설명을 생략한다.

이마 중앙 부근에 찍힌 점

부모 중 한쪽과 인연이 멀었고 중년에 사업이나 경제적으로 타격을 입을 일이 생긴다. 흉터 역시 마찬가지다.

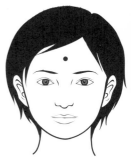

이마 중앙에 점

이마에 그어진 여러 종류의 주름

이마에는 여러 형태의 주름이 존재하고 각각의 주름에 따라 그 의미가 저마다 다르다.

주름살 세 개가 끊어지지 않고 일자로 쭉 그어져 있는 주름

• 진지하고 성실한 노력가이며 진취적이다.

• 윗 조상과 아랫사람들의 음덕을 많이 받아 명예나 재산을 모으는데 큰 힘을 받는다.

일자로 그어진 주름 세 개

159

갈매기가 나는 듯한 주름　　　아래로 처진 주름　　　둘로 갈라진 주름

　　같은 세 개의 주름이라도 그림에 나타나듯이 주름의 끝부분이 위로 올라간 모양이 있고 아래로 내려간 주름이 있다.

갈매기가 나르는 듯이 올라간 주름

• 물질보다는 정신적인 면을 중시하고 철학적이며 사색가다.

• 인간들의 아귀다툼이 적나라하게 벌어지는 도회지 같은 곳보다는 조용하고 정적인 장소에서 사는 게 더 잘 어울린다.

• 중년 이후에 탈속의 성향이 강하게 나타난다.

• 장사꾼보다는 종교가, 예술, 사회사업 방면의 직업이 잘 어울린다.

아래로 처진 주름

• 매사에 신중하고 진지하며 성실하다.

• 진취적이고 희망적이다.

• 당사자도 노력가지만 주변 사람들의 인덕을 많이 받을 상이다.

첨문만 있는 주름   인문만 있는 주름   지문만 있는 주름

• 일자로 그어진 주름보다 삶에 있어서 조금 더 안정적인 주름 형태다.

두 세 가닥이 가운데를 중심으로 들로 나누어진 주름

• 정신적인 면과 직감력이 뛰어나고 천재적인 행동을 한다.

• 남의 밑에 있기보다 예능 방면이나 창조적인 직업, 혹은 종교 지도자 타입이다.

천문만 있는 주름

윗 조상이나 부모 혹은 손윗사람의 덕을 많이 받아 운명을 개척할 상이다.

인문만 있는 주름

누구의 도움 없이 자수성가할 수 있는 힘이 있는 상이다. 주변 사람들의 인덕도 많이 받을 상이다.

주름이 끊어져 있으면 다툼이 잦겠고 형제간의 의도 나쁘다.

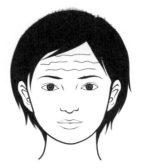

한 가닥의 짧은 주름　　　　　물결 모양의 주름　　　　　여러 가닥으로 끊어진 주름

지문만 있는 주름

스스로도 성실히 노력하는 상이지만 아랫사람이나 부인의 덕도 많이 받을 상이다.

한 가닥의 주름이 극단적으로 짧으면

• 성욕이 강하고 잔정이 많아서 그 때문에 곤란을 겪는다.

• 부부 사이가 나빠질 주름이다.

• 만일 부부 사이가 좋다면 부인이 병약해질 가능성이 있다.

곧지 못하고 물결 모양의 주름

그만큼 삶에 굴곡이 많다.

여러 가닥으로 어지럽게 끊어진 주름

여러 가지 여건으로 인해 자신이 가진 능력을 마음껏 발휘 못해 불만스

런 세월이 쌓인 상이다. 자신의 장점을 찾아 그 방향으로 인생을 살아야
한다.

깊지 않은 잔주름이 여러 가닥 그어진 이마

남을 도와주든가 자질구레한 일까지 신경써줘야 할 사람들이 주변에
많이 생기는 주름이다.

여러 가닥 잔주름

열십자로 길게 가로지르는 세로주름

거주하는 곳이나 직업에서 한곳에 정착을 못하고 여기저기 돌아다닐
상이다.

열십자 주름

새 며느리가 들어오면 볼 생김을 먼저 봤다

호박 볼

호박 볼 여성

옛날에 며느리를 맞아들일 때는 좋은 며느리 감으로 볼과 턱을 먼저 보고 그 다음으로 귀를 봤다고 한다. 심덕을 나타내는 부위들이어서 그랬을 것이다. 여성의 볼로 호박 볼을 최고로 쳤는데, 호박 볼이란 양쪽 볼 살이 지나치게 늘어지지도 않고 마르지도 않으면서 보기 좋게 올라 있는 볼 형태를 말한다.

- 호박 볼 여성은 현모양처 상이다.
- 가정에 충실하고 내조를 잘 한다.
- 의지력, 돌파력, 체력이 약간 약하다.

홀쭉한 볼

- 부지런하고 꼼꼼한 일벌레다.
- 인망은 그리 좋지 못하다.

살찌고 축 늘어진 볼

- 고집불통 상이다.

• 어릴 때부터 길들여진 고집불통은 나쁜 업을 쌓이게 만들고 그것이 나중에는 대인 관계를 나쁘게 할 것이다.

• 중년 이후 혈액순환 계통 건강에 좋지 않은 영향을 끼친다.

• 행동과 동작이 그리 재빠르지 못하고 굼뜬 경향이 있다.

• 나보다 타인을 먼저 배려하며 살아야 대인 관계도 좋아지고 재산도 모인다.

살찌고 늘어진 볼

이마가 넓고 볼이 홀쭉한 상

• 순발력이 뛰어나다.

• 자기 주관을 자주 바꾸는 변덕으로 인덕이 부족하다.

• 입 밖에 낸 약속은 반드시 지키며 살아야 한다.

볼에 생기는 보조개

보조개가 있으면 일반적으로 예쁜 모양으로 인식하고 있다. 그러나 관상적 해석은,

• 애교와 사교성이 좋다.

• 자유 분망한 나머지 가정에 머무르기보다는 바깥으로 나다니기를 좋아하는 성향을 갖고 있다.

볼에 생긴 보조개

볼이나 귀에 난 솜털

볼이나 귀에 솜털이 송송 돋아난 사람이 있다. 사춘기 이전 어린 시절

에는 누구든 얼굴에 솜털이 있기 마련이지만, 성인이 되어서도 솜털이 눈에 띄게 많으면 현재의 운기가 약간 막혀 있거나 운이 늦게 트이는 경향이 있다.

난 왜 부자가 안 될까요?

언젠가 텔레비전에서 이런 뉴스를 본 적이 있다. ○○아파트 12층에 사는 ㄱ이라는 주부. 슈퍼에 잠깐 다녀오려고 갓 세 살이 된 아이를 방안에 두고 내려왔다.

부인은 물건을 사면서 이상하게 불길한 예감이 들어 황급히 밖으로 나와서 자신의 12층 아파트를 올려다봤다.

그런데 잠재워 놓았던 아이가 엄마를 부르며 베란다 위로 기어오르고 있는 것이 아닌가. 아이는 엄마를 발견했는지 베란다 창살을 잡고 밖으로 넘어오고 있었다.

부인은 놀라 울부짖으며 아이가 떨어질 만한 곳으로 내달렸다. 그리곤 다시 12층을 올려다보았다.

하얀 치마를 입은 아이는 마치 꽃잎이 흩날리듯 거짓말처럼 아래로 빙글빙글 돌며 떨어져 내리고 있었던 것이다. 엄마는 떨어지는 아이를 받으려 비명을 지르며 두 팔을 벌린 채 맴돌았다.

아이는 물론이고 엄마 역시 떨어지는 아이의 무게로 인해 매우 위험천만한 상황이었다. 그러나 그 상황에선 어느 부모든 마찬가지겠지만 엄마는 그런 것은 안중에도 없었다. 오로지 아이를 받아내서 살려야한다는 일념뿐이었다.

절대 절명의 순간! 엄마는 가까스로 아이를 두 팔로 받아냈다. 그리고 그 엄청난 충격 때문에 엉덩방아를 크게 찧어야했다. 그러나 엄마는 한쪽 팔이 빠지는 골절상만 입었을 뿐 아이도 엄마도 무사했다. 천우신조였다.

상상해 보라. 12층에서 떨어지는 작은 야구공을 맨손으로 받는다고 가정할 때의 그 충격을……. 하물며 세 살배기 아이를 받아내고서도 둘 다 안전했다는 것은 불가사의하지 않은가.

이런 일도 있다. 집에 불이 났는데 갑자기 당한 화재라 부인은 미처 가재도구를 꺼낼 엄두도 못 내고 몸만 황급히 빠져 나왔다. 그렇지만 곧바로 다시 불타는 방안으로 뛰어 들어가는 것이었다.

애써 모은 재산이 한 순간에 잿더미로 변해 가는 모습을 보고 눈이 뒤집혔던 것이다. 그리곤 커다란 장롱을 번쩍 들고 밖으로 나왔다. 밖에서 발만 동동 구르던 사람들은 그런 그녀의 모습을 보고 눈이 휘둥그레졌다. 평소엔 장정 두 명이 힘껏 들어야 가능한 장롱을 부인 혼자서 거뜬히 들고 나오니 놀랄 수밖에 없었을 것이다.

그런 경우 말고도 우리는 살아가면서 종종 깜짝 놀랄 만큼의 기적 같은 일들을 보거나 겪으며 살아간다.

위의 두 가지 예를 든 것은 인간의 한계가 과연 어디까지 가능한가를 보여주기 위함이다.

우리 인간들의 내부에는 자신들이 상상도 못할, 위에서 보여 준 것보다 훨씬 더한 엄청난 에너지가 숨겨져 있다. 다만 그것을 꺼내어 쓰는 방법을 모르고 있을 뿐이다.

우리가 믿는 하느님이란 존재가 과연 전지전능한가. 하느님이나 부처님, 알라신을 믿어야만 은혜와 구원을 받고 서낭신, 바위 신 등등에게 빌면 미신이고 기도의 응답 또한 없는가.

그에 대해 필자는 한마디로 '아니다' 라고 단정을 지어 말하고 싶다. 기적은 어디에든 존재하기 때문이다. 따라서 하느님이 전지전능하다는데 대해서도 필자는 동의하지 않는다.

전지전능한 존재가 지배하는 세상치고 이 지구상에서 일어나는 일들이 도저히 이해 못할 혼돈의 연속이기에 그렇다.

그에 대해, 하느님을 믿는 분들이야 신이 독생자인 예수에게도 그랬듯이 우리 인간들에게 시련을 주는 것이라고 그럴싸한 명분을 내세우겠지만 그것만 갖고는 시원스런 답이 되지 못한다.

하느님께 기도하면 응답을 받는 것 못지않게 다른 신앙에서도 간절히 기도하면 효과가 있긴 마찬가지다. 심지어 우리가 늘 미신이라고 경원시하고 있는 서낭신이나 바위 신에게도 영험은 존재한다.

옛날 우리 조상들은 아들을 못 낳으면 조용하고 한적한 암자나 바위, 나무 밑에 가서 손이 닳도록 빌면서 기적을 바랐다. 절실하게 한곳에 집중하여 드리는 무아 상태의 기도는 어떤 특정 종교나 신앙의 형태를 떠나 매우 신성하다.

간절히 간구하는 자세를 높이 평가하는 것은 그런 기도에는 응답이 따른다는 어떤 확신을 갖고 있기 때문이다.

이 글을 읽는 독자 분들 중엔 부처님이나 하느님을 절대적으로 신봉하는 분들도 있으리라. 그분들이 보기에 따라서는 필자 같은 사람은 사이비고 미신도 좋다고 떠들어대는, 도저히 같이 이야기하고 싶지 않은 이상한 사람이며 죽어서 지옥으로 떨어질 사람으로 보일런지도 모르겠다.

그러나 욕을 먹고 내일 당장 지옥으로 떨어지는 한이 있더라도 필자가 그동안 하고 싶었던 얘기를 하지 않을 수 없다.

참고로, 필자는 그 어떤 종교나 신앙을 갖고 있지 않다. 따라서 흔히 오해하거나 짐작하는, 나무나 돌에다가 절을 하거나 굿을 하는 따위의 행위는 필자와 전혀 무관하다. 그도 그럴 것이 필자의 친 형제 중엔 목회자가 두 분이나 있기 때문이다.

불경은 말할 것도 없고 성경에도 조용하고 구석진 다락방에서 기도하라고 씌어 있다. 그것은 왜일까. 시끌벅적한 장소보다는 그런 한적한 장소가 정신 집중이 잘 되고 따라서 기도의 효과도 크기 때문일 터이다.

기도란 하느님이나 부처님, 서낭신 등등 초월적인 대상이나 사물에게 갈구하는 바가 이루어지기를 비는 절실한 마음의 표현이다. 따라서 어떤 대상이든 그 효과는 비슷하리라 본다.

다만 각 개인의 성정이나 신앙에 따라 그 대상이 하느님이나 부처님 혹은 자신이 믿는 다른 신이 될 수 있다는 것뿐이지 그 어떤 신앙을 갖든 그것은 당사자가 선택하기 나름이다. 즉, 당사자에게 잘 맞는 신이 따로 있을 수 있다는 얘기다.

그런데 유일신이라는 하느님 이외에 미신이라 일컫는 다른 존재들에게 기도해도 비슷한 응답을 받게 되는 이유를 어디에서 찾아야할까? 그것을 알기 위해선 당사자가 믿는 신앙이 제일이라는 편협함을 버려야 한다.

어떤 대상이든 정신을 모아 기도하면 그 내용이 현실로 이뤄지는 것을 주변에서 종종 목격할 수 있는데 그것은 진정 신이 내린 결과일까? 그렇지 않다고 본다.

기도의 응답은 신이 내린 은총이 아니라 자기 자신의 마음 깊은 곳에 숨어있는 신에 버금가는 능력이 기도하는 중에 주파수가 맞아떨어져 나타난 결과라고 생각한다.

인간에게는 지금은 퇴화돼서 잘 드러나지 않는 신神적 기능이 마음속 깊숙이 숨겨져 있다. 우리는 그것을 자각하지 못하고 엉뚱하게도 외부의 초월적인 존재에게만 눈을 돌리는 어리석음을 반복하고 있을 뿐이다.

인간 스스로의 신적 기능이 퇴화하거나 숨어버린 지금 그것을 다시 되찾는 법을 모르고 있기 때문에, 초월적인 존재에 기대어 갈구하는 것도 어쩌면 하나의 좋은 방법이긴 하다.

그러나 그 결과물에 대해서는 신이 실제로 위에서 지켜보다가 기도에 대한 은총을 베푸는 것이 아니라, 자신의 내부 깊숙이 숨겨진 현대 과학으로도 증명이 안 되는 불가사의한 에너지와 연결되어 기적 같은 일이 일어나는 것이라고 필자는 주장하고 싶다.

따라서 그것을 되찾는 데는 어떤 특정 종교의 신만을 통해야 한다고 생각지 않는다. 그래서 그 어떤 신앙이나 종교를 믿든 상관없다고 한 것이다.

그리고 또한 종교를 갖는 이유가 복이나 비는 기복신앙이 전부가 아니라는 것을 독자 분들이 잘 알고 있을 터이므로, 여기서는 굳이 덧붙여 언급하지 않겠다.

현대의 우리에게는 첨단 과학이라는 분야가 있다. 즉, 유전자 정보가 들어 있는 세포 조직 하나만 있어도 복원이 가능한 복제 기술이다.

노아 역시 그런 게놈 프로젝트를 이용해 지구상에 흩어져 있는 생물들의 유전자를 우주선에 저장한 뒤 물위가 아닌 가까운 우주로 피신하지는 않았을까 상상해 본다.

우리는 종교를 갖고 있으면서도 정작 자신이 종교를 갖는 원천적인 이유를 모르는 사람들이 의외로 많다. 사람들 얘기를 들어보면, 마음의 안정을 찾기 위해 또는 복을 빌기 위해서나 죽어서 천국이나 극락을 가기 위해, 인간의 힘으로 안 되는 일이 많아서 등등 다양하다.

물론 그런 저런 이유로 종교를 갖는 것은 좋다. 그러나 다른 각도에서 바라본다면 훨씬 종교 생활에 도움이 될 것이다. 즉, 나 자신에게 숨겨져 있는 신에 필적할만한 능력을 끄집어내기 위해 신앙을 갖는다면 좀더 새롭게 보이리라 본다.

아담과 하와 이후에도 인간들이 뛰어난 능력을 보유하고 있었다는 것을 성경의 여러 곳에서 확인할 수 있다.

그것은 불교에서 추구하는 '참 나'를 찾자는 뜻과도 통한다. 그리고 기독교에서 말하는 예수님을 닮자는 것과도 같은 맥락이라고 본다.

'참 나'라는 말은 두 말할 것도 없이 그 옛날 인간이 갖고 있던 뛰어난 능력을 뜻하는 것이고, 예수님을 닮자는 말 역시 그 분의 본성을 배우면서 원래의 나를 찾자는 뜻으로 해석할 수도 있지 않겠는가. 진정한 나를 되찾게 된다면 신과 수시로 통할 수 있는 길이 트일 것이다.

지금도 분명 신이 존재하고 있음에도 불구하고 우리가 신을 만나지 못하는 것은 바로 라디오를 켰을 때 주파수가 맞지 않으면 소리가 안 들리듯이 서로 다른 주파수의 위치에 있기 때문이다.

인간 내부에 숨겨진 능력만 복원된다면 신을 만나고 싶을 때 수시로 만나서 인간의 힘으로 극복 못하는 문제들을 구원받을 수 있게 될 것이다. 또한 우리가 살고 있는 세계를 벗어나 5차원이나 6차원, 그 이상의 환상적인 세계까지 넘나들 수도 있을 것이다.

필자를 찾아오는 상담 손님 중엔 종종 이런 질문을 하는 분들이 있다.

"저는 이제껏 살아오면서 남들의 눈 밖에 날 만큼 나쁜 짓을 안 하고 착하게 살아왔는데 왜 이렇게 가난하고 힘들게 살아가야 합니까?"

누구나 흔히 품을 수 있는 의문이다. 자신은 착하게 살아 왔다고 자부하고 있는데 하늘은 복을 내리기는커녕 생활고에 시달리며 힘들게 살고 있으니 어느 누구라도 원망을 토해내고 싶을 것이다.

물론 재산의 많고 적음을 인생에서 행, 불행과 연결시킨다는 것이 속물스럽긴 하지만 여기서는 보통 사람들이 생각하는 물질적 빈부를 놓고 이야기해 보겠다.

동양 사람들의 사고방식에는 여러 가지 사상이 깊이 박혀있다. 그 중에는 흥부와 놀부의 이야기처럼 착한 일을 하면 하늘이 복을 내리고 악한 짓을 하면 벌을 내린다는 '권선징악' 의 가르침도 들어있다.

그런 가르침이 어린 시절부터 끊임없이 반복 주입돼 왔기에 사람들의 뇌리 속에 깊이 새겨져 있지 않을 수가 없다. 위에서 질문한 사람 역시 그런 교육을 받고 자랐는데 정작 세상은 배운 데로 굴러가 주질 않고 어긋나게 되돌아오니 실망과 원망이 따르는 것은 어쩌면 당연하다.

하지만 그의 말속에 매우 중요한 의미가 들어 있다는 것을 결코 놓쳐선 안 된다.

필자가 앞에서 민감한 종교 얘기를 뜬금없이 꺼낸 이유도 위의 질문에 답할 수 있는 고리와 연결돼 있기에 그리했다.

기독교 성경에는 이런 구절이 들어 있다.

"부자가 천국을 가기는 낙타가 바늘구멍을 통과하기보다 어렵다."

위의 내용을 고지식하게 그대로 잘못 받아들인 사람들 중엔 물질적인 부를 가진 사람을 하느님이 싫어하기에 부자가 되면 안 되고 따라서 가난해야 천국을 가는 줄 착각하고 있는 분들이 의외로 많다.

그런 이유로 부자를 까닭 없이 미워하고 스스로 부자 되길 은연중에 거부하는 부류도 생겨났다. 그런 사람들은 소원대로 평생 가난을 면키 어려울 것이다.

왜냐하면 기도 중이나 실생활에서 늘 부자를 경멸하고 자신은 가난하게 살면서 나중에 천국에 가려는 의식이 깊숙이 도사리고 있으므로 다가오는 복을 자신도 모르게 거부하거나 보지 못하기에 부자가 될 수가 없다.

반대로 어떤 사람들은 부자가 되려고 무진 애를 쓰지만 부자가 되지 못하는 사람들도 많다. 그것 역시 이치적으로 보면 위의 예와 매우 흡사하다. 자신의 겉마음은 부자가 되려고 하지만 정작 중요한 마음 깊은 곳에 도사리고 있는 속셈엔 부자를 경멸하고 미워하는 마음이 자리하고 있기에 제 아무리 부자가 되려고 발버둥쳐도 행운의 여신인 속마음(잠재의식)은 좀체 그에 수긍치 않고 따라주지 않을 것이다.

보통 사람들이라면 누구나 부유해지길 원한다. 그러려면 같은 생각이라도 진정 다른 이들의 성공을 부러워하는 마음이 쌓아야 한다. 그러한 마음에 전이 현상이 생겨서 자신의 내부 깊은 곳까지 자신도 모르는 사이에 그 씨앗이 심겨져야 한다. 그 결과 언젠가는 자신도 그 길을 가게 된다는 이치다.

"그런데 제가 잘 아는 ㄱ이라는 사람은 살아가면서 온갖 나쁜 짓과 못된 생각만 하고 사는데도 벌을 받기는커녕 오히려 부자로 잘 먹고 잘 살고 있습니다. 선생님 말씀대로라면 그 사람은 가난하고 힘든 인생이어야 되는데 그렇지 않은 이유는 뭔가요?"

그것 또한 앞의 문제 못지않게 중요하다. ㄱ은 평소에 매우 인색하고 남을 배려하는 마음이라곤 눈곱만큼도 없어서 모두에게 손가락질을 받으며 살아간다. 그런데도 부를 축척해 떵떵거리고 사는 걸 보면 세상은 공평치 않다는 생각이 들 것이다.

우리는 여기서 한 가지 중요한 사실을 알아야한다. ㄱ이 비록 남을 괴롭힐지는 모르지만 마음속에 부자가 되고자하는 마음이 뿌리깊이 심어져 있다는 것을 잊어선 안 된다. 비록 그가 남에게 야멸치게 굴고 몰인정해 보일지언정 그것이 부자가 되는 데는 하등의 상관이 없는 행위이기 때문이다. 따라서 물질적 부를 쌓는 것과 인간의 도덕적 가치와는 무관하다고 할 수 있다.

최소한 ㄱ은 부자를 자신의 경쟁상대로 볼지언정 부富 자체를 경시하는 게 아니라는 얘기다. 즉, 인간만 경멸할 뿐이지 돈을 무시하는 것이 아니라는 사실이다.

그러나 반대로, 가난하게 살 수밖에 없는 사람들을 보면 겉으로는 좋은 생각과 남을 위해주는 말들을 많이 생산하고 본인 스스로 그런 자신을 선하고 착하게 살아왔다고 생각한다.

우리는 다양한 사람들을 수없이 많이 겪으며 살아간다. 그 중에서 가난하고 힘들게 살아가는 사람들을 유심히 관찰해 보면 한 가지 공통된 특징을 발견할 수 있다.

부자로 사는 사람들에 대한 이유 없는 거부 반응과 냉소가 그것이다. 그것은 습관적으로 붙은 일종의 버릇이기에 자신은 결코 알아채지 못한다. 그리고 이들의 언행에는 늘 사회와 주변에 대한 불평불만이 덕지덕지 쌓여 있는 것을 볼 수 있다.

그것을 부자에 대한 올바른 비평으로만 생각하고, 그것이 자신에게 그대로 되돌아오는 부메랑이 된다는 사실을 까마득히 모르고 있는 것이다.

그런 습성이 붙은 사람들은 비록 겉은 선하고 착한 말을 많이 하고 있을지라도 그것은 어디까지나 겉의 생각뿐이지 깊고 깊은 곳에 자리하고 있는 의식에는 그것을 부정하는 힘이 도사리고 있다는 것을 인정해야 한다.

"저 놈은 저렇게 악하게 언행을 하고 남들한테 손가락질을 받으며 사는

데 왜 저렇게 부자로 살지?"

하는 부자에 대한 부정적인 생각이 감춰져 있다는 사실을 자신이 알지 못하고 있다고 봐야한다.

물질적 부자란 심성이 얼마나 악한지, 선한지 그 차이에서 결정되어지는 것이 아니라 진정 부를 부러워하고 자신도 그렇게 되고자하는 생각이 마음속 깊이 있고 없느냐의 차이에서 결정되어진다고 본다.

그 마음속에 가장 확실하게 심어질 수 있는 방법이 여럿 있겠지만 그 중 자신이 좋아하는 종교를 믿으며 기도하는 가운데 나쁜 생각들이 씻겨져 나가고 또한 진정으로 자신이 원하는 것을 깊이 간구할 때 그것이 마음 깊은 곳에 존재하는 신적 에너지에 전달되어진다는 이치이다.

같은 기도라도 효과가 가장 잘 받는 시간과 장소가 따로 있다. 성경에는 다락방에서 하는 기도가 외적인 소음으로부터 차단되기 때문에 조용하고 잡념이 스며들지 않아 좋다고 했다. 절에서 참선할 때 묵언과 고요를 강조하는 이유 역시 그런 것 때문일 터이다.

기도하는 시간대 역시 매우 중요하다. 한낮의 활동이 왕성한 시간대보다는 잠자리에 들어 편안히 누운 상태에서 눈을 감은 채 하는 기도가 좋다.

어떤 분들은 기도하다 졸려서 본인도 모르게 잠이 드는 것을 경계하는데, 필자의 생각으로는 기도하다가 꿈나라로 가는 방법이 더욱 좋다고 본다.

그리고 아침 잠자리에서 눈을 뜨기 직전의 상태에서 하는 기도도 좋다. 그 시간이면 아직 근육들이 긴장되지 않은 시간이고 상념 자체도 일상의 걱정과 번민들이 비집고 들어올 틈이 없기에 기도하는 데는 최적이라고 본다.

다시 말해서 비몽사몽간에 하는 기도가 좋다는 것이다.

기도 중에 잡념이 스며들어 부정적인 생각이 들면 기도는 역효과를 내게 된다. 사람의 겉마음은 긍정적일지 모르지만 속마음은 부정적으로 변하기 쉬워 과연 잘 될까하는 의심이 스며든다. 그리고 잠재의식 속에도 긍정하려는 마음보다 부정적인 생각이 더 보태어진다.

그러면 기도는 반대 효과를 불러들여 더 나쁜 쪽으로 유도되고 그것이 오히려 기도를 안 하느니보다 못한 나쁜 결과를 낳게 한다. 따라서 기도를 한다고 다 좋은 결과가 오는 것이 아니라는 이 무서운 이치를 자각해야 할 것이다.

만일 기도 중에 부정적인 생각이 자꾸 비집고 들어온다면 기도를 중단한 후 밝고 긍정적인 상념이 생길 때까지 기다려야 한다.

긍정적인 생각이 돌아오게 하는 방법 중엔 자신이 가장 좋아하는 것, 예를 들어 꽃, 혹은 동물을 머리에 떠올리든가 여태 살아오면서 가장 즐겁고 기분 좋았던 일을 추억하는 것이 좋다.

잠들기 직전이나 아침 눈뜨기 직전이 좋은 이유는 그때가 인체 근육이 긴장되지 않은 상태이며 머리 속의 생각도 느슨해져 집중력을 갖고 기도에 몰입하기 쉬운 시간이기 때문이다.

어린 아이들일수록 기도의 효과가 큰 것은 인간 본연의 순수한 마음을 간직하고 있기 때문에 잡념과는 다른 의미인, 부정적인 생각이 비집고 들어갈 수 없기 때문이다.

인간의 힘으로는 어쩔 수 없는 불가사의한 현상들이 있기 때문에, 자신의 힘으로 해결할 수 없는 일들이 벌어지는 거라고 여기는 사람들에겐 신과 같은 초월적인 존재에 기대는 것 즉, 신앙을 갖는 행위도 좋은 방법이라고 할 수 있다.

다시 풀어서 말한다면, 기도란 초월적 존재에게 간구하는 행위라고 착각하지만 실상은 스스로 자가 최면을 걸어 그 뜻이 자신의 내부 깊숙이 숨겨져 있는 신神적 능력에 버금가는 에너지에게 전달되어지는 과정이라고 보면 이해가 될지 모르겠다.

광대뼈가 튀어나오면 팔자가 드세다고?

튀어나온 광대뼈

튀어나온 광대뼈

- 적극성과 신념이 굳은 노력파로 생활력이 강하다.
- 여자는 광대뼈가 나오면 팔자가 드세고 남편을 극하는 상이라 해서 좋지 않다고 했다. 그 이유는 광대뼈가 발달하면 활력과 행동성이 있다는 뜻인데 옛날 여성들은 주로 부엌과 집 주변에서만 활동했었으니 자신의 본능을 제한 받았을 터였다.

따라서 스트레스를 많이 받았을 것이고 쌓인 스트레스를 어디든지 풀어야 했을 터인데 그 대상으로 가장 가까운 가족인 남편을 택한 게 아니었을까 싶다. 그래서 부부갈등이 일어났을 것이다.

그러나 요즘은 마음만 먹는다면 여성에게도 활동 공간이 넓어졌으니 광대뼈가 어느 정도 나온 얼굴이 건강하고 관상적으로 좋다고 본다.

하지만 광대뼈를 살이 잘 감싸줘야 되는데 뼈가 불쑥 드러나 있다면 강한 자기주장으로 주변 사람들과 갈등을 일으키는 등 좋지 않다.

한비야 씨는 오지 여행가로 이름을 날리다가 요즘은 전쟁이나 자연 재해로 인해 고통 받는 지역으로 달려가 봉사활동을 펼치고 있는 당차고 열혈한 여자이다.

길도 제대로 나있지 않고 말도 잘 통하지 않는 세계의 오지를 몇 년씩 여행했다는 그녀. 그것도 여성 혼자 몸으로 돌아다녔다니 간이 배 밖으로 나오지 않은 바에야 보통 사람으론 꿈도 못 꿀 일이다.

하지만 그녀를 관상으로 봤을 때는 능히 그러고도 남을 인물이라는 걸 알 수 있다.

먼저 그녀 얼굴에서 눈에 띄는 부위는 광대뼈다. 광대뼈는 미국 인디언도 그렇고 동양이나 몽골계 사람이라면 누구든 발달해 있다.

한비야 씨는 보통 사람에 비해 발달한 광대뼈지만 살이 잘 감싸주고 있어 관상적으로 지나치지 않다. 그것이 바로 그녀를 활동가로 만들었을 것이다.

두 번째 특징은 턱이다. 주걱턱처럼 약간 앞으로 나왔는데 몸의 체격에 비해 옆모습이 마른 턱으로 보인다.

이렇게 허리나 가슴 등 다른 부위엔 살이 붙어있지만 턱살이 찌지 않은 마른 주걱턱은 중년을 전후해서 떠돌아다니고 싶은 욕망이 강한 방랑 기질이 나타나는 상이다.

세 번째는 눈빛이다. 중년을 넘긴 여성의 눈빛이라고는 믿어지지 않을 정도로 초롱초롱해 호기심 많고 의욕이 왕성한 사춘기 소년의 눈빛 같다. 이런 눈빛을 두고 에너지가 살아있다는 것이고, 약간의 신기까지 갖추고 있다.

앞서 눈에 대한 부분에서도 설명했듯이 신기가 있는 게 무조건 나쁜 것은 아니다. 적당한 신기는 생활에 활력소도 되고 자신이 하는 일에 대한 추진력과 신념이 뚜렷하며, 건강도 좋게 하는 역할을 하는 것이다. 눈빛이 이렇게 살아 있으니 목소리마저 열정으로 넘친다.

한비야 씨가 결혼을 했다 하더라도, 집에 들어앉아 밥하고 빨래하며 살림만 하는 삶을 살지는 않을 것이다. 어떤 식으로든 사회활동을 왕성하게 하며 살아갈 관상이다.

광대뼈가 솟아 있고 풍채가 당당한 상

건강하고 이름을 떨치며 부귀하다.

옆으로 불거진 광대뼈

광대뼈도 앞으로 불거진 형이 있고 옆으로 불거진 형이 있는데 옆으로 불거진 광대뼈는,

- 자신의 노력과는 달리 힘든 일들이 많이 생긴다.
- 집을 떠나 먼 거리나 해외에 나가 사는 일이 생긴다.
- 여성은 남편과 심각한 갈등을 일으키거나 헤어질 수도 있다.

광대뼈만 높고 눈이 작은 상

- 코 앞의 이익보다는 세상을 멀리보고 대인관계를 잘 맺으며 살아가야 한다.
- 자신의 능력 이상으로 욕심을 부리면 실패가 잦다

광대뼈만 높고 눈이 작은 얼굴

성공한 사람 중에 법령선이 나쁜 사람은 없다

법령에 얽힌 이야기

법령은 코의 양쪽 옆으로부터 좌우 입가로 내려가며 주름진 선을 말한다.

법령선의 관상적 의미는 직업 운과 부모와의 관계, 건강, 심성의 가벼움과 무거움, 주관이 뚜렷한지 아닌지, 타의에 이끌려 인생을 살아갈 상인지 자기 인생을 살아갈 상인지 등을 알아보는 장소다.

필자가 만난 상담 손님 중에는 이 법령선 때문에 나이가 들어 보인다고 보톡스 주사를 맞아 주름을 없애고 싶다는 사람을 심심찮게 봤다. 여성들도 그렇지만 나이든 남성들도 마찬가지다. 그들은 불필요한 주름 때문에 신경이 쓰인다는 거다.

관상을 모르는 사람들이니 마냥 탓할 수만 없어서 그들에게 법령의 관상적 의미를 설명해 주면 그제야 이해를 하며 수긍하는 걸 많이 봤다.

그들뿐만이 아니라 필자도 관상의 관자도 모르던 시절에 겪은 평생 잊지 못할 법령선에 얽힌 사연이 있다.

오래 전, 필자가 어느 산속을 홀로 여행하던 중 조선시대 때나 살았을 법한 상투 올린 노인 한 분을 만나 나란히 걷게 되었다. 노인은 꾀죄죄한 한복차림으로 작은 키에 빼빼 마르고 앞니도 두어 개 빠져 말이 술술 새었다. 또한 볼은 홀쭉하여 볼품없는 모습을 하고 있었는데, 눈빛만큼은 맑고 형형했다.

요즘 같은 대명 천지에 아직도 상투를 올리고 사는 사람이 있다는 것이 신기했다. 그런 생각과 함께 노인에 대한 강한 호기심이 들어 어디에 살고 있고 뭘 하는 분인지 궁금해져서 나는 평소보다 말을 많이 하며 노인의 정체를 알려고 애썼다.

무슨 말 끝에 노인은 필자를 한번 쓱 훑어보더니,

"자네 아버지 지금 살아계시는가?"

고 물어오셨다. 노인의 뜬금없는 말에 필자는 의아했다.

"네, 계십니다."

노인은 말없이 고개를 끄덕이더니,

"아버지 돌아가실 연세 무렵에 먼 거리 여행은 삼가 하게. 그리고 머잖아 자네 직업에 큰 변화가 있을 상이야."

필자는 노인의 느닷없는 말이 무슨 뜻인지 몰라 어정쩡해 있었는데, 노인은 어깨에 메고 있던 작은 가방에서 종이 뭉치를 건네주며 말했다.

"마음이 안정되거든 이것 한번 읽어 보게."

엉겁결에 그것을 받아든 필자는 그 자리에서 종이에 적혀진 글씨를 몇 자 보았는데, 한문이 많이 섞이기는 했지만 관상에 관한 내용이라는 걸 금방 알 수 있었다.

"거기 적힌 내용을 다 습득하면 누구한테도 보여주지 말고 태워버리게. 남한테 가르치려고도 하지 말고!"

노인은 그 말만 하고 오늘이 장날이라며 총총히 사라졌다.

필자는 그때 이런저런 사정 때문에 집도 절도 없이 떠돌던 오갈 데 없는 거지였다.

그 후 아무도 찾지 않는 산골짜기 화전민 외딴 오두막집에 틀어박힌 채 세상과 담을 쌓고 지내는 동안 아버지가 돌아가신 줄도 모른 천하의 불효를 저지르고 말았다.

뒷날 아버지 타계 소식을 접한 후부터는 더욱더 의식 속으로 침잠해 들어갔고, 그 즈음 필자의 얼굴 생김에 대한 의문이 생기기 시작했다. 그리고 노인이 건네 준 종이뭉치를 꼼꼼히 살펴보기 시작했다.

노인이 기록한 관상법은 많은 실전 경험이 축적된 내용 같았는데 필자는 그것을 주변 인물들과 하나하나 비교하며 관심을 가지게 되었다.

그러한 과정은 나 자신을 팔자에도 없는 관상이라는 분야 속으로 깊이 빠져들게 하기에 충분한 마력이 있었다.

노인이 전해준 관상 정보를 접하기 전까지 필자는 사주니 점이니 하는 따위에 대해 콧방귀를 뀌며 미신을 퍼트리는 사기꾼들이라 경멸했고, 관상 역시 '쟁이'라는 말을 붙여 비하하길 서슴지 않았다. 자신의 앞가림도 못하는 주제에 남의 인생에 감 놔라 배 놔라 할 능력이 있기나 하는 것처럼 음흉을 떠는 그들의 모습이 가당찮게 보였던 것이다.

필자의 친 형제 중엔 현직 교회 목사님이 두 분 계신다. 그만큼 관상과의 인연은커녕 손톱만큼의 관심조차도 없었다. 그런 필자가 아이러니하게도 여행 중에 만난 낯선 노인에게서 건네받은 문서로 혼자 공부해 관상가가 되었다. 당시 노인은 필자의 얼굴에서 아버지 장례에도 참석치 못할 불효와 직업의 급격한 변화를 예언했었는데, 그것이 바로 이 법령선에 나타난 관상법에 들어있었던 것이다.

이상적인 법령선

법령선은 부근의 피부색이 윤택하고 턱을 향해 힘 있게 뻗은 모양이 좋다. 다만, 좌우의 선이 같아야 하고 너무 깊이 패어져 있지 않아야 된다.

이상적인 법령선

• 이런 법령선은 직업 운도 좋고 자신이 하는 일에서 누구 못잖은 전문가 상이다.

• 이리저리 휘둘리지 않는 뚜렷한 자기 주관과 남에게 의지하지 않는 인생관, 자립심, 책임감, 자신에게 엄격함도 돋보인다. 하지만, 자기주장을 너무 내세우지 않는 것이 좋겠다.

• 여성이 뚜렷한 법령선을 갖고 있다면 직업을 갖는 게 좋다.

• 성공한 사람 중에 법령선이 나쁜 사람은 없다.

중년의 나이에도 법령선이 뚜렷치 않은 사람

• 만족한 직업을 갖지 못했거나 직업을 자주 바꾼다.

• 사회적인 위치가 확실치 않고 자기 주관도 뚜렷치 않다.

젊은 사람의 뚜렷한 법령

가끔 20대의 젊은 사람이 뚜렷한 법령선이 그어져 있는 것을 볼 수 있다. 이런 사람은 이런저런 사정에 의해 소년시절부터 일찌감치 직업 전선으로 뛰어 들었거나 자기 인생관이나 목표가 뚜렷하고 부지런하며 노력가이다. 어쨌든 직업 운이 좋은 상이다.

법령선 부근의 밝은 피부색

무슨 일이든 발전적이고 일도 잘 풀리고 있다는 증거다.

두 갈래로 갈라진 법령

한쪽 법령이 두 갈래로 갈라진 상

- 직업을 자주 바꾸었거나 두 가지 이상의 직업을 가지고 있는 상이다.
- 사춘기 이전에 한쪽 부모와 인연이 멀었다.
- 여성은 재혼할 수도 있는 상.

좌우가 같지 않은 법령선

- 한쪽 부모와 인연이 멀었던 상.
- 직업에 대한 애정 부족이거나 자부심이 없다.
- 성격적으로 결함이 있을 수 있고 육체적으로도(다리나 관절) 이상이 있을 수 있다.

좌우가 같지 않은 법령

끊어진 법령선

- 다리나 관절 등의 건강이 좋지 않거나 한쪽 부모와 인연이 멀었던 상이다.

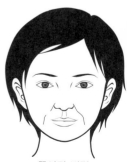

끊어진 법령

- 직업에 변화가 잦을 상.

법령선이 너무 깊게 패어져 있는 상

- 주관이 뚜렷하다.
- 어린 나이에 일찍 직업 전선에 뛰어들었던 상.
- 자신과 타인에게 지나친 엄격함으로 대인 관계에서의 갈등을 유의해야 한다.

법령선을 가로지르는 주름이나 흉터

법령선을 가로지르는 주름

- 직업이 급격히 변화하거나 굴곡진 삶을 살 상.
- 술을 조심할 것.

법령선에 돌출된 점

- 한쪽 부모와의 인연이 먼 점이다.
- 직업의 급격한 변화를 겪는다.

세기의 배우 마릴린 먼로

마릴린 먼로는 육감적이고 풍만한 몸매로 한 시대를 풍미한 할리우드의 대표적인 여배우로, 여러 남성 편력과 함께 백악관의 안주인까지 꿈꾸었던 여자로 알려져 있다.

약물 중독에 의해 사망하기 전까지 16년 동안의 배우 생활 중 30여 편의 영화에 출연했는데, '7년만의 외출'이라는 영화에서 지하철 환기구로부터 올라오는 바람에 의해 치마가 솟아오르자 몸을 비틀며 두 손으로 스커트를 감싸는 모습은 세월이 흐른 지금까지도 자주 볼 수 있는 그녀의 섹시한 사진이다.

그토록 화려한 은막 스타가 되기 전 어린 시절의 그녀는 불행으로 점철된 세월이었다. 자신의 친아버지가 누구인지도 모른 채 세상에 태어났고 외할아버지와 외할머니, 어머니는 정신병을 앓고 있어서 공장에서 만난 남자와 결혼하기 전까지 양부모의 손에서 자라야했다.

한쪽 부모 혹은 양쪽 부모와의 인연이 멀었음은 그녀의 얼굴 관상에서도 나타난다. 먼로의 사진을 보면 왼편 볼에 점 하나가 찍힌 것이 눈에 띤다. 엄밀히 말하면 볼이 아니라 법령선 쪽이다. 이 점을 두고 요즘의 여성들은 애교 점이라고 해서 없는 점을 일부러 만들어 찍고 다니는 웃지 못할 현상까지 생겨났다.

하지만 법령선 상의 이 점은 애교점도 섹시 점도 아니다. 마릴린 먼로는 어린 시절 부모와 인연이 멀었다고 했는데 그것은 바로 이 법령선 상의 점을 보고도 예측이 가능하다.

그뿐 아니라 군수품 공장에서 일하다가 어느 날 잡지모델로 데뷔한 것이나 영화배우가 된 일과 같이 직업의 급격한 변화가 따른 것 역시 법령선의 점 때문이라고 본다.

작은 점, 주름, 흉터가 인생까지 좌우한다고?

우리의 얼굴에는 많은 점, 흉터, 주름들이 있다.

대부분의 사람들은 작은 흠 하나를 하찮게 생각하지만 그것이 어떤 위치에 있느냐에 따라서 삶에 커다란 영향을 끼친다.

관상적으로 잘 생긴 것 같은 사람도 얼굴에 찍힌 점 하나, 흉터 한군데, 주름 한 가닥 때문에 인생의 어느 한 모퉁이에서 엄청난 회오리를 불러일으키는 역할을 한다는 걸 알기나 할까?

얌전히 생긴 사람이 탈 없이 잘 살다가 바람을 피우며 정신을 못 차리는 것이나, 자식 다 키우고 금슬도 괜찮고 경제적으로 안정된 부부가 어느 날 느닷없이 이혼 도장을 찍질 않나. 그런 사람들을 참 많이 봐왔다.

팔자에 타고났다고? 관상에서는 팔자라는 말을 쓰지 않는다. 오래 전부터 얼굴에 나타나 미리 예측을 할 수 있는 일인데 뭣 하러 팔자라는 말로 얼렁뚱땅 얼버무리겠는가 말이다.

여기서 독자분이 꼭 기억해 둬야 할 것이 있다.

점도 점 나름이다. 점도 평평한 점이 있고 볼록 솟은 점이 있다. 평평한 점은 돌출된 점에 비해 영향이 그리 크지 않다.

다시 말해, 아주 작은 점 하나가 조금이라도 돌출되었다면 영향이 훨씬 더 크다는 말이다.

따라서 여기 소개하는 점들은 확률이 그리 높지 않은 평평한 점보다는 약간이라도 피부에서 솟아 오른 점만을 취급하겠다.

이 돌출된 얼굴 점은 사람에 따라 차이가 있지만 실제 생활에서 부딪칠 확률과 그 정확도는 굉장히 높다. 특히 얼굴의 어느 부위이든 콩처럼 큰 점이 솟아 있으면 부부 운이 썩 좋지 못하다.

일반 사람 중에는 눈에 잘 띄지도 않는 그깟 작은 점이나 흉터, 주름이 무슨 대단한 요술이라도 부리겠느냐고 콧방귀를 뀌는 분들이 많다.

점이 영향을 끼치는데 대한 이치를 설명하자면, 어떤 사람이 허리가 아파 한방 침술원에 갔더니 허리하곤 상관없을 것 같은 발바닥이나 관절 부위에 침을 꽂더란다. 사람 눈엔 보이지 않지만 신경 줄이나 기氣가 아픈 허리와 연결돼 있다는 말이다.

마찬가지로, 얼굴의 점 또한 그곳에 모인 기운이 뇌에다 끊임없이 파동을 보내 그런 일이 일어나도록 영향을 끼치는 것으로 필자는 생각하고 있다.

아무리 손에 쥐어줘도 모르는 사람은 역시 모른다. 닥쳐봐야 된장인지 고추장인지 알 테니까.

그리고 또 한 가지, 얼굴에 있던 점을 뺐다고 해서 나쁜 기운이 금세 없어지지는 않는다. 이것도 사람에 따라 없어지는 시차가 각기 다른데, 몇 달 혹은 몇 년 이상씩 영향을 끼치는 경우도 흔하다.

인당 부위에 찍힌 점

- 이곳 역시 부모 중 한쪽이나 양쪽과 인연이 멀었다는 걸 나타낸다.
- 고집이 세고 가끔 반골 지질도 나타난다.
- 아랫사람과의 관계는 괜찮은 편인데 윗사람에 대한 반발 심리가 강해 잦은 갈등을 일으킨다.

윗사람이란, 부모도 될 수 있고 형제 중엔 윗 형제, 직장 같으면 윗 상사를 말한다.

- 자주 접촉하는 친척과의 관계도 썩 좋지 못하다.
- 이곳에 생긴 흉터 역시 마찬가지 의미다.
- 윗사람의 지시를 일일이 받는 직업은 피하는 게 좋다.

추진력도 좋고 경쟁심, 투쟁심, 승부사 기질 등이 남다르기 때문에 개인 일이나 사업을 하면 성공할 것이다.

- 다만 인당이 좁으면서 눈썹 숱이 짙은 사람은 혼자서 추진하는 개인 사업은 피해야 한다

불교를 신앙으로 가지고 있는 분들은 어떻게 해석하는지 모르지만, 석가모니 역시 이 부위에 돌출된 점이 있었다.

석가모니는 한 나라 왕자의 신분으로 태어났다. 그러나 그가 태어난 지 얼마 되지 않아 어머니가 돌아가시는 바람에 다른 여성의 손에서 자라게 된다. 성인이 되어 결혼해 처자가 있는데도 불구하고 출가를 했으며, 부모와의 관계는 물론이고 부인과 자식과의 인연마저 멀어지고 말았다.

물질적으로 풍족한 삶이 보장된 그가 인당에 찍힌 자신의 타고난 관상적 운명을 비켜가지 못했거나 자신의 인생행로를 얼굴 생김대로 스스로 선택했다는 해석이 가능할 것 같다. 그 때문에 깨달음을 얻어 위대한 성자가 되었지만 말이다.

여하튼, 일반 사람들의 관상으로 이 부위의 점이나 흉터는 인생에서 나쁜 영향을 끼치는 것으로 본다.

눈썹 속에 있는 점

눈썹 속에 있는 점이 눈에 띌 정도로 크면,

• 자존심이 강하고 부모 혹은 형제 등 혈육과의 정이 그리 깊지 못하다. 흉터도 마찬가지다.

눈썹 속의 점

하지만 아주 작은 점은,

• 자존심이 강하다.

• 머리가 총명하다.

• 예능 방면의 감각이 발달해 있다.

• 사람들로부터 인기를 많이 받는다.

눈 꼬리 부근에 있는 점과 흉터, 주름

양쪽 눈 끝은 부부나 이성과의 애정관계를 보는 곳이다.

이곳에 점이 있으면, 부부가 이혼하는 상이다. 이혼하는 과정을 보면,

눈꼬리의 점

두 사람 사이의 갈등에서 비롯되는 것보다는 집 바깥에서 이성을 사귀면서 원인이 제공되는 경우를 허다하게 봐왔다.

필자가 상담한 50세 초반의 여성이 있었다.

"이혼한 상입니다. 외간 남자가 부부 사이에 개입되어 그렇게 된 거지요?"

필자의 첫마디에 부인이 한숨을 내쉬며 말했다.

"맞아요. 이혼한지 2년 가까이 됩니다. 그 전에는 이혼이라는 것이 나하고는 상관없는 다른 사람들 얘긴 줄 알고 살았어요. 제 남편은 사업을 하는 사람이었는데 사업도 잘 되고 부부 금슬도 좋았습니다. 그런데 어느 날 갑자기 이혼 도장을 찍었습니다."

부인은 섣불리 이혼한 것에 대해 후회하고 있었다. 부인의 이혼 사연은 이렇다.

사업을 하는 남편에겐 비슷한 직종의 사람들끼리 모이는 친목계가 있는데, 거기 부부동반으로 여러 번 참석하다가 한 남자를 만났다는 것이다.

그것이 빌미가 되어 부부 사이가 자주 삐걱거리던 어느 날 말다툼 끝에 자존심이 몹시 상한 부인이 이혼을 결심하게 되었다는 것이다.

"생계를 내가 꾸려나가야 하고 아이들도 결혼시켜야 하는데, 이 나이에 이혼을 했다는 게 저 자신도 이해가 안 돼요. 그때 내가 자존심을 조금만 더 눌렀더라면……. 어떻게 나한테 그런 일이 일어났는지 지금 생각해도 믿어지지 않습니다."

이 부인처럼 멀쩡히 잘 살던 부부가 늦은 나이에 느닷없이 갈라서기도

하는데, 이혼하는 시기는 사람에 따라 차이가 많이 난다.

얼굴의 같은 부위에 같은 크기의 이혼점이 찍혔더라도 20대에 하는 사람이 있고 30대, 40대 그리고 이혼의 고비를 다 넘겼다고 안심할 60대에 이르기까지 시기의 편차가 심하다. 차이가 생기는 이유는 얼굴의 다른 부위와의 상관관계 때문이다.

얼굴에 찍힌 점은 이처럼 정확도가 높고 위력적이다. 그리고 이 눈 꼬리 부위는 점뿐 아니라 흉터와 주름, 피부의 상태, 색깔까지도 부부나 이성과의 애정문제에 큰 영향을 끼친다.

같은 흉터라도 생김새가 매우 중요한데, 가로 흉터보다는 세로 흉터가 훨씬 더 큰 영향을 준다.

20대 후반의 청년이 필자에게 와서 결혼은 언제쯤 하면 좋겠느냐고 물어왔었다.

"제가 맏아들이고 사귀는 여자친구도 있습니다."

청년은 빠른 시일 안에 결혼을 하고 싶다고 했다.

그런데 청년의 눈가에는 어릴 때 다친 흉터라면서 세로줄이 나 있었다. 이것은 애인 사이에서도 그렇지만 부부 사이에서도 나쁜 징조다. 그래서 결혼을 서두르지 말고 서른을 훨씬 넘겨 늦게 하라고 권했다.

결혼을 늦추라는 이유는, 얼굴에서 나타난 나쁜 기운이 세월이 흐르고 이런저런 사회생활을 하다보면 점차 그 영향이 소멸되리라 보기 때문이다.

그렇지만 청년의 결혼 의지가 너무 굳어 보여 상대 여성의 사진을 앞에

눈꼬리의 흉터

놓고 궁합을 보는데 필요한 질문을 몇 가지 한 뒤, 필자는 다시 한 번 확실하게 말했다.

"결혼을 일찍 하면 해로운 얼굴상을 갖고 있는데다 이 여자와의 궁합도 그리 좋지 않습니다. 지금은 기분에 휩쓸려 서로 좋아하는 것 같지만 세월이 흐를수록 사이가 멀어질 겁니다."

남녀 결혼 궁합은 두 사람의 인생뿐 아니라 주변 가족들의 삶에도 직접적인 관련이 있는 매우 중요한 문제다.

이런 큰 사안을 두고 눈치로 대충 맞춰 틀린 정보를 전해 주게 된다면 당사자의 인생에 매우 결정적 역할을 하게 된다. 그러므로 신중하게 봐야 하며 조심스러울 수밖에 없다.

남녀 궁합은 오랜 경험과 정확한 과학적 통계와 합리적인 판단에 의해서만이 알 수 있다.

눈 끝 부위의 피부가 거칠거나, 뼈를 살갗이 잘 감싸주지 못하거나, 색깔이 죽어 있어 윤기가 흐르지 않는다면 배우자를 포함한 이성 관계가 자신의 생각이나 결심과는 달리 매끄럽지가 않다.

눈과 눈 사이에 있는 점이나 흉터

• 부부를 포함한 남녀 애정문제에 커다란 문제가 발생한다.

여성이 이 부위에 점이 있으면,

• 성욕이 강한 편이고 정조를 지키지 못하고 간통할 가능성도 있다.

• 결혼하지 않은 여성이라면 유부남과의 사랑에 빠질 수 있고 결혼한

눈과 눈 사이에 점

상태라면 외간 남자와 불륜에 빠진다.

• 이 점이 눈머리에 가까울수록 연하의 남자를 사랑한다.

연하의 남자를 만나는 것이 나쁘거나 좋다는 뜻이 아니라, 연하의 남자가 다가오는 횟수나 인연이 잦을 뿐만 아니라 자신 또한 연하 남자에게 관심이 깊다는 말이다.

이 중에는 연상보다는 연하 남자가 궁합이 더 잘 어울리는 여성도 있다.

남성이 이 부위에 점이 있을 경우,

• 결혼하지 않은 남성이면 유부녀와 사랑에 빠질 것이고 결혼한 남성이라면 외간 여자와 깊은 사랑을 한다.

사람이 살다보면 다른 이성을 만나 사랑하는 일이 허다하다.

사랑을 하더라도 소문나지 않게 자신이나 상대편의 인생에 타격을 주지 않도록 조심조심 사귄다면 침체된 인생에 활력을 되찾게 해주는 등 여러모로 좋은 역할도 한다.

하지만 여기서 말하는 사랑이란 본인으로 인해 가정이나 사회적으로 크게 시끄러운 일이 발생한다는 뜻이다.

• 이곳에 생긴 흉터는, 남녀 모두 점보다 그 강도가 크지는 않지만 그래도 역시 영향이 있다.

• 이 부위에 있는 점이나 흉터 때문에 위나 장 등 소화기 계통에 만성 질환이 있는 등 기능이 약간 약할 수 있다. 여성도 마찬가지다.

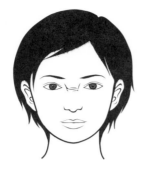

산근에 생긴 주름　　　　　연수에 찍힌 점　　　　　준두의 점

산근에 생긴 주름

• 가로로 뚜렷하게 생긴 주름이 있으면 윗자리에서 아랫사람이나 주변
사람들을 돌봐주거나 도와줘야 하는 일이 자주 생긴다.

• 장남 혹은 자녀가 직업이나 결혼 때문에 부모와 떨어져 살아야 하는
주름이다.

연수에 찍힌 점

소화기 계통이 약하다.

준두의 점

• 이성 때문에 색난의 징조가 있다.

이곳에 생긴 가로 주름은,

• 자식과 인연이 멀다.

• 이성 때문에 재산상 손해를 본다.

• 하는 일에 어려움이 생기는 등, 운수가 나쁘다.

• 남자는 법적인 문제가 발생해 큰 타격을 받을 가능성도 있다.

이곳의 살결이 거칠면 금전 운이 막히고 재산이 흩어진다.

이 시기에는 작은 일에 만족해야 하고 내공을 쌓으며 때를 기다려야 한다.

난대(콧방울)의 점

• 부모 중 한쪽과 인연이 멀다.

• 중년 무렵에 사귄 이성과의 불륜으로 법적인 문제가 발생하거나 재산상 큰 손해를 본다.

• 중년엔 방랑기질이 나타날 가능성이 있다.

• 남성에겐 치질이, 여성도 생리불순이나 치질이 있겠다.

난대의 점

인중의 점

배우자 때문에 마음고생을 많이 한다.

식궁

이곳에 난 점은 식복점이라고 잘못 알려져 미관상으로 봐도 좋지 않은 큰 점을 빼지 않는 사람들이 있다.

• 이성 때문에 어려움을 많이 겪고 결혼 운도 그다지 좋지 못하다.

• 여성은 초혼이 썩 좋지 못하고 난산을 할 가능성이 있다.

• 남을 돌보다 손해를 보고 본인, 배우자의 교통사고를 조심해야 한다.

식궁의 점

입술의 점   구각의 점   법령의 점

입술의 점

• 말에 의한 구설수를 조심해야 한다.

• 지나친 음주 조심.

• 여성의 아랫입술 점은 남자에 의한 고통이 있겠고 냉증과 냉감증을 조심해야 한다.

• 남성은 물에 의한 사고 조심. 소화기 계통 약간 약함.

구각의 점

• 초혼이 썩 좋지 못하다.

• 남자는 물놀이 사고와 교통사고를 조심해야 한다.

법령의 점

• 한쪽 부모와의 인연이 먼 상이다.

• 중년 이전까지 고난이 있을 상이다.

- 급격한 직업의 변화가 있을 상이다.

- 치질 조심.

- 다리나 무릎 관절이 약간 약하다.

승장의 점

술 등 음식에 의한 중독을 조심해야 한다.

승장의 점

명문과 그 부근의 점

- 배우자의 갑작스런 사고를 조심해야 한다.

- 혈액순환 계통 건강을 조심해야 한다.

- 소매치기나 도둑에 의한 재산상 손실을 조심해야 한다.

- 남의 물건을 탐하지 말 것.

- 유난히 속을 썩이는 자녀가 있을 가능성이 있다.

명문의 점

볼에 난 점과 보조개

볼에 찍힌 점이 애교점이라고 잘못 알고 일부러 점을 만드는 사람이 있다.

• 이곳에 점이 있는 여성은, 자유 분망한 나머지 가정 내에서 살림만 하기보다는 바깥으로 나돌아 다니는 기질이 강하다.

• 남성은 중년 이후에 방랑 기질이 나타날 가능성이 있는데 이것을 직업으로 활용하면 좋겠다.

볼에 난 점

목에 생긴 반점이나 붉은 얼룩

• 가까운 사람이나 혈육과의 다툼 조심.

• 하는 일이 일시적으로 정체되는 시기이므로 경거망동하지 말고 내공을 쌓아야 한다.

목젖의 점

목젖의 점

옛날엔 이곳에 점이 있으면 자살점이라는 말이 있었다. 그러나 그건 아니라고 본다.

부부 사이가 나빠 갈라설 수 있는 점이다. 남편에게 점이 있으면 부인을 힘들게 하고 부인에게 점이 있으면 남편을 괴롭힌다.

목의 좌우 점

목의 좌우 점

정력적이고 색정이 깊다.

귀의 점

총명, 부귀, 효도의 뜻이 있는 좋은 의미의 점이다.

귀의 점

나이가 먹어서 생기는 얼굴의 여드름

사춘기 때의 여드름은 별 의미가 없다. 다만 이 시기에 여드름을 손톱으로 짜다가 흉터가 생기면 관상적으로 나쁜 영향을 끼치니 매우 조심스럽게 다뤄야 한다.

여드름이 날 나이가 훨씬 지난 중년 이후에 생기는 붉은 반점은 매우 해로운데, 반점이 생긴 15일 전, 후를 특히 조심해야 한다. 가까운 장래에 건강 약화나 금전적 손실, 혹은 다툼으로 인한 법적인 문제가 발생할 가능성이 높다.

이마의 반점

- 법적인 다툼 조심.
- 소화기 계통의 일시적 질병 조심.

턱 부위의 반점

- 간 기능이나 소화기 계통의 일시적 약화.
- 거주하는 집이나 방에 정신적으로 불안하게 만드는 일이 생겨 방의
위치를 바꾸든지 이사를 고려해야 할 일이 생김.

광대뼈의 반점

- 본인으로 인해 주변에 시끄러운 일이 생기거나 다툼 조심.
- 직업에 변화가 생김.

준두의 반점

- 이성 때문에 고민스런 일이 생김.
- 금전적 손실이 있음.

손바닥의 점

• 하는 일의 운기가 막히는 시기.

손바닥 점

손바닥의 점은 건강이나 남녀 애정 문제에 나쁜 영향을 끼친다. 여자는 남자에 의해 정신적 고통을 당하든가 이성 관계가 매끄럽지 않다.

손가락 점

지혜롭고 손재주가 있다.

손등의 점

부지런하고 손재주가 있다.

가슴 점

좋은 일이 생기고 귀한 자녀를 둔다.

여성의 유방 점

난산할 가능성이 있고 모유가 잘 안나온다.

발바닥 점

사람들 위에 서는 좋은 점이다.

성기의 점

• 귀한 자식을 둔다.

• 장수할 상이다.

성기 주변의 털

• 산란하면 음란하다.

• 돼지털 같이 뻣뻣하면 부부 이별 상이고 음란하다.

• 털이 없으면 자궁이 약하다.

항문의 털

• 있으면 길하다.

그 밖의 점

• 양 허벅지의 점 : 부귀

• 목 뒤의 좌우 : 자식 복. 장수 상.

• 목 뒤의 중앙 : 지혜롭다.

• 팔 : 부귀

• 엉덩이 : 영화롭다.

• 종아리 : 즐거움이 있다.

• 팔꿈치 : 귀함.

• 어깨 : 부귀

- 발등 : 무리를 거느린다.

- 팔뚝 : 명성을 얻고. 손재주가 있다.

인중이 짧으면 일찍 죽는다?

인중은 코와 입술의 사이에 위치해서 얼굴의 정 중앙을 가르며 짧게 홈이 파여진 형상을 하고 있다.

이상적인 인중 모양

인중은 길고 넓고 반듯하게 뻗어 있으면 좋다. 이런 인중은 성기능이 발달해 있고 성격도 바르며 자녀도 탈 없이 생산한다.

이상적인 인중

짧은 인중

인중에 대해 옛사람들은 무엇보다 수명과 관계가 있다고 생각했던 것 같다. 인중이 짧으면 수명이 짧다는 이야기가 대표적이다. 과연 그럴까?

잘 알려진 영화배우 중 인중이 유난히 짧은 남자 배우가 있다. 그러나 그는 현재 매우 건강해서 일찍 죽을 낌새가 어디에도 보이지 않는다. 아니, 단명은 고사하고 일반인의 평균치 수명에 비해 훨씬 오래 살 장수상을 타고 났다.

그 배우뿐만이 아니라, 인중이 짧은 많은 사람들이 아무런 탈 없이 잘 먹고 잘 살아가는 걸 볼 때 필자는 수명의 길고 짧은 것과 인중과는 그리

짧은 인중

큰 연관이 없다고 생각한다.

다만 그 생김에 따라 성기능(생식기)의 건강과 밀접한 관계가 있다고 본다.

인중이 짧으면 주관이 뚜렷한 대신 고집이 세다는 단점이 있다.

긴 인중

긴 인중

여자에게 강하고 여자는 남자에게 희생심이 강하다.

짧으면서 얕은 인중

• 성기능 발달이 늦고 둔하며 여성은 불감증이 있거나 단산할 수 있다.

• 운이 약간 늦게 트인다.

분명치 않은 인중

넓으면서 얕은 인중

• 사교성이 있고 생활력과 자립심이 있다.

• 여성은 모성애가 강하다.

선이 분명치 않은 인중

여성은 자궁의 산도가 약해서 자녀를 다산하지 않는다.

삐뚤어진 인중

흉터가 있거나 삐뚤어진 인중

타인을 흉보거나 미워하는 등 부정적인 생각이 강하다.

가로 주름이 지나는 인중

• 자식에게 해롭다.

• 부부 사이가 나쁘고 자칫 이별할 수도 있다.

아래로 갈수록 넓어지는 인중

성기능도 정상이고 장수상이다.

아래로 갈수록 좁아지는 인중

자녀 운이 그리 좋은 상이 아니다.

인중의 가로 주름

넓어지는 인중

좁아지는 인중

배꼽, 다리, 발, 신발, 유방, 수염, 목소리에 의한 관상

배꼽

- 배꼽이 크면 부귀하다.

- 배꼽이 넓고 깊으면서 위로 향하면 복이 많고 마음도 넓다.

- 배꼽이 좁고 아래로 향하면 어리석고 요사스러우며 성급하다.

- 배꼽에 살구 씨 하나가 들어갈 정도면 부자가 된다.

- 여자의 배꼽이 얕으면 난산한다.

- 배꼽에 검정 사마귀가 있던지 털이 3~4개 나있으면 부귀하고 자녀
로 인해 이름을 얻는다.

다리

- 허벅지와 정강이 아래의 길이가 같아야 좋다.

- 정강이가 작고 무릎이 뾰족하면 고독하다.

- 정강이에 힘줄이 보이면 분주하게 다닐 상이다.

발

- 엄지발가락 뼈가 옆으로 불거져 나오면 자식이 드물든가 자식과의

인연이 멀고 부부 사이도 좋지 못하고 고독하다.

- 발바닥의 가로금은 중단, 좌절, 장애가 잦다.
- 발바닥의 세로금은 발전, 개운의 대길상이다.

유방

- 유방이 작으면 마음이 넓지 못하고 고독하다.
- 짝짝이 유방 : 자식 운이 그리 좋지 않다.
- 젖꼭지가 위로 향하면 : 귀한 자식을 둔다.
- 젖꼭지가 송곳처럼 뾰족하면 : 재운이 그리 좋지 않고 일에 장애가
따른다.
- 양쪽 젖꼭지 사이가 넓으면 : 건강하고 식복, 재복이 풍부하고 사이
가 좁으면 병약하고 재복이 적다.
- 유두에 긴 털이 서너 개 정도 나면 : 세상 보는 시야가 넓고 박학다식
하며 장수할 상이다.
- 젖꼭지 좌우나 상하에 검은 점이 있으면 귀한 자식을 둔다.

수염

- 털빛이 맑고 깨끗하며 약간 드문 수염이 귀한 상이다.
- 쑥대같이 빽빽하게 우거지고 빛이 노랗든가 윤기가 없으면 고독하고
노년 운이 좋지 않다.
- 콧수염만 있고 턱수염이 없으면 부유하고 장수한다.

- 콧수염이 없고 턱수염만 있으면 재산을 날리고 가난하다.
- 인중의 수염이 드물게 나면 고난이 많다.

목소리

- 혀가 짧으면 언행에 무게가 적다.
- 혀가 길어서 코끝에 닿으면 총명하고 장수할 상이다.
- 혀끝만 움직이는 사람은 가벼워서 믿음을 주지 못한다.
- 가성을 써서 목소리가 가늘고 상냥한 척하는 사람은 겉으로는 얌전한 것 같으나 실은 뱃속이 검다. 사고방식이 가볍고 처음은 좋은 듯하나 끝이 좋지 못하다.
- 목 쉰 소리 : 일시적으로 좋은 운이 와도 나중엔 나쁜 운이다.

신발

- 신발의 뒤축 바깥쪽이 닳은 사람 : 단순하고 뒤탈이 없는 성격이다.
- 안쪽이 닳는 사람 : 자기 본위고 소극적이다.
- 뒤끝이 닳는 사람 : 낙천적이고 몽상가다.
- 좌우 신발이 다르게 닳는 사람 : 완고하면서도 성격 변화가 크다.
- 남성이 안짱다리로 걷는 사람 : 늙어서 고독하다. 지나친 팔자걸음도 마찬가지다.

기타

- 눈이 크고 안광이 흩어지면 장수할 상이 아니다.

- 목이 얼굴보다 희면 길하고 얼굴보다 목이 검으면 만년에 고독하다.

- 어깨의 좌우 높이가 지나치게 차이가 나면 한쪽 부모와 인연이 좋지 않다.

- 살찐 사람이 엉덩이 살이 없으면 자녀가 드물다.

- 등의 골이 내천자면 명성이 있더라도 실속이 없다.

- 아이가 너무 일찍 걷고 말을 빨리 배우며 치아도 일찍 나는 아이는 그리 좋은 상이 아니다.

- 어릴 때부터 엉덩이를 쑥 빼고 걷는 오리걸음은 노력한 만큼 운이 빨리 트이지 않고 몸만 분주하다.

수상

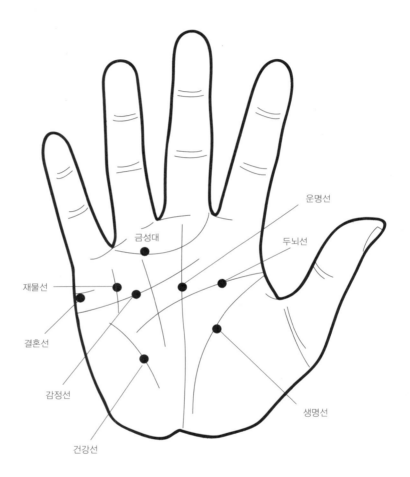

운명선

금성대

두뇌선

재물선

결혼선

감정선

생명선

건강선

주요 부위의 명칭

얼굴 관상만 좋다고 장땡이 아니다

중년의 사내가 부인과 어린 아들을 동반하고 필자를 찾아왔다.

"이 근처에 볼일이 있어 왔다가 들어왔습니다. 여태껏 살면서 사주는 몇 번 봤지만 관상은 처음입니다."

먼저 사내의 얼굴 이곳저곳을 관한 뒤 손바닥을 보았다.

관상에서 나타난 얼굴 전체적인 평은 골격이 단단하고 여러 부위가 유기적으로 아주 잘 짜여져 있었으며, 지능과 응용력이 좋고, 불도저 같은 추진력도 보였고, 건강한 에너지가 넘치는 큰 그릇의 매우 좋은 상이었다.

거기에다 손금도 보기 드물 정도로 좋았는데, 천부적인 사업 운을 타고난 상임에 틀림없었다.

다만 단점이라면 넘치는 에너지의 파동과 성욕을 배우자 되는 사람이 어떻게 흡수하고 감당하느냐가 문제였다. 이것은 궁합을 따져본 뒤에 판단할 문제다.

필자의 말에 사내는 고개를 끄덕이며 말했다.

"제가 사업을 한답시고 ○○이라는 제조회사를 운영하고 있습니다. 관상이 좋다니 기분이 좋습니다."

○○이라면 일반 사람들도 그 이름을 익히 알 정도로 큰 회사다.

"앞으로 더욱 크게 발전할 것 같습니다. 그만한 그릇이 충분히 됩니다."

자신의 그릇에 맞는 직종과 규모가 있는 것이기 때문에 아무나 의욕만 앞세워 사업에 뛰어들거나 판을 크게 벌이는 것은 위험하다. 그것은 얼굴 관상과 손금이 서로 조화를 이루고 있느냐 아니냐를 보면 금세 판명이 난다.

수많은 사람들을 상담하면서 늘 느끼는 점은 얼굴 관상이 좋으면 손금이 나쁘고 손금이 좋으면 관상이 별로인 손님들을 보면 참으로 아쉽다.

손금은 얼굴에 나타나지 않은 부분들을 적나라하게 나타내 주기도 하고, 손금에 나타나지 않은 부분은 얼굴이 그대로 드러내 주기도 한다. 그래서 얼굴 관상과 손금은 떼려야 뗄 수도 없는 관계인 것이다.

얼굴에 비해서 손은 한눈에 쏙 들어온다. 하지만 그 작은 손바닥 안에는 무수한 선이 그어져 있고 선 하나하나가 숨겨진 과거, 현재, 미래의 비밀을 말해 준다. 얼굴 관상에서 부족한 면이나 단점을 손금이 뒷심으로 보태주는 역할을 하지 않나 필자는 생각한다.

얼굴 관상을 볼 때 남성의 경우 왼편은 아버지 쪽을, 오른편은 어머니 쪽을 나타내듯 손금 역시 왼손은 선천적인 운을, 오른 손은 후천 운을 나타낸다고 알려져 있다.

하지만 그런 해석이 사람에 따라서 틀리다는 것을 상담을 많이 해본 분들은 알 것이다. 사람에 따라 달리 해석되는 이유는, 태어날 때부터 기의 파장이 다르기 때문이다.

전문으로 상담을 하는 직업을 가진 분들은 에너지의 파동을 느끼고 이해할 수 있는 경지에 도달할 수 있어야 하는데 그것을 깨치는 것이 말이나 글로 쓰는 것 같이 그리 쉽지 않다.

　얼굴도 마찬가지지만 손금을 볼 때도 어느 한쪽을 선천 운, 후천 운으로 나누지 말고 양손을 종합해서 판단한다면 크게 어긋나지 않으리라 본다.

손금, 손가락에 의한 성격과 운명

　악수를 하자고 손을 내밀며 엄지와 손가락을 활짝 벌리는 사람은

　• 개방적이고 선심을 잘 쓰지만 일을 판단할 때 성급하다.

　• 독립심이 강하고 대범하지만 일시적인 감정에 따라서 금전을 지출하는 등 쓸데없는 낭비에 조심해야 한다.

　• 이와는 반대로 엄지를 붙이는 사람은 경제관념이 강하고 매사에 조심스럽고 신중하다.

엄지를 펼치고 악수하는 손

　• 체격에 비해 손이 크면 섬세하고 꼼꼼하다.

　• 체격에 비해 손이 작으면 잘디 잔 일에 맞지 않고 성격도 대범하다. 의욕은 넘치지만 자신의 능력에 맞게 살아야 한다.

　• 엄지손가락이 유난히 짧은 사람은 성격이 급해서 언행의 실수나 다른 사람과의 갈등을 조심해야 한다.

엄지를 펼치고 악수하는 손

엄지가 뒤로 많이 재껴지는 손

　• 불필요한 낭비가 심하다.

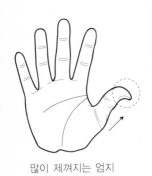

많이 제껴지는 엄지

• 승부사 기질이 강해서 도박 같은 데 손을 대면 중독현상이 빨리 오니 조심해야 한다.

승부사 기질이라는 건 잘만 활용하면 삶에 도움이 된다. 그러나 그런 능력을 사행심으로 돌리면 꾼이 된다는 걸 기억해야한다. 이런 손을 가진 사람이 점 백 자리 고스톱이라고 하찮게 생각하고 매일 정해진 장소, 정해진 시간에 즐기다 보면 자신도 모르는 사이 노름꾼이 되어버린다.

검지와 중지의 길이가 비슷한 길이

• 투기심과 사행심이 많다.

• 영적인 감각과 예술적 재능이 있다.

지나치게 짧은 새끼손가락

선천적으로 짧은 것도 그렇지만 다쳐서 구부러지거나 잘린 새끼손가락의 경우도 해당이 된다.

• 자녀가 직업이나 결혼 등으로 부모와 멀리 떨어져 사는 경우.

• 자식이 드물거나 늦게 둔다. 인연이 멀 수도 있다.

지나치게 짧은 새끼손가락

몸 덩치는 큰데 손이 유난히 작으면

• 삶에 굴곡이 많고 재산 모으기가 생각처럼 쉽지 않다.

• 의욕만 앞세우지 말고 사소하고 작은 것부터 차근차근 실천에 옮겨야 한다.

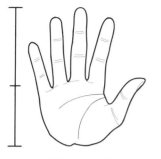
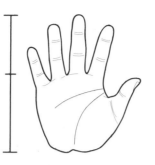

손바닥보다 손가락이 긴 손　　손가락이 손바닥보다 긴 손　　잔금이 많은 손　　가로선이 많은 손금

　　손바닥보다 손가락이 긴 손 : 성품이 인자하고 정이 많으며 좋은 운이 돌아온다.

　　손가락이 손바닥보다 긴 손 : 자신도 모르는 사이 남에게 불필요한 미움을 받는다. 운이 그리 좋지 못하고 방황하는 일이 잦다.

　　손발에 식은땀이 많이 나는 사람 : 성실하고 부지런하지만 노력한 만큼 운이 쉽게 열리지 않는다.

　　손바닥에 거미줄처럼 잔금이 많은 손 : 세상 보는 시야가 그리 넓지 못하고 신경이 지나치게 예민하든가 쓸데없는 일까지 사서 걱정한다. 느긋하고 낙천적으로 살 필요가 있다.

　　가로 선이 많은 손금 : 일이 중단되거나 좌절하는 일이 많이 생긴다.

　　짙고 뚜렷한 손금 : 뒤끝이 없고 마음 씀씀이가 크다.

　　흐리고 얕은 손금 : 소심해서 쓸데없는 잔걱정을 달고 산다.

　　세로 주름이 많은 손톱 : 심신이 피로하든지 어렸을 때 영양 상태가 나빴었다.

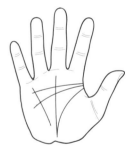

짙고 뚜렷한 손금

얕고 흐린 손금

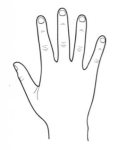

짧은 손톱

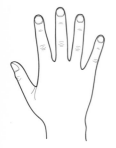

폭 넓은 손톱

습관적으로 물어뜯는 사람

손톱이 짧은 사람 : 급한 성격이면서 단순하다.

손톱의 폭이 넓은 사람 : 고집이 있고 잔일을 다루는 손재주가 그리 좋지 않다.

습관적으로 손톱을 이빨로 물어뜯는 사람 : 어렸을 때 부모의 정을 받지 못하고 자란 사람이다.

손가락 사이의 틈새가 벌어진 사람 : 급한 성격이어서 어떤 일을 결정할 때 기분에 좌우 되거나 감정에 치우침을 조심해야 한다.

손가락 사이의 틈새가 붙은 사람 : 감정에 치우치지 않은 신중함과 이성적인 판단을 한다.

손바닥이 딱딱한 사람 : 지혜가 모자란다.

손바닥이 누렇거나 창백한 색을 가진 사람 : 가난하다.

손바닥이 푸르스름한 사람 : 시비와 구설수가 따른다.

손바닥이 붉은 색을 가진 사람 : 의식주가 풍족하다.

손바닥에 윤기가 있고 분홍색이 점점이 퍼져 있는 사람 : 좋은 운이 열린다.

손바닥이 검은 빛인 사람 : 총명하고 재운이 있다.

손금의 기초가 되는 선

• 이 기본 선을 알면 이해가 쉽다. 〈수상 '주요 부위의 명칭' 참조〉

사업을 하기에 가장 좋은 손금

운명선과 태양선, 재운선이 끊어지거나 막힘없이 직선으로 쭉쭉 뻗어 올라갔는데, 이렇게 손가락을 향해 뚜렷한 세로 주름이 많을수록 좋은 손금이다.

그런데 이 그림은 실제로 보면 본선 외에 주변의 잔금이 많다. 중요한 건, 깊고도 뚜렷한 기본선이 이렇게 위로 힘차게 뻗어 있다면 자질구레한 잔가지들은 그리 큰 영향을 끼치지 못한다는 점이다.

이런 손금을 가진 사람은 흔치 않지만 가끔 만날 수 있다. 사업이건 어떤 일을 하건 대성공을 거둘 손금이다. 이런 손금을 가진 사람이 얼굴 관상에서 큰 하자가 없다면 천부적인 사업가로 재산을 모을 것이다.

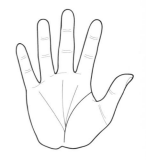

사업가 적성의 손금

하지만 꼭 이런 모양의 손금이 아니라 하더라도, 비슷하거나 두 가닥의 선이 끊어지지 않고 위로 뻗어 올라갔다면 매우 좋은 손금이다.

만일 여성이 이런 손금을 갖고 있다면 가정 살림보다 일찌감치 사회활동을 해야 타고난 운을 빨리 찾는 길이다.

그런데 실제로 이런 유형의 손금을 가진 여성이 여럿 있었다. 그 중 한 사람은 손금에 비해 얼굴이 신통찮았는데, 얼굴에서 가장 중요한 부위인 인당의 생김이 썩 좋지 않은데다 눈썹까지 너무 짙었다. 얼굴 하나만 봤을 때는 집안에 들어앉아 살림만 해야 하는, 전형적인 가정주부 상이었다.

"남편하고 이혼한지 오래됐습니다."

이혼을 했든, 부부가 사이가 좋든 간에 손금이 좋은 사람이 가정에만 머무르면 까닭 없이 갑갑해 하며 스트레스를 받을 것이다. 하지만 바깥 활동을 하더라도 얼굴상에서 한계가 있기 때문에 혼자서 어떤 일을 추진하기는 무리가 있는 관상이다.

"지금 어떤 일을 하고 있나요?"

"작은 가게를 갖고 있는데 더 크게 확장하려고 준비 중에 있습니다."

역시 자신의 몸뚱이를 집안에만 머무르도록 내버려 두는 손금이 아니었다. 그러나 가게가 작은 규모라면 괜찮겠지만 큰 규모로 일을 벌이기에는 주의해야 하는 얼굴상이다.

"혼자 하지 말고 혈육이나 주변 가까운 사람과 합작하는 게 좋겠습니다."

"저는 혼자 하고 싶은데요. 혼자서 하면 안 되는 이유가 있나요?"

"사람은 자신의 그릇을 갖고 태어납니다. 지나치고 넘치면 탈이 생기는 법이지요. 지금 하고 있는 일이 잘 되는 것 같은데, 당분간 그대로 유지하다가 나중에 시도해 보십시오."

그릇이 그리 크지 않은 사람이 사업을 크게 벌이려면 한꺼번에 확장하면 안 된다. 큰일을 감당할 수 있는 내성이 생길 때까지 차츰차츰 단계적으로 키워나가야 한다는 말이다. 이 부인처럼 손금이나 얼굴 중 어느 한쪽이 밸런스가 안 맞는다면 배우자 등 다른 사람이 보충을 해주면 날개를 다는 격일 터이다. 이혼을 했다고 하니 그 부족한 면을 동업이나 합작을 통해 관상이나 손금에서 모자라는 부분을 보충하는 게 좋겠다.

사직문

운명선, 태양선, 재운선, 노력선의 네 가닥이 깊고 뚜렷하게 위를 향해 세로로 뻗어 올라갔다. 무엇을 해도 대성공을 거두는 손금이다.

이런 선은 실제로는 보기 힘들지만 이와 비슷한 유형의 손금은 이따금

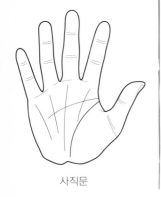

사직문

만날 수 있다. 손금에서 세로선은 모두 좋은 의미이다.

막 쥔 손금

숫자 '7' 과 같은 모습이다.

지능선과 감정선이 맞붙어 한 줄이 되어 손바닥을 일직선으로 가로지른 뒤 생명선과 만나는 손금이다.

이 손금의 특징은 성공과 실패의 격차가 심한 인생을 보낸다는 점이다. 그런 일이 벌어지는 이유는 타고난 에너지가 매우 강하기 때문이다.

막 쥔 손금

이 강력한 운기를 본인 스스로가 잘 조절하든지, 배우자 혹은 주변 사람이 잘 흡수해 주거나, 리드해 줄 수 있는 사람을 만난다면 엄청난 힘을 발휘하며 성공할 수 있다. 그러나 그 넘치는 에너지를 잘 갈무리하지 못하면 강한 기운이 성공의 운을 억누르는 역할을 하기 때문에 큰 실패를 하게 된다.

여성이 이런 손금이면 일에 대한 추진력과 결단력, 행동력이 돋보여서 성공하지만 배우자 혹은 파트너 되는 사람이 어떤 식으로 이끌어 주느냐에 따라 성패가 달렸다고 본다. 가정주부로 지내기보다 직업을 가지고 활동해야 한다. 남녀 모두 얼굴에만 큰 하자가 없다면 두뇌가 명석하고 배짱도 두둑해 지도자의 자질을 타고났다.

크게 휘어진 생명선

지나친 자신감과 완고함, 융통성 부족이 걸림돌이 될 수 있다. 생명선이 크게 휘어져 있다면 활동적이고 적극적이다.

굴곡이 작은 생명선 : 내성적이고 활동적이지 못하다.

굴곡이 작은 생명선

크게 갈라진 생명선 끝

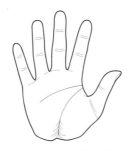

여러갈래로 갈라진 생명선

두 줄의 생명선

생명선에서 갈라지는 선

사슬 모양의 감정선

마디가 끊어진 감정선

크게 갈라진 생명선 끝 : 생명선의 끝 선이 뚜렷이 두 갈래로 갈라져 손목 안쪽으로 감싸고 있으면 고향에서 멀리 떠나 살거나 외국에서 산다.

생명선의 끝이 여러 가닥의 잔가지로 갈라져 있으면 : 한곳에 오래 머무르지 못하는 방랑 기질이 있고 직업도 자주 바꾼다.

두 줄의 생명선 : 체력이 뛰어나다는 뜻이고 운동선수들에게 많다.

생명선으로부터 가운데 손가락과 넷째손가락을 향한 선 : 본인의 노력이나 주변의 도움으로 크게 성공한다.

사슬 모양으로 된 감정선 : 감성이 풍부하고 애정이 깊다.

마디마디 끊어진 감정선 : 엄격하고 무덤덤한 감성의 소유자다.

두개의 감정선이 붙은 손금 : 두개의 감정선이 중간에서 만나 붙으면 남녀 간의 사랑에서 또래에 비해 일찍 눈을 뜬 사람이다.

두 줄로 된 감정선 : 감성이 매우 발달했고 사랑에도 적극적이고 일에도 적극성이 있는 매우 열정적인 사람이다. 그래서인지 다른 또래에 비해 성에 일찍 눈을 뜬다.

두 줄의 감정선이 붙은 손금

끊어진 감정선

사슬 모양 지능선

새끼손가락을 향한 지능선

끊어진 감정선 : 감정선이 중간에서 끊어지면 초혼이 이혼으로 끝난다.

사슬 모양의 지능선 : 덜렁대는 성격이다.

새끼손가락으로 향한 지능선 : 지능선 끝이 새끼손가락 방향으로 올라가 있으면 금전 감각과 장사 수완이 좋다.

잔가지로 뻗은 지능선 : 지능선 끝이 여러 갈래의 잘디잔 선은 뇌신경이 피로해져 있다는 뜻이므로 적절한 안정이 필요하다.

잔가지로 뻗은 지능선

짧은 지능선 : 짧은 지능선이 손바닥 중간에 머무르면 성격 변화가 심하고 일이나 사는 곳도 일정치 않다.

두 줄의 지능선 : 머리 회전이 빠르고 사교성이 좋으며 매력도 많다. 다재 다능 형.

두 갈래 중 새끼손가락을 향한 지능선 : 지능선이 두 갈래로 갈라져 한 선이 새끼손가락으로 향하고 있으면 금전 감각과 장사 수완이 좋지만 타산적인 면이 있다.

짧은 지능선

운명선을 가로지르는 짧은 선 : 아래쪽 바깥 선이 뻗어 나와 운명선을 가

두 갈래 중 새끼손가락을
향한 지능선

운명선을 가로지르는 짧은 선

여러 가닥의 기능 운명선

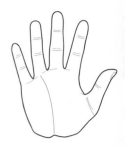

넷째손가락을 향한 태양선

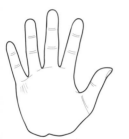

새끼손가락의 여러 가닥 손금

두 줄의 사슬 모양선

로지르면 이성 때문에 커다란 타격을 받아 운이 나빠진다.

여러 가닥의 기능 운명선 : 가운데 손가락 아래로 가느다란 운명선이 여러 개 나있으면 목표를 여럿 정해 사는 바람에 어느 한 가지도 뚜렷한 성과를 얻지 못한다. 목표를 단순화시켜야 한다.

넷째손가락으로 향하는 선을 태양선 : 이 선은 지위나 명예, 인기, 타인의 후원, 예술적 재능 등을 나타낸다.

새끼손가락의 여러 가닥 손금 : 짧은 태양선이라도 새끼손가락으로 향하면 재산 운이 좋아진다는 뜻이다.

두 줄의 사슬 모양선 : 셋째와 넷째손가락 사이에 타원형의 사슬 모양선이 걸쳐 있고 감정선 역시 사슬 모양이면 이성에 대한 관심과 애정이 강하고 바람둥이 기질이 있다.

결혼선에서 아래로 갈라져 나온 긴 선이 생명선을 가로지르면

• 불륜 등의 원인으로 위기가 닥칠 수 있다.

• 남녀 사이에 타인이 개입해 음해나 방해를 해서 사이가 나빠진다.

새부리 결혼선

위를 향한 결혼선

사각형 공간 결혼선

• 직업이나 하는 일에 타인이 개입해 음해와 방해를 하는 바람에 큰 타격을 받는다.

뚜렷한 두개의 결혼선 : 두 번 결혼하거나 깊이 사귈 애인이 생긴다.

새부리처럼 교차하는 두개의 결혼선 : 기혼자는 부부 사이가 나빠 싸움이 잦고 불행한 결혼 생활을 하는 손금이다. 미혼자라면 좀체 결혼할 기회가 생기지 않는다.

위를 향해 가지선이 뻗어있는 결혼선 : 결혼으로 풍족한 삶을 누린다.

사각형 공간의 결혼선 : 부부 혹은 애인 사이에 성격이 맞지 않아 불만이 잔뜩 쌓인 상태다. 기혼자는 결혼한 것을 후회하고 헤어지는 문제에 대해 생각을 하고 있다.

감정선 아래로 처진 결혼선 : 결혼한 사람이라면, 부부사이가 극단적으로 나빠져 잇는 상태던가 갈라선 경우다. 결혼을 하지 않은 사람이라면 독신 성향이 강해 이성을 사귀어도 좀처럼 성사되기 어렵다.

넷째손가락으로 향한 가지선

감정선 아래로 처진 결혼선

넷째손가락으로 향한 가지선

끊어진 결혼선 　　　여러 갈래로 갈라진 결혼선 　　　시작부터 갈라진 결혼선

• 결혼한 사람이라면 애정이 식게 되어 별거 또는 이혼한다.

• 이상적인 상대를 만나 결혼을 하고 배우자가 잘 대해준다 하더라도 이런 손금을 가지고 있는 사람은 가정생활에 대해 적응을 못하고 끊임없이 불만을 터트리며 갈등을 일으킨다. 불행한 결혼생활을 하는 손금이다.

• 미혼인 사람이 이런 손금을 가지고 있으면, 좀처럼 결혼을 못하는 독신 성향이 강하다.

• 결혼선의 끝이 넷째손가락 아래까지 올라가면, 유명한 사람이나 재산가와 결혼하는 행운의 손금이다. 이 선에 태양선이 올라와 합치면 신데렐라 손금이다.

끊어진 결혼선 : 결혼선이 중간에 끊어지면, 부부 사이에 심각한 문제가 발생해서 갑자기 갈라설 수도 있다.

여러 갈래로 갈라진 결혼선 : 결혼선의 끝이 두 갈래 혹은 세 갈래로 갈라지면, 함께 살고 있어도 이미 마음이 떠나버린 손금이다. 갈라진 가지가 크고 뚜렷할수록 별거 또는 이혼을 하게 된다.

위나 아래로 향한
여러 가닥 결혼선

시작 부분에서 두 갈래로 갈라진 결혼선 : 부모의 반대 또는 다른 심각한

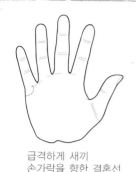

급격하게 새끼
손가락을 향한 결혼선

막힌 결혼선

결혼선과 평행한 짧은 선

사슬 모양의 결혼선

가지가 뻗은 결혼선

반점이 있는 결혼선

사정으로 오랫동안 결혼을 못하다가 극적인 연애 혹은 결혼을 한다.

위나 아래로 향한 여러 가닥의 결혼선 : 결혼선 위나 아래로 가는 선이 여러 개 나있으면, 결혼 상대가 건강이 나쁘거나 운이 나쁜 손금이다.

급격하게 새끼손가락으로 향한 결혼선 : 끝이 급격하게 새끼손가락을 향해 구부러지면, 중성적인 성향으로 결혼에 대해 별로 관심이 없고 독신으로 살며 사랑보다 일을 선택하는 사람이 많다.

막힌 결혼선 : 결혼선이 짧은 세로 선에 막히면, 어떤 장애가 생겨 결혼을 못하는 손금이다.

결혼선의 위나 아래의 평행한 짧은 선 :

• 불륜에 빠진다. 윗선은 결혼 후에 생긴 애인을 뜻하며, 아래 선은 결혼 전부터 사귀어 온 상대다. 자녀의 숫자를 나타내기도 한다.

사슬 모양의 결혼선 : 결혼을 해도 불행해지는 손금이다.

가지가 뻗은 결혼선 : 결혼선의 끝이 나뭇가지 모양으로 갈라져 있으면, 부부나 연인 사이가 권태기에 빠진 상태다.

반점이 있는 결혼선 : 부부 사이에 갈등이 생긴다

얼굴색,
궁합

가까운 장래의 운기는 얼굴색으로 안다

여기서 말하는 색이라는 것은 얼굴의 다른 부위의 색깔과 비교해서 판단해야 한다.

이마의 색

• 창백한 색 : 가까운 사람이 중한 병에 걸려 있거나 사고를 조심해야 한다.

• 맑지 못하고 거무스레한 탁한 색 : 금전 운이 막혀 있다.

인당의 색

• 인당에 맑은 빛이 나고 피부가 윤택하면 좋은 운이 돌아 온 상태고 희망적이다.

• 색이 어두운 느낌이거나 피부가 거칠면, 하는 일이 막히고 시험 운도 좋지 못하다.

• 눈머리 안쪽에 붉은 빛이 있는 경우, 성교를 과도하게 했을 때 이런 색이 나타나기도 하고 가정불화가 있을 때도 나타난다.

눈머리에 붉은 빛

누당

산근

인중

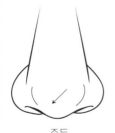

준두

누당(와잠)의 색깔

• 다갈색 : 지나친 성생활로 체력이 소모되어 있다.

• 흑색 : 심신이 몹시 피로한 상태.

• 붉은 점이나 사마귀 : 아이의 병이 생겼거나 걱정거리가 있고 뜻밖의 일로 재산상 손해를 본다.

• 누당이 흐려서 맑지 않으면 : 지나친 성생활의 표시임, 성기능 장애나 질환 주의, 당뇨병과 신장 기능에 관해 주의를 기울일 것.

• 산근 부위에 자줏빛 색깔이 비치면, 운이 정체되어 있고 소화기 계통의 질환이 진행 중이다.

• 콧등에 붉은 색깔이 나타나면 법적인 다툼이나 관재를 조심해야 한다.

• 인중의 색이 창백하고 색이 어두우면, 성기능에 장애가 생긴다.

준두의 색

• 붉은빛 : 불필요하게 지출할 곳이 많고 금전적 여유가 없다.

• 자줏빛 : 운수가 나쁘고 매사에 발전이 없다.

• 분홍빛 : 물질적으로 발전적이고 희망이 있는 좋은 운수다.

• 살결이 거친 코 : 재산이 흩어진다.

턱의 색깔

• 분홍빛 : 주택의 안정과 기쁨이 있다. 가정이 원만한 상태.

• 붉은빛 : 주택이나 방을 옮길 일이 생긴다. 하는 일이 뜻대로 안된다.

- 자주빛 : 이사 갈 곳이 없어 괴로워하거나 집안이 불결하다.
- 검은빛 : 거주하는 곳의 주소가 없거나 살 집이 없는 상태.
- 갈색 : 간이나 장 등 복부의 일시적인 질환이나 주거 불만의 상.

심성궁의 색깔

- 자주빛 : 도덕적이지 못하거나 나쁜 일을 저지른다.
- 검은빛 : 일, 여행 등에 해로운 일이 일어난다.
- 흰빛 : 갑작스럽게 건강에 이상이 생길 상.
- 붉은빛 : 화재 조심.

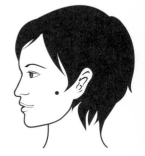

심성궁 부분의 점

목젖

- 붉은 점 : 가까운 사람에게 걱정거리가 생기거나 다툼이 있다.
- 짙은 갈색 : 가까운 사람에게 병자가 있을 상.

귀의 색

- 분홍빛 : 하는 일이 희망적이고 성기능도 활력이 있다.
- 창백 : 운기가 막히고 하는 일이 어긋난다.
- 자주빛 : 하는 일마다 제대로 되는 일이 없고 고민거리가 자꾸 쌓인다.

나이 먹어서 생기는 얼굴 반점

이마나 코, 턱 등에 생기는 반점은 가까운 장래에 금전적 손해나 다툼

등, 나쁜 조짐이다.

광대뼈 부근의 색

- 창백한 색 : 가까운 사람의 건강이 나빠지든지 큰 일이 생긴다.

- 붉은빛 : 법적인 다툼이나 주변에 시끄러운 일을 벌인다.

- 자줏빛 : 직업을 잃든지 변화가 생긴다.

- 분홍빛 : 하는 일이 희망적이고 성기능에 활력이 있다.

입 주변의 색

- 자줏빛이 나타나면 물에 의한 사고 조심해야 한다.

노인의 관상

- 얼굴 각 기관의 생김새 보다 피부의 색깔과 눈빛의 밝음과 탁함을 봐야 한다.

- 눈빛이 살아 있고 얼굴색이 좋으면 관상이 나빠도 좋은 운수다.

궁합

궁합에서 제일 중요한 것은 섹스가 아니라 주파수 맞추기

석가모니나 예수, 성모 마리아의 그림을 보면 보통 사람들에게는 볼 수 없는 현상인 머리나 몸체 뒤에 원형의 빛이 그려진 것을 볼 수 있다. 이것을 광배光背 혹은 후광後光이라고 하는데, 몸에서 뿜어져 나오는 에너지의 파장을 그림으로 형상화한 것이다.

이러한 후광은 위대한 성인에게만 있는 것이 아니라 일반 사람들에게도 존재한다. 다만 그 에너지의 파동과 빛이 약해서 잘 나타나지 않기 때문에 없는 것으로 착각할 뿐이다.

박쥐가 어두운 밤에 부딪치지 않고 잘 날아다니는 것도 몸에서 뿜어져 나가는 에너지 파장을 쏘아 물체에 닿은 뒤 되돌아오는 파동을 보고 장애물이 있나 없나를 감지한다는 것은 잘 알려진 사실이다.

인간뿐 아니라 이 세상의 모든 물체에는 기(氣. 에너지)가 존재한다. 그리고 기는 내부에만 머무르는 게 아니라 파동을 그리며 밖으로 표출된다. 이것이 손에 잡히지도 않고 눈에 보이지 않는다고 해서 존재 자체를 부정하는 사람이 있다면 참으로 어리석은 사람이다.

주파수란 무엇인가. 여기서 말하는 주파수라는 것은 사람의 몸에서 밖으로 뿜어져 나가는 에너지의 파동을 의미한다.

우리가 라디오를 켰을 때 사이클(주파수)이 잘 맞으면 좋은 소리가 나오고 주파수가 안 맞으면 시끄러운 소리가 나듯이 인간의 주파수에도 흡사한 역할을 하는 물질이 분명 존재한다.

그리고 사람은 누구든지 자신만의 고유한 주파수를 갖고 태어나고, 한번 결정된 주파수는 평생 동안 변하지 않는다. 이것이 대인 관계는 물론이고 특히 한 지붕 한 방을 쓰며 사는 부부에게는 결정적인 역할을 한다. 즉, 내 고유한 주파수와 상대편 주파수의 파동이 비슷한 유형이어야 서로 배짱도 잘 맞고 싸워도 큰 상처를 안 받고 금방 화해할 수 있게 되는 것이다.

남녀 애정 관계에서 주파수가 안 맞으면 어떤 현상이 일어날까? 제 아무리 상대방을 사랑하고 이해하려 해도 뜻대로 안 되고 상대방에게 백번 양보해도 도대체 융합이 안 된다. 아니, 서로 가까이 하려고 마음을 먹으면 먹을수록 사이는 점점 험악해지고 나빠진다. 이런 현상은 집 혹은 방이라는 밀폐된 공간에 오래 마주할수록 더욱 자주, 그리고 뚜렷이 발생된다.

그 원인은, 내 몸에서 뿜어져 나간 에너지의 파장과 상대편의 그것이 방이라는 공간에서 마주친다. 이때 주파수가 잘 맞는 사람들이라면 마음도 안정이 되고 따뜻해지지만, 주파수가 안 맞는 사람끼리라면 신경이 예민해지고 까닭 없이 가슴이 두근거리고 불안하게 된다.

이것은 상대방에게 특별한 행동이나 말을 하지 않는데도 불구하고 자연 발생적으로 일어나게 되는데, 에너지끼리 융합과 화합이 안 되는 '간섭 현상' 때문이다.

세상의 어느 부부라도 다투지 않고 사는 사람들은 없다. 똑같은 다툼이라도 주파수가 잘 맞는 부부는 어느 한쪽에서 사과를 하면 금세 화해가 되고 깨끗이 잊어버린다.

그러나 주파수가 안 맞는 부부라면 작은 말싸움이 서로에게 비수가 되어 큰 상처를 주고받게 한다. 이때 상대편에서 아무리 사과를 해도 말로는 화해가 되는지 모르지만 가슴에 쌓인 응어리는 풀리지 않은 채 차곡차곡 남아있게 마련이다. 이런 세월이 1년, 5년, 10년…… 이렇게 흐르면 화병이 생기고 그것이 발전되면 암 덩어리를 몸에 키운다.

주파수가 다른 사람들이 만나 부부의 연을 맺는다는 것은 참으로 끔찍한 일이다. 그런 사람들을 필자는 참 많이 보아왔다.

그렇다면 그 중요하다는 주파수라는 것을 결혼 전에는 왜 진작 몰랐단 말인가. 어렴풋이 느끼기라도 했어야 하지 않았는가. 연인들은 그것이 존재하는지 조차도 모를뿐더러 알았더라도 실체를 직접 느끼기는 쉽지 않았을 것이다. 왜냐하면 애인 사이였을 때는 각자 집에서 생활하다가 바깥에서 가끔 만나기 때문이다.

에너지 파장이라는 것은 개방된 공간에서는 파동이 사방으로 퍼지기에 그것을 가까이서 오랜 시간 접하지 않는 이상 실체를 제대로 못 느낀다.

하지만 결혼을 하면 방이라는 제한적이고 밀폐된 공간에서 두 사람이 생활하게 되므로 에너지가 흩어지지 않고 상대방의 에너지 파장을 온몸으로 맞이하게 된다.

따라서 혼인에 대해 진지하게 의견을 나눈 사이라면 결혼 전에 장거리

여행을 떠나 여관이든 호텔이든 최소한 3박 4일을 방이라는 공간 속에서 밤낮으로 같이 생활해 보고 거기서 상대편의 주파수를 온몸으로 느껴보라고 권하고 싶다.

에너지니 파동이니 주파수니 하는 것을 전혀 모르는 사람이라 하더라도, 상대방과 한 공간에서 오랫동안 머물러 보면서 주파수가 잘 맞으면 편안하고 아늑한 마음이 들고 상대에 대한 애틋함과 믿음이 생겨나는 것을 느낄 수 있을 것이다.

반대로, 주파수가 안 맞으면 까닭도 없이 이상하게 마음이 안정되지 않으면서 불안하고 상대방의 작은 행동 하나, 말 한마디에도 신경이 자꾸 거슬리고 기분이 나빠지는 현상이 생기게 된다. 이것은 말이나 글로 표할 수 없는 그야말로 개인만의 독특한 느낌이 누구에게든 전해온다는 뜻이다.

부부로 한 번 인연이 맺어졌다고 해서 검은 머리가 파뿌리 되도록 살란 법은 없다. 그것은 조선시대나 있을 법한 이야기다. 그러나 요즘 세상에도 원수같이 살면서 헤어지지 못하는 부부를 심심찮게 만난다.

어떤 부부가 살아가는 모습을 보면 매일 같이 지지고 볶으며 수십 년을 사는데, 왜 그렇게 사느냐고 물으면 아이들 때문에 이혼을 하고 싶어도 못한단다.

밥 먹다가도 싸우고, 눈 마주쳤다고 싸우고, 커피 한 잔 타달라는 하찮은 말에도 싸우고, 이제는 그만 싸우자고 화해하는 자리에서 더 크게 싸우고. 원수도 그런 원수가 없다. 궁합에서 필자가 제일 중요하게 여기는 주파수, 혹은 성격이 전혀 맞지 않는 사람들이 만나 사는 경우가 그렇다.

궁합이 안 좋으면 부부 관계만 나빠지는 게 아니다. 이런 부부들을 상담하면서 또 하나 안타까운 것이 있다.

남편이나 부인의 관상과 손금을 보면 재산 복을 타고났다고 할 정도로 아주 좋은 사람들을 만났을 때다.

그 사람들이 재물을 나타내는 관상과 손금이 좋은 만큼 풍족하게 사느냐하면 결코 그렇지 않다. 얼굴과 손금이 그렇게 좋으면 당연히 잘 살아야 하는데 현실은 그렇지 않은 것이다. 독자 여러분은 그 원인이 어디서 비롯됐다고 생각하는가.

필자가 돌팔이거나 관상법이 틀려서라고 보는가? 아니면 부부의 재산운이 트일 시기가 아니라서 그렇다고 보는가?

그 이치를 설명하면 이렇다. 부부가 날이면 날마다 집안에서 신경을 곤두세우며 실랑이를 하는 사이 에너지가 쓸데없는 곳으로 새어나가기 때문이다.

그러면 관상적으로 재산 복이 있는 상이라도 자신의 생김대로 살지 못하고 운기가 정체되거나 후퇴하는 세월만 보내게 되는 것이다.

그것은 바깥에서 생산적으로 발휘돼야 할 에너지氣가 부부싸움을 하는 동안 불필요한 방향으로 허비되어 버린 결과다. 따라서 재산형성에도 좋지 않은 결과를 초래하게 되는 것은 당연하다.

만일 나쁜 궁합의 부부인데도 불구하고 많은 재산을 모았다면, 어느 한쪽에서는 그동안 쌓인 스트레스로 인해 신경성 질환 등으로 건강이 나빠지든가, 아니면 바깥에서 깊이 사귀는 이성을 따로 둔 경우를 흔히 목격

했다.

어디 그뿐인가. 매일 싸우며 사는 부모들을 보고 자란 자녀들은 또 어떤 인격을 형성하겠는가 말이다. '사내 복 없는 년은 자식 복도 없다'는 조선 시대 여인의 자조 섞인 푸념이 이래서 나온 말이다.

궁합宮合의 사전적 의미는 '혼인할 남녀의 사주를 오행에 맞추어 보아 부부로서의 좋고 나쁨을 알아보는 점괘'라고 나와 있다. 그러나 이 풀이는 잘못 되어도 한참 잘못됐다. 사전에다 그런 풀이를 해놓은 사람뿐만이 아니라 대부분의 일반 사람이 궁합을 본다는 뜻이 사주로만 맞추는 것으로 흔히 인식하고 있다.

그렇다면 필자 같이 사주에 사짜도 모르고 관상만 전문인 사람은 궁합을 보지 못한단 말인가?

궁합은 태어난 햇수나 날짜, 시간, 띠로만 맞춰 볼 수 있는 단순한 문제가 아니다. 그보다 더 과학적이고 합리적인 방법으로 얼굴이나 체형에 나타난 성격, 사고방식, 능력, 건강 상태 등으로 맞춰보는 관상 궁합도 있겠고, 일반 사람들이 알고 있는 궁합 진단법과는 생소하겠지만 정확도와 차원에서 제일 높은 주파수로 비교해 보는 방법도 있다.

그리고 궁합이라는 말이 남녀 애정문제에만 한정돼 쓰이는 것도 아니다. 부모와 자녀와의 궁합, 형제간 궁합, 친구 궁합, 직장 동료와의 궁합, 사업 궁합도 그렇고 요즘엔 음식에도 궁합이라는 말을 쓸 정도로 그 범위가 매우 넓다.

또한, 주파수 맞추기 역시 남녀의 애정 문제에만 국한되는 것이 아니라 친구, 동업자, 직장, 이웃 사람들과의 관계에 이르기까지 폭넓게 적용된다.

한 핏줄이라 해서 주파수도 같을 것이라는 생각 역시 큰 오산이다. 대부분의 혈육들은 주파수가 비슷한 경우가 많지만 주파수가 판이하게 틀려 남들보다 못한 사이도 얼마든지 있다. 한날 한 시에 태어난 쌍둥이조차도 전혀 다른 성격과 다른 인생으로 살아가는 모습을 쉽게 확인할 수 있는 이유도 바로 이 에너지의 파장이 달리 타고났기 때문이다.

한 부모에게서 태어나 같은 피를 나눈 형제들 간에도 원수처럼 지내든가 남만 못한 사이로 늘 으르렁대는 혈육들을 우리 주변에서 종종 목격할 수 있다.

그리고 부모와 자식간이나 시부모와 며느리 사이에도 잘 맞는 주파수가 있고 한 지붕 아래 살면서도 끊임없는 갈등으로 원수같이 싸우는 짝도 분명 있다. 아들과 며느리간의 궁합도 중요하지만, 시부모와 며느리 될 사람과의 궁합도 중요하다는 말이다.

술을 마시고 서로 의견이나 고민을 교환할 수 있는 친구 궁합 역시 주파수가 잘 맞는 상대와는 오랜 시간 터놓고 마주 앉아 얘기를 해도 대화가 어긋나지 않고 잘 굴러가지만, 이상하게 내 말에 귀담아 들어 주지도 않고 청개구리 식으로 사사건건 어깃장 놓으며 걸고넘어지는 친구도 있다. 그것은 직장 동료 관계에서도 마찬가지다.

친구나 직장 동료는 혈육이나 부부 궁합보다 상대적으로 주파수의 영향을 덜 받는다. 그것은 밀폐되고 좁은 공간이라고 할 수 있는 집이나 방에서 자주 접촉하는 상대냐, 아니면 에너지가 사방으로 흩어지는 넓은 공간에서 만나는 사이냐에 따라 다르기 때문이다.

사업 궁합의 예도 비슷하다. 상대편 얼굴이 훤하게 생겼고 사교성이나 활동성도 있어 보여 사업을 같이 하기로 했는데, 의견을 교환하는 과정에서 서로 얼굴을 맞대고 자주 접촉할수록 예전에 받았던 첫인상이나 짐작과는 다르게 나와 사고방식이나 기질, 성향이 판이하게 틀려 조율에 많은 어려움을 겪는 동업자 관계도 있다.

물론, 사고방식이나 성격 등이 다르다고 해서 궁합이 맞는다, 안 맞는다 단정할 수는 없다. 그것은 차원이 다른 문제다. 성격이 전혀 달라도 내가 갖고 있지 못한 장점을 상대편이 보충해주는 상부상조형의 좋은 궁합도 있기 때문이다.

하지만 일반 사람들은 주파수라는 것을 전혀 모르기 때문에 상대방과 안 맞으면 성격, 사고방식이 달라서 그렇다고 둘러대기 일쑤다.

궁합에는 속궁합과 겉궁합이 있는데, 속궁합이라 함은 남자와 여자가 잠자리에서 성적으로 어울리겠는가를 가늠하는 것이라고 알고 있다.

각 개인에게는 고유한 주파수가 있듯이 잘 맞는 유전자 정보가 따로 있다. 유전자 정보는 남녀가 잠자리를 했을 때 정액을 발산해 상대방의 몸속으로 들어가 혈액 등을 통해 몸의 각 기관으로 스며들게 된다. 이것은 남성의 정액뿐만이 아니라 여성에게서 나오는 액 역시 남자의 몸속으로 들어가게 되어 있다.

이런 경로를 통해 유전자 정보가 몸속에서 만나 합치게 되는데 이것이 흔히 말하는 섹스이며 합방을 했다는 뜻이며 의학적으로는 남녀 유전자 정보를 서로 교환하는 행위라 하겠다.

　속궁합이 잘 맞느냐 안 맞느냐의 기준을 일반 사람들은 성행위에서의 만족도만으로 따진다. 그러나 필자는 그렇게 생각하지 않는다. 물론 남녀가 오르가슴을 동시에 느끼는 만족도도 중요하지만 그것은 속궁합에 있어서 표피적인 작은 문제라고 본다.

　그보다 더 중요한 것은 두 사람의 유전자 정보가 합쳐졌을 때 그것이 각자의 몸속으로 들어가 융합이 되느냐 안 되느냐에 있다고 본다.

　상대편 유전자 정보가 내 몸속으로 들어와 나의 유전자 정보와 잘 맞아 융합이 되면 잠자리 이후에 관계가 훨씬 더 좋아지고 친밀감을 느끼게 된다.

　하지만 상대방의 유전자 정보가 나와 맞지 않는 사람이라면 잠자리를 하기 전까지는 비록 좋은 관계를 유지해 왔을지라도 막상 잠자리를 같이 하고 난 후부터는 왠지 모르게 기분이 불쾌해지고 까닭 없이 상대가 밉게 보이는 현상이 일어나게 된다.

　이것은 오르가슴을 동시에 느꼈느냐 아니냐의 성행위 결과와는 차원이 다른 문제다.

　나와 잘 맞지 않는 유전자 정보를 보유한 상대방과의 잠자리 횟수가 잦으면 잦을수록 잠자리 이후의 평상시 느낌은 훨씬 더 나빠지고 세월이 흐를수록 사이가 벌어지게 된다.

　상대편 유전자 정보가 내 몸속으로 들어와 융합되지 않고 끊임없이 갈등을 일으키거나 겉돌게 되면 실생활에서도 그 영향을 고스란히 받게 돼 아무것도 아닌 하찮은 일에서부터 사사건건 의견 충돌을 일으키는 결과가 된다. 우선은 성격에서부터 물과 기름 같이 겉돌게 된다.

부부 갈등 문제로 방송 등 매스컴에 나와서 공개 토론하는 것을 보자. 카운슬링을 해준다는 사람들이 '두 사람이 서로 조금씩 양보해 대화로 풀어야 한다'고 판에 박힌 말을 조언이랍시고 떠들고 있다.

5분 이상 마주 앉아 이야기를 하다보면 꼭 싸우게 되는 등, 대화 자체가 성립이 안 되는 커플들한테 대화로 풀어야 한다고 앵무새처럼 되뇌는 사람들을 보면 참으로 답답하고 한심하게 느껴진다. 그것은 두 사람의 주파수나 유전자 정보의 상관관계도 전혀 모른 채, 자신의 경험과 얄팍한 지식만 앞세운 결과다.

물론 많은 사람들이 지켜보는 자리이고 부작용이 염려돼 그런 의례적인 조언을 하는 것을 이해 못하는 바는 아니지만, 문제의 핵심에 근접 못하는 진단은 모두를 위해 바람직한 일이 아니라고 본다.

기름과 물을 한 통속에 넣고 제아무리 섞으려고 해도 따로 놀듯이 주파수와 유전자 정보가 안 맞으면 성격까지도 판이하게 다르고 대화 자체가 되지 않는다는 사실을 알기나 할까?

이것이 애인 관계에서 일어나는 일이라면 헤어질 수도 있지만 하루 이틀도 아니고 수십 년을 같이 잠자리를 해야 하고 자녀까지 생긴 부부 사이에 유전자 정보가 맞지 않는다면 문제가 매우 심각해질 거라는 건 자명하지 않은가.

그렇다면 이렇게 지독히도 맞지 않는 부부들은 어떻게 살아야 한단 말인가. 이혼 밖에 달리 해결 방법이 없단 말인가?

갈라서지 않고도 상대편에게 상처를 주지 않으면서 사는 방법은 분명 있다. 하지만 각 커플의 성격이나 주변 환경에 따라 대처 방법이 다르기에 여기서 일일이 거론하려면 끝이 없다.

필자가 여기서 말하는 궁합이란 두 남녀의 주파수와 유전자 정보의 융합 여부를 놓고 따지는 것이다. 유전자 정보란 굳이 병원에 가서 검사를 받지 않더라도 얼굴에 나타난 형태만 보고도 쉽게 확인할 수 있다.

필자만의 독특한 유전자 정보 비교와 주파수 비교법으로 보는 궁합이 정확하다고 장담하는 이유가 바로 그것 때문이다. 그래서 필자가 상담의 여러 분야에서 가장 자신 있게 강조하는 것이 바로 이 남녀의 궁합 부분이다.

필자가 오다가다 얼굴만 어렴풋이 알고 있는 사주전문가가 있다. 그는 사주 뿐 아니라 관상, 수상, 타로 카드 점, 솔잎 점, 쌀 점, 육효 점, 이름 짓는 법, 묘 터 잡는 풍수 법, 별자리 점 등 오만가지를 배운 사람이다.

그런 그가 어느 날 필자에게 술 한 잔 하자고 연락이 왔다. 썩 내키지 않은 걸음으로 약속시간에 나가 보니 웬 여자와 같이 앉아 있었다. 누구냐고 눈짓으로 물으니 소개를 했다.

"제 아내가 될 사람인데 사귄지 다섯 달 되고 현재 동거 중입니다."

그런데 곧 결혼할 사이라는 두 남녀가 아무리 보아도 궁합이 썩 좋게 보이지 않았다.

그러나 나는 술 마시러 온 사람이지 이런 자리에서까지 남의 일에 신경

쓰고 싶지 않아 말을 아꼈다. 사주전문가이니 다른 건 몰라도 자신의 배우자 될 사람과의 궁합은 어련하겠거니 하며 술잔을 받았다. 그때 사내가 술을 따르며 필자에게 물었다.

"관상으로 봤을 때 저희 두 사람 궁합이 잘 맞을까요?"

"허! 사주 전문가가 고른 자기 짝인데 어련하겠습니까."

"그래도 기왕 여기까지 나오셨으니 한번 봐주세요."

"그만두고 술이나 마십시다."

사주 전문가라면 적어도 자기 아내가 될 사람과의 궁합은 남한테 물어볼 필요도 없이 확실하지 않겠느냐 말이다. 필자는 불쾌해져서 말을 다른 데로 돌리며 술잔을 기울였다.

"사주로 보는 궁합과 관상으로 보는 게 다를 것 같은데 수고스럽지만 한 번 봐주세요."

이제는 여자까지 나서서 거들었다.

"동거까지 하고 있다면서 이제 와서 새삼스럽게 무슨 궁합을 보려고 합니까?"

필자가 기분이 좋지 않았던 이유는, 한눈에 보기에도 궁합이 아주 나빠 보이는데 남의 궁합을 봐주는 직업을 가지고 있다는 사람이 그것도 모른 채 동거부터 한단 말인가 하는 생각이 들어서였다. 물론 중이 제 머리 못 깎는다고 사주 봐주는 사람이라 해서 모든 세상사를 다 능통하게 살아갈 수는 없다.

하지만 다른 건 몰라도 궁합같이 자신의 온 인생이 걸려있는 문제조차 제대로 모르면서 남에게 상담료를 받고 궁합에 대해서 잘 아는 것처럼 행세한다는 건 있을 수 없는 일이라는 생각이 들었던 것이다.

이 사람이 술 한 잔 사겠다고 나를 나오라고 해놓고는 기껏 자기 궁합 좀 봐달라는 얘기란 말인가. 불쾌해져서 술잔만 연거푸 비워냈다. 두 사람은 필자의 그런 모습을 보며 더 이상 묻지 않았다.

어느 정도 술이 뱃속으로 들어가자 약간 취기가 왔다. 취한 김에 이 답답한 사내에게 따끔하게 한마디 해주고 싶은 생각이 들었다. 그래서 슬쩍 물어봤다.

"사주로 풀어본 두 사람의 궁합이 좋았습니까? 물론 괜찮았으니까 동거를 하고 있겠지만 말입니다."

필자의 물음에 사내는 계면쩍은 표정으로 말했다.

"네, 아주 잘 맞았습니다."

"그러면 됐지, 나한테 물어보는 건 또 뭐요."

"그래도 막상 혼인을 하려니 더 확실하게 알고 싶어서입니다."

남의 궁합을 봐준다는 사주쟁이의 자존심도 없냐는 말이 입 밖으로 나오려는 걸 꾹 참았다. 그러나 한 잔 마신 김에 아까부터 하고 싶었던 얘기를 술기운을 빌려 단도직입적으로 말했다.

"사주로는 좋게 나왔는지 모르겠습니다. 하지만 동거까지 하고 있는 사람들한테 이런 말을 하긴 뭣하지만 내가 보기엔 두 사람의 궁합이 좋아 보이지 않습니다."

필자의 말에 사내는 머쓱해 하며 당황한 표정이 역력했고, 여자는 정색을 하며 말했다.

"정말 그렇게 보이나요? 사주로 보는 궁합하고 관상으로 보는 것이 정반대로 나올 수도 있나요?"

"잘 맞는지 아닌지는 현재 동거를 하고 있으니 확실히 느낄 수 있지 않나요? 아직까지 잘 모르겠다면 좀더 시일이 지날수록 드러나게 될 겁니다."

"동거한지 석 달이 다 돼가요. 그런데 이상하게 날짜가 갈수록 우리 두 사람 사이가 나빠지고 있습니다. 이게 아닌데 하는 생각이 계속 들어요. 이것도 궁합이 나빠서인가요?"

여태껏 다소곳한 표정을 짓던 여자는 기다렸다는 듯이 적극적으로 말을 쏟아내기 시작했다. 괜히 남의 사생활에 개입하는 꼴이 된 필자는 서둘러 진압을 해야 했다.

"내가 술기운에 본 것이라 잘못 봤을 수도 있으니까 너무 염려 마세요."

"아니에요. 제가 한두 살 먹은 어린애도 아니고 산전수전 겪으면서 불혹을 넘긴 나이인데 왜 그걸 모르겠어요. 우린 안 맞아도 너무 안 맞고 사사건건 정반대예요. 앞으로 십년을 산다고 해도 더 나빠지면 나빠졌지 좋아지지 않을 것 같다는 생각이 듭니다."

굳이 여자의 하소연을 들어볼 필요도 없이 첫눈에도 아주 나쁜 궁합으로 보였긴 했지만, 필자가 너무 직설적으로 말한 게 아닌가 싶어 후회가 됐다. 그래서 이런저런 좋은 얘기를 해주고 자리에서 일어섰는데, 그 후 한달이 채 안되어 갈라섰다는 얘기를 당사자들한테서 들었다.

사실 두 사람의 주파수로 봤을 때 나빠도 아주 나쁜 궁합이어서 살면

살수록 서로에게 커다란 상처만 남기고 결국엔 헤어질 짝이었다. 그나마 일찍 결단을 내린 것이 다행이다 싶을 정도였다.

기氣니 에너지니 주파수니 하는 비 물질은 눈에 보이지도 잡히지도 않는다. 따라서 미신이라느니 비 과학이라느니 하며 앞뒤가 막힌 맹꽁이 같은 사람들을 상대로 상담하려면 필자는 가슴이 터질 정도로 답답해진다.

그에 대해, 이론이 아니라 현실로 드러난 수많은 상담 사례 중에서 몇 가지를 이야기해 보겠다.

사례

아빠가 미워요

"몇 살이지?"

아직 앳된 기가 가시지 않은 단발머리 소녀 둘이서 몹시 부끄럼을 타면서 고개를 옆으로 돌리고 앉았다.

"이제 고3 올라가요."

"아직 어려서 관상을 봐 줄 수 없구나. 이 담에 더 크거든 오너라."

필자의 말에 소녀는 의아해 했다.

"왜 안되나요?"

"관상은 어른이 된 다음에 봐도 늦지 않다."

"아저씨, 일부러 먼 길을 물어물어 찾아왔단 말예요."

쉽게 일어날 기미를 보이지 않았다. 의외였다.

"아직 어린 나인데 뭐가 그리 고민이 있어서 이런 델 왔지?"

"하는 일마다 안 되고 꼬여서요."

"하는 일마다? 하하하하."

말하는 게 맹랑해서 웃음이 절로 터져 나왔다.

"너네 나이면 누구든 고민이 있는 거니까 전혀 염려하지 않아도 돼. 너만 한 땐 아저씨도 그랬으니까. 그리고 너만 그런 게 아니라 네 친구들 모두 고민이 있단다. 편안하게 맘먹고 살다 보면 자연히 해결되는 것이 세상 이치다. 알았지?"

"그런데 왜 꼭 어른이 돼야지 관상을 봐주시는 거예요, 미리 알면 안되나요?"

"아니, 지금이라도 봐줄 순 있어. 그런데 나쁜 얼굴이라고 하면 네가 실망해서 의기소침해질까 봐 그런단다. 어른이라면 그걸 극복해 나쁜 점을 좋은 면으로 바꾸려고 노력을 하게 되니 살아가는데 큰 도움이 되지만 말이다."

"그럼 저는 안 봐주셔도 되는데요, 얘라도 좀 봐주세요. 간단하게요."

옆에서 친구의 이야기만 얌전히 듣고 있던 소녀의 얼굴이 붉어졌다. 좋은 얘기만 해주리라고 생각하며 얼굴을 들어보라고 했다.

"······!"

"안 좋은 관상이에요?"

필자가 무슨 말을 하려다 멈칫하니까 소녀가 당황해했다. 아뿔싸! 내 불찰이었다.

"아니, 그런 게 아니고 좋은 상이다. 그런데 부모님 두 분 다 계시니?"

"예, 다 계시는데요."

"음······, 지금 네 상은 다 좋다. 아무 염려하지 말고 공부 열심히 하면 네가 원하는 일이 차츰 이뤄질 상이다. 그런데 한 가지 부탁하고 싶은 말은, 다이어트 한다고 먹고 싶은 것 참거나 하지 말고 식사는 제때 꼭 챙겨 먹어야 한다. 너 뿐 아니라 옆에 있는 네 친구도 마찬가지야. 알았지?"

"……예. 다른 나쁜 거는 없나요?"

"응, 없어. 좋아."

"감사합니다."

소녀는 안심이 된다는 듯 인사를 하고 나가려고 했다.

"아, 참! 집에 가거든 엄마 좀 여기 오시라고 해라."

"엄마를요?"

"응, 엄마한테 할 얘기가 있어. 알았지? 꼭 한 번 들렀다 가시라고 해라,
응?"

"……예."

소녀의 상을 봤을 때 부모 중 한 쪽과 인연이 썩 좋아 보이지 않는 상이
었다. 그건 그 소녀 때문이 아니라, 부모 되는 사람 탓으로 보였다. 그래
서 엄마를 오라고 한 것이다.

그날 저녁 무렵 중년의 부인이 상기된 표정으로 들어섰다.

"아까 낮에 우리 딸이 왔었다는데요."

부인의 상이나 얼굴의 색이 썩 좋아 보이지 않았다.

"예, 따님 관상을 봤는데 나이가 아직 어려서 직접 얘길 못해줬습니다."

"우리 딸한테 무슨 일이 있어요?"

부인은 몹시 걱정스러운 표정으로 물었다.

"부모님 중 어느 한 쪽하고 인연이 몹시 멀게 보였습니다."

"인연이 멀다면……?"

"부모님 사이가 극도로 나쁘든지 직업 등으로 인해 떨어져 사는 바람에

한 쪽 부모의 정을 못 받고 살았던 상이었어요."

"어머나!"

"어지간하면 이렇게 오시라고 안했을 텐데 너무 뚜렷하게 나타나서 부모님이라도 알고 있으면 앞으로 참고가 될 것 같아 오시라고 했습니다."

부인은 어두운 표정으로 고개를 끄덕였다.

"남편하고 사이가 아주 나쁘죠?"

"우리 딸 얼굴에 그렇게 나오나요?"

"아버지하고 사이가 어느 정도 나쁩니까?"

부인은 긴 한숨을 내쉬었다.

"그 애가 맏딸이에요. 그런데도 애 아빠가 얼마나 미워하는지 몰라요. 어릴 때는 물론이고 지금도 매를 들어요."

"어허, 아빠가 술을 마시지 않은 맨 정신으로도 그런단 말입니까?"

"작년에는 얼마나 심하게 다루는지 애가 죽어버리겠다는 걸 내가 간신히 말렸어요."

그러고도 얼마 뒤, 부부 싸움 도중에 끼어드는 딸에게 아빠는 까닭 없이 트집을 잡아 뺨에 자국이 선명하도록 손찌검을 했다고 한다.

그렇지 않아도 그동안 쌓인 불만에다 사춘기 반항심이 염려되던 시기인데, 그 꼴을 당한 딸이 너무나 걱정됐다.

"아빠! 아빠는 내가 없으면 좋겠어요?"

울면서 뛰쳐나가는 딸을 달래야 하는 건 엄마 몫이었다. 이러다간 정말 다 키운 딸을 잃을 것 같은 위기가 느껴진 것이다.

딸을 달래고 달래서 산으로 바람이나 쐬고 오자며 팔을 잡아끌었다. 집이 서울 영등포 쪽인데 걸어서 북한산까지 다녀왔다. 거리가 보통 먼 거리가 아닌데도 불구하고 엄마나 딸의 현재 상황이 너무나 절박했던 때인지라 몸을 혹사해서라도 마음속에 맺힌 응어리를 풀어 주고 싶었다고 했다.

아빠와 처음 만났을 때부터 딸을 낳던 날의 감격스러웠던 기억, 지금껏 살아온 과정을 설명하고 딸이 힘들어하는 심정을 다독여 주었다.

"엄마, 난 지금 너무 힘들어. 아빠가 제발 집에 안 들어오든지 없었으면 좋겠어."

"그래, 내가 네 마음 잘 안다. 그래도 어쩌겠니. 너를 낳아 준 아빤데. 우리 조금만 더 참자. 응? 그러면 아빠도 잘못한 걸 알고 제자리로 돌아올 거야."

그런저런 이야기로 집에서 북한산 입구까지 다시 북한산에서 집으로 걸어오는데 꼬박 하루가 걸렸다. 발바닥은 물집이 잡혀서 엉망이 됐고 몸살이 나서 이틀을 누워 지내야 했다. 그래도 그 덕분에 딸이 평상심을 되찾고 다시 학교도 잘 다니고 있어서 산에 갔다 온 것은 잘한 일이라고 생각했다.

하지만 그 이후에도 가정의 분란이 끊이지 않아 힘들기는 마찬가지였다.

"남편의 외박은 신혼 초부터 시작되어 이젠 만성이 된 상태고 생활비도 입에 간신히 풀칠을 할 정도만 줘서 말이 아닙니다."

굳이 부인이 하소연 하지 않더라도 그 실상이 눈에 훤히 보일 정도였다.

"혹시 가족사진 갖고 계신 것 있습니까?"

"네, 마침 여기 오면서 필요할 것 같아서 사진을 갖고 왔습니다."

관상이란 이래서 좋다. 얼굴을 대하지 않고도 실제로 대면하는 것처럼 쉽게 문제를 집어낼 수 있고 알아 맞출 수 있기 때문이다.

부인은 지갑에서 촬영한지 꽤 된 사진 두 장을 꺼냈다. 그 중 남편 되는 사람의 상을 유심히 지켜본 필자는 가늘게 한숨을 내쉬어야 했다.

"내가 댁의 남편에 대해서 말해 볼게요. 남편을 바로 알아야 부인이 그에 대한 대비를 할 수 있는 겁니다."

이 남편은 다른 사람에 비해 특이한 성격과 사고방식을 갖고 있는 것으로 보였다.

"댁의 남편은 첫째 귀가 얇습니다. 무슨 얘긴가 하면, 어떤 일을 결정하고 행동에 옮길 때 가장 가까운 혈육이나 배우자의 의견을 먼저 들어야 함에도 남편은 그 모든 충고는 외면한 채 친구나 자신과 전혀 상관도 없는 사람 말에 솔깃해져서 일을 그르칩니다."

"그래요, 맞습니다! 남편은 내가 말하면 콩으로 메주를 쑨다 해도 듣지 않으면서 남의 말은 어디서 주워듣고 와서 터무니없는 행동을 해요."

"그래서 남편은 집안에서는 독불장군에다 독재자이지만 일단 대문 바깥에만 나가면 남들에게 인정을 베풀고 친절해서 바로 이웃에 사는 사람들조차 남편이나 그 가족들의 실상을 전혀 눈치 채지 못할 겁니다."

"어머나, 정말 그래요. 제가 이웃의 잘 아는 분들한테 내 어려운 가정 사정을 얘기하면 그 분들은 도대체 이해를 못해요. '당신 남편이 얼마나 인정도 있고 의리도 있는데 그러느냐, 당신 남편이 잘못된 게 아니라 당신이 내조를 잘 못하는 거다' 이런 식의 핀잔만 듣고 돼요. 그러다 보니까 저는 어디 가서 하소연도 못하고 속으로 끙끙 앓으며 지내고 있습니다."

그러면서 부인은 몹시 답답해했다.

"두 번째, 남편은 사춘기적 사고방식을 아직도 그대로 가지고 있어요. 그만큼 순수하냐면 순수한 것하곤 다릅니다. 사춘기 때는 어디로 튈지 모르는 럭비공 같은 돌출 행동을 하는 시기입니다. 그런데 남편은 나이가 든 지금까지도 그 사춘기적 사고방식을 고스란히 갖고 있다는 겁니다. 따라서 어린애 같은 생각과 행동으로 가족을 늘 당황케 하고 긴장하게 만들지요."

필자의 이 말이 끝나기가 무섭게 부인은 또 다시 정색을 했다.

"맞아요. 선생님! 어떨 때 보면 이 사람이 정말 어른인가 싶을 정도로 어린애같이 행동할 때가 많아요. 어떤 맛있는 음식이라도 있으면 다른 사람은 손도 못 대게 해요. 심지어는 자기 자식한테도 그래요. 그러니 내 속이 얼마나 터지겠어요. 그런 사소한 것 뿐만이 아니라 말도 못할 정도입니다."

부인은 고개를 절레절레 흔들었다. 많은 가정주부들을 상담하면서 이 남편과 같은 유형의 배우자를 둔 부인들이 하나같이 공통적으로 느끼는 현상이다.

사람은 누구나 사춘기를 거쳐 성인이 되고, 결혼을 하여 자식도 두고 사회의 험한 세파를 거치며 인격과 경험이 축적되어 발전하게 된다.

그러나 이 부인의 남편은 특이한 사람이다. 사회 경험이 쌓이고 나이가 들었는데도 사춘기적 치기어린 사고방식이나 의식에서 별로 발전이 안된 채 딱 멈춰진 상태로 오랫동안 머물러 있는 형이다.

그렇기 때문에 이 남편 같은 사람을 둔 아내가 앞으로 처신해야 할 점은, 신혼 초부터 남편을 손아귀에 꽉 틀어쥐고 남편을 부인이 앞장서서 이끌어가야 한다.

그러려면 부인이 당차고 대가 세야 되는데 신혼 때부터 기선 제압에 실패했다면, 원위치로 되돌리는 일은 엄청난 노력과 희생을 각오할 수밖에 없다. 그렇지 않고 남편에게 약한 모습을 보인다든가 여성다운 애교로 남편의 환심을 사려고 한다면 큰 오산이다.

이런 형의 남편은 배우자가 약점을 보이면 끊임없이 아픈 곳을 파고들어 절대 부인에게 양보나 폭 넓은 이해심을 보이지 않는다. 만약 남편에게 잡혀서 그렇게 사는 게 굳어져 앞으로도 계속된다면, 고난과 한숨의 세월만이 남아 있다고 해도 과언이 아니다. 게다가 주변에 하소연할 만한 이웃도 없다면 참으로 끔찍한 일이다.

위의 예가 모든 남편들에게 다 통용되는 방법은 아니며, 이 부인의 남편 같은 형에 한해서 그렇다는 것이다.

물론 이혼 이외의 탈출 방법이 전혀 없지는 않다. 그러나 효과가 그리 크지도 않고 각 개인의 차이가 있기 때문에 성공 확률을 장담할 수 없다.

그 방법은 다음 편 「내가 병에 걸린 건 남편 때문이에요」에서 보충 설명하기로 하고 여기선 딸의 얼굴 어디를 보고 부모 중 한 쪽과 인연이 멀다고 했는지에 대해서만 설명하겠다.

앞서 소녀의 얼굴을 보고 필자가 멈칫했던 이유는 이마의 상태 때문이었다. 소녀의 이마는 보통 사람과 달리 이마에 솜털이 무성하게 자라 있었다. 그것이 보기 싫을 정도로 많이 남아 있어서 전체 이마 넓이가 턱없이 좁게 보였다.

솜털이란 어릴 때는 누구든 조금씩 나있다가 성장하면서 자연스레 없어진다. 그러나 이 소녀의 상태로 보아서는 그럴 확률이 거의 없어 보였다. 이렇게 심하게 이마의 솜털이 생기는 이유는 관상적으로 두 가지 예를 들 수 있다.

첫째는, 어머니가 임신했을 당시 태아에게 영양 공급을 제대로 못했을 때나, 부부 갈등 혹은 집안의 사정으로 인해서 임신부가 정신적인 스트레스를 많이 받아 태아에게 영향을 끼쳤을 경우이다.

두 번째는, 아이가 어렸을 때 부모 사이가 엄청난 갈등이 생겼거나 직업 등으로 떨어져 사는 바람에 한쪽 부모한테 정을 못 받고 살았을 경우에 이런 현상이 생긴다.

상담 온 손님 중에 40세가 넘었는데도 남아 있는 사람을 더러 보았는데, 그것은 어릴 적 영향이 그 나이까지 간다고 보아야 한다.

부모 인연이 멀다는 건 무엇을 뜻하는가?

부모 중 한쪽이나 양쪽이 일찍 돌아가 보살핌을 못 받은 경우가 있고, 아이가 어렸을 때 부모가 이혼해서 편모나 편부 슬하에서 자라 사랑을 받지 못한 경우, 부모가 있어도 자신이 너무 어린 나이에 집을 나와 부모덕을 못 받은 경우, 같은 지붕 아래 살아도 애정을 받지 못하는 경우가 있다.

필자는 여기서 부인에게 한 가지 부탁을 했다.

"따님이 이 다음에 나이가 차서 시집갈 시기가 되더라도 결혼을 늦게 시키십시오. 서른을 훨씬 넘어 노처녀 소리를 들을 정도쯤 되어서요. 일찍 하면 초혼에 실패할 염려가 있어요."

부인은 필자의 말에 다시 놀라움을 표했다.

"어머나! 선생님도 그렇게 생각하세요? 그렇지 않아도 자기는 시집 안 가고 엄마랑 둘이 살겠다고 얘기해요. 시집가서 아빠 같은 남편 만나면 어떻게 하느냐고 걱정이 태산입니다."

부모 사이가 극도로 나쁜 환경에서 자란 아이들은 이 다음에 결혼을 하면 자신은 절대 그렇게 살지 않겠노라고 다짐하지만 불행히도 부모의 전철을 그대로 답습하면서 살아가는 사람들이 의외로 많다.

소녀같이 이마가 좁은데다가 솜털까지 무성하게 나있는 사람이라면 결혼을 늦추고 세상 돌아가는 이치와 인간관계, 부부 생활이 어떤 것이라는 걸 깨칠 수 있는 나이가 된 후에 결혼을 해야 실패가 적다.

그 나쁜 운이 어린 시절에 소멸되고 결혼하여 나이가 들면서 영향을 받지 않는다면 얼마나 다행일까. 하지만 중년이 되어도 나쁜 기운이 남아 있으니 참으로 안타까운 일이다.

남의 소문에 귀가 얇은 남편, 집에서는 독재자에다 독불 장군인데 바깥에선 좋은 평판을 받고 있는 남편, 사춘기적 돌출 행동을 하며 사고방식이 한 치도 발전하지 않는 남편, 가정을 내팽개치고 끝없는 외도나 술독에 빠진 남편, 이런 남성을 남편이나 아버지로 둔 가정은 그 정신적 고통이 말로 표현하기 힘들 정도다. 여기서 필자가 잠시 말을 멈추자 부인은 기다렸다는 듯 말을 폭포수처럼 쏟아냈다.

"어쩜 그렇게 사람을 눈 앞에 두고 본 것 같이 잘 아세요? 선생님이 말씀하신 것 전부 다 맞아요. 어머나, 세상에……."

부인은 연신 감탄사를 연발하며 감격했다. 부인이 필자의 의견에 전적으로 동감을 표시한 것은, 자신이 이렇게 속 썩고 사는 것을 이 세상에 누구한테도 하소연 할 사람이 없었는데 이 엉뚱한 장소에서 남편을 너무나 정확히 알고 있는 사람이 있다는 것이 신기했기 때문일 터였다. 그러면서 하는 말이 걸작이다.

"어쩌면 그렇게 내 남편하고 몇십 년 살아 본 분같이 잘 아세요? 저어… 죄송한 말씀입니다만… 혹시…?"

부인은 말을 채 잇지 못하고 필자의 눈치만 살피고 있었다. 그런 부인을 보자 웃음이 터져 나왔다. 부인이 내게 무슨 말을 하고 싶어 하는지 알았기 때문이다.

"말씀해 보세요. 저는 괜찮으니까요."

"저어…… 오해하지 않으셨으면 좋겠습니다. 선생님도 제 남편과 비슷한 성격이 아닐까 해서요."

필자도 남편과 같은 유형의 성격 소유자니까 그렇게 잘 알 수 있지 않겠느냐는 투였다. 그렇지 않고서야 어떻게 한 번도 본적이 없는 사람을 그리 잘 알겠느냐는 것이다.

사실 부인이 그런 의문을 가지고 있는 것도 무리는 아니다. 그러나 상

267

담을 하다보면 각 유형별로 통계가 자연스럽게 나온다. 필자는 참으로 각양각색의 사람들을 만난다. 간통이나 이혼 같은 사례는 흔히 접해 왔고. 하다못해 살인을 하고 도망 다니던 사람이 들어와 상담을 한 경우도 있다. 그리고 부인의 남편 같은 성격은 유난히 특이해 필자가 따로 분류를 해 놓았던 것이다.

"그러나 저러나 기왕 어려운 걸음을 하셨으니 부인 관상을 한 번 보고 가시죠? 무료로 봐드릴 테니까요."

"저어 이렇게 오랜 시간을 뺏은 것도 제가 송구스러운데 어떻게 제 얼굴까지……."

부인과의 상담 시간이 2시간을 넘어서자 차례를 기다리던 다른 손님들은 다음에 오겠다며 되돌아가고 있었다. 하지만 이 부인이 다시 또 상담받을 기회를 가질 수 있을 것 같지도 않은데다, 어려움을 하소연할 곳마저 없어 보여 도저히 그대로 돌려보낼 수가 없었다.

부인에게 바른 자세로 앉으라고 한 후 얼굴을 들어 보라고 했다. 부인의 얼굴을 바라보자 안타까운 마음이 먼저 들었다. 부인의 얼굴에는 남편에게 시달린 흔적이 이곳저곳에서 너무나 선명히 드러나 있었다.

"우선 건강이 몹시 나빠 보입니다. 다른 무엇보다 본인의 건강을 먼저 챙기세요. 자식이나 남편보다 부인이 먼접니다. 특히 소화기 계통 즉, 위나 장에 이상이 있을 수 있습니다. 최근에 병원 가서 진찰을 받아 본 적이 있나요?"

"아니요. 이제껏 병원에 갈 엄두도 못 내고 살았어요. 그렇지 않아도 몇 달 전부터 이상하게 소화가 안돼 불편하긴 했어요."

부인의 얼굴 특정 부위엔 분명 위나 장이 취약하다는 게 나타난 데다 혈색까지 썩 좋지 않게 보였다.

"그리고 집안에서 살림만 하지 말고 본인의 직업을 가지세요. 그것이 부인 자신의 정신 건강이나 육체 건강에 커다란 도움이 될 겁니다."

그러자 부인은 정색을 하며 물었다.

"선생님! 정말 제가 직업을 가지면 좋겠어요? 그렇지 않아도 직장에 다녀볼까 망설이고 있었거든요."

"남편 얼굴만 바라보고 집안에서 살림만 한다면 부인의 명이 짧아져 오래 못 살아요. 남편으로 인한 스트레스를 온몸으로 받아내야 하는 입장에서 응어리진 마음을 다른 곳으로 분출하지 못하기 때문입니다. 그러니 육체적으로는 조금 힘들겠지만 일을 갖게 되면 심신을 안정시키는데 훨씬 도움이 될 겁니다."

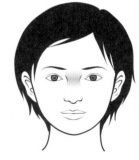

콧대의 회색빛 반점은 소화기 계통 등 내부 장기 기관에 이상 징후가 있다는 뜻이다.

부인이 소화기 계통에 이상 징후가 있을 거라고 한 것은 콧대 윗부분 즉, 눈과 눈 사이에 회색빛 반점이 꽤 넓게 퍼져 있는 것을 보았기 때문이다. 이 부분에 흠이 있으면 내장에 병이 진행 중이거나 특히 약한 걸 나타낸다.

"선생님 감사합니다. 선생님 덕분에 제 딸년을 어떻게 간수해야 하는 것도 이제 알았고 남편한테 대처하는 법도 배웠습니다."

부인은 민망할 정도로 몇 번씩이나 머리를 숙이며 인사했다. 부인과 딸이 좀더 꿋꿋하게 홀로 설 수 있기를 팔자는 마음속으로 간절히 바랬다.

내가 병에 걸린 건 남편 때문이에요

"큰 병 치레를 하셨네요. 남편 때문에 속을 많이 썩으면서 살고 있죠? 혹시 지금 남편 사진 갖고 있나요?"

몸의 균형도 약간 무너진 상태에다 몹시 지친 모습의 중년 여자는 조금 전까지도 울었는지 눈이 부어있었다.

한숨을 푹푹 내쉬며 내놓는 남편의 사진에 나타난 궁합은 앞의 「아빠가 미워요」에서 예를 든 그 부인과 흡사한 부부관계라고 보면 틀림없었다.

"유방암 수술 받은 지 얼마 되지 않았어요. 어제 밤에 남편하고 싸우고 집에서 나왔습니다. 선생님! 어떡하면 좋죠? 이혼해야 되나요? 남편 성격을 바꾸는 방법은 없을까요?"

부인의 얼굴이 불그죽죽 부어있는 것은 남편에게 폭행을 당해서 그런 것이라 했다.

"부인이 남편과 스무 해 넘게 살아왔다곤 하지만, 남편의 성격과 행동을 잘 이해하지 못하고 있을 겁니다."

"그런 것 같기도 해요. 남편이라는 사람을 알 것 같으면서도 어떤 때 보면 도무지 이해 못할 행동을 하곤 해서 지금도 종잡을 수가 없습니다."

부인의 얼굴은 걱정과 불안과 분노, 허탈감, 피곤 등등이 혼합된 상태여서 정서적으로 매우 불안정해 보였다.

"남편 직업이 뭔가요?"

"얼마 전에 명예퇴직한 뒤에 놀고 있어요."

"직장 다닐 때보다 얼굴 부딪히는 시간이 많아서 훨씬 힘들지요?"

부인은 양미간을 찡그리며 대답했다.

"예, 다른 사람들은 오랜만에 부부가 오붓한 시간을 가지게 됐다고 좋아하던데 저는 정 반대예요. 남편이 직장 다닐 때랑 별로 달라진 건 없지만 요즘은 하루 종일 얼굴을 부딪치며 살려니까 끔찍합니다."

부인은 그런 생각을 하는 자체도 싫은 듯 머리를 흔들었다.

남편이라는 사람이 도대체 어떤 사람이기에 오랜 부부생활을 해온 당사자가 이토록 진저리를 칠까?

"부부 싸움을 하고 난 뒤에 남편이 잘못했다고 시인할 때도 있긴 있나요?"

"이제껏 살아오면서 딱 한 번 있었어요. 언젠가 심한 매를 맞아서 병원에 입원한 적이 있었습니다. 그때 딱 한 번 미안하다고 말했지만 그 뒤로도 행동이나 말이 전혀 달라지지 않았어요."

"댁의 남편이 미안하다고 말했다고 하지만 실제론 자기 자신이 뭘 잘못했는지 이해 못하는 사람입니다. 논리가 있어서 '선은 이렇고 후는 저런데' 하면서 전후를 잘 분간해 조리 있게 설득하지 않고 즉흥적이기 때문입니다."

필자의 말을 받아 부인이 말을 이었다.

"거기다가 가정에서 일어나는 부끄러운 일들은 되도록 다른 사람한테 얘길 안해야 하는데, 남편이란 사람이 마누라 흉을 무슨 자랑거리라고 동네방네 떠들고 돌아다녀서 제가 얼굴을 못 들고 다닙니다."

그 점 또한 이 형의 특징이라고 할 수 있다. 부인을 험담하면서 은연중에 자신의 자랑을 늘어놓는 행태. 그것이 결코 자신이나 가족에게 전혀 득 될 게 없는 짓인데도 남들로부터 자신에게 쏟아지는 손가락질은 보지 못한 채 누워서 침 뱉기를 계속한다.

그 원인을 거슬러 올라가 보면, 사람은 누구든지 개인의 독특한 파장을 갖고 있다. 이 부인의 남편 되는 사람은 상대를 밀어내고 거부하는 묘한 파장을 갖고 있다.

자석을 - 와 - 끼리, + 와 + 끼리 맞대 놓으면 서로 밀어내는 성질이 있다는 것을 우린 알고 있다. 바로 그 비슷한 파장을 이 부인의 남편이 갖고 있다고 보면 된다. 자신과 살을 부대끼며 살지 않는 먼 친구나 이웃들에게는 잘 대해주면서 가까운 혈육이나 한 지붕의 가족에겐 이상하게도 밀어내는 독특한 파장을 갖고 있는 것이다.

그러니 가족은 다른 사람들에게 하소연도 못하고 벙어리 냉가슴 앓듯 속으로만 끙끙 앓게 되고 그것이 오랜 세월 쌓이게 되면 이 부인처럼 화병이 생기게 되는 것이다.

가까운 이웃에게 하소연조차 할 수 없도록 남편 되는 사람이 부인 험담을 떠벌리고 다녔으니 오죽하겠는가. 부인이 남편에 의해 쌓인 오랜 스트레스의 결과로 결국 암에 걸리게 되었고, 우울증 때문에 정신과 병원에

드나들게 된 것이다.

그러나 남편 되는 사람이 그 사실을 이해하느냐 하면 천만의 말씀이다. 설혹 말로는 이해한다고 할지 몰라도 그건 어디까지나 말뿐이며 자신이 해왔던 언행이나 사고방식을 바꾸지는 않는다. 그 이유는 어릴 때부터 사물에 대한 관찰력이 보통 사람에 비해 훨씬 떨어지고 수박 겉핥기식으로 얼렁뚱땅 살아왔기 때문이다. 그런 성격이 굳어진 탓에 다른 사람에 비해 세상 보는 시야가 좁을 수밖에 없다.

그렇다면 그 눈이 언제나 뜨일까? 필자의 통계에 의하면 50세가 넘어야 어렴풋이 아는 경우를 여러 번 봐왔다. 그러나 그 안다는 것도 비슷한 연령층에 비해 턱없이 수준이 낮다. 그런 상태의 인성을 갖고 있는 사람과 가까이서 대화를 하다보면 필자의 가슴이 답답해지는 것을 여러 번 느끼게 된다. 우물 안 개구리같이 좁아터진 시야가 상대방을 한숨짓게 만드는 것이다. 그런데 같은 지붕 밑에 사는 가족들이 겪는 심적 고통은 이루 말로 표현할 수 없을 터이다.

상대방과 의견 충돌이 있으면 논리를 내세워 조목조목 상대방을 설득하는 게 아니라 앞의 원인을 무 자르듯이 자르고 자신의 주장만 우겨대니 어디서 뭐가 잘못됐는지 알 수가 없다. 이런 습관이 굳어진 상태로 나이가 들어 어떤 문제에 부딪히게 되면, 문제 해결 능력이 다른 이에 비해 현저히 떨어지게 된다.

"언젠가는 차를 운행하다가 펑크가 났나 봐요. 그러면 114에 물어 가까운 정비소 같은 곳에 연락해 고쳐야 하는데도 집에 있는 저한테 전화해서

273

어떻게 했으면 좋겠느냐고 걱정을 늘어놓더라고요. 너무 기가 막혀 정비소 전화번호를 일러주고는 쉰이 다 된 나이가 의심스럽다고 잔소리를 좀 했어요. 그날 밤에 또 한바탕 큰 싸움을 했지요. 펑크가 났다는데 와 보지 않았다고요. 선생님, 생각해 보세요. 한 시간 넘는 거린데 제가 거길 가서 무슨 도움이 되겠어요. 너무 한심해요. 다른 남자들도 그러는지 모르겠습니다."

"사진에 보니까 자녀들하고 사이도 썩 좋지 않게 보이는데요?"

"네, 삼 남매를 뒀는데 매일 싸우는 것만 보고 커서 그런지 부모에 대한 정이 없어요."

가족사진에서 본 아들딸에게서도 정서불안의 상이 뚜렷이 느껴졌다. 이 아들 딸들이 언젠가는 결혼을 하고 한 가정을 꾸리게 될 것이다.

다 그런 건 아니지만 부모 사이가 극도로 나쁜 환경에서 자란 아이들은 결혼을 늦게 하든가 독신으로 지내는 경우가 의외로 많다. 그것은 부부관계에 대한 두려움 때문인 듯하다. 자신도 부모와 같이 저렇게 지지고 볶는 삶을 살게 될까봐 무의식적으로 결혼을 미루거나 회피한다고 볼 수 있다.

앞글에 나오는 소녀가 결혼을 하지 않고 혼자 살겠다고 한 말도 그런 이유 때문일 터이다. 또한 결혼에 골인 하더라도 이상하리만치 부모의 전철을 답습하게 되는 걸 흔히 볼 수 있다.

부부간에 어떤 문제로 갈등이 생겼을 때 순리대로 풀거나, 설득을 하거나, 양보를 해가며 해소해야 하는데도 그렇게 하지 못하는 것이다. 그것은 바로 그 화해의 방법을 자신의 부모로부터 보고 배우지 못했기 때문에 일어나는 악순환이라고 할 수 있다.

　과연 이런 형의 남편에게 부인이 현명하게 대처하려면 어떻게 해야 할까?

　앞의 글에서도 설명했지만, 신혼 초에 잡지 못했다면 앞으로도 어려운 부부생활만 남았다고 볼 수 있다. 그래도 가정을 포기할 수 없다면 다음 방법을 강구해 보라고 권한다.

　남편이라는 사람이 사춘기적 치기와 의식수준에서 한 치도 발전이 안 된 상태이니 집안의 가장이나 남편으로만 보면 안 된다. 즉 부인되는 사람의 의식 전환이 필요하다는 뜻이다.

　첫째, 남편으로 보지 말고 친정집 남동생 대하듯 해야 한다. 아니면 남편의 친어머니처럼 행동해야 한다. 어차피 남편은 언행이 어린아이와 비슷한 수준이다. 그리고 가장으로서의 판단능력이 떨어지기 때문에 남편 자신도 아내가 뛰어난 참모형이 되어 줄 것을 내심 원하고 있다.

　남편의 귀가 얇다고 한 것도 자신이 판단할 능력이 부족하기 때문에 이 사람 저 사람의 소문에 의지하려는 것이다. 그래서 다른 사람 눈에 변덕이 심한 사람으로 비춰지게 되는 것도 무리가 아니다.

　바깥에서 힘들어하며 집에 들어오는 남편 어깨를 부인이 늘 감싸 안아주는 형태로 살지 않으면 남편은 부인을 극도로 불신하게 된다. 남편은 귀엽고 얌전한 형의 아내를 바라는 게 아니라 누나나 어머니같이 푸근하며 해결사 노릇까지 해주는 여성상을 원하는 것이다.

　자신의 보호자 역할을 부인이 잘못 해준다고 판단되면 남편은 아내의 말을 철저히 무시하고 인격까지 깎아내린다. 그리곤 집보다 바깥에서 그런 형의 여성상을 끝없이 찾아 헤맨다. 그러다가 한 번 바람이 나면 이 세상 그 누가 와서 말려도 안될 만큼 줄기차게 계속한다.

사람은 이성을 사귈 때 크게 두 가지 유형으로 구분할 수 있다.

첫 번째는 상대방 이성에게 자신의 역량을 조금씩 보여줘 늘 새로운 사람같이 신선해 뵈는 이미지를 풍기는 형으로 언제나 새로운 화젯거리로 상대방을 즐겁게 해준다. 양파 같은 사람이며, 속에 지식이 많이 쌓여 있어 마르지 않는 샘물 같은 사랑을 한다.

그에 비해 이 부인의 남편은 정반대 형이다. 여자를 만나면 자신의 모든 역량이든 비장의 무기든 빠른 시일 내에 100% 보여줘야 직성이 풀린다. 거기다 의욕이 늘 넘쳐난다. 의욕은 누구나 갖고 있지만 치밀한 계획과 계산에 의해 자신이 있다고 판단될 때 실행에 옮겨야 함에도 불구하고, 자신의 능력이나 주변 여건은 전혀 고려치 않고 일단 저질러놓고 보는 것이다. 나중에 뒷수습은 가까운 사람들 몫이니 그 고충이야 말해 무엇 하겠는가.

이런 형일수록 의외로 외간 여자가 잘 따른다. 그렇게 자신의 모든 것을 전부 보여주고 끈질기게 접근하는데, 안 넘어 갈 여자가 얼마나 될까?

그러나 그 수박 겉핥기식 같은 사랑도 3개월을 넘기지 못한다. 왜냐하면 초반에 모든 비장의 무기들을 남김없이 보여줬으므로 신비감이나 능력, 새로움이 다 사라져 상대방 여성이 식상해하며 자기 자신도 그런 분위기를 못 견뎌한다.

사물에 대한 애정이나 관찰력이 떨어지므로 알고 있는 지식이 금방 바닥을 보이게 된다. 그래서 또 다른 새로운 여자 사냥에 나서게 되고 본인이 원하건 원치 않건 바람둥이가 되는 것이다.

그런데 만에 하나 딴 여자를 탐하지 않는 형이라면 술로 자신의 스트레스를 해결하려는 형이라고 보면 된다. 이런 형은 고주망태 상태로 아내나 자식에게 뜻 모를 욕구불만을 쏟아낸다.

또 한 가지, 부인이 남편의 누나나 어머니 역할을 해 줄 때 유념해야 할 것이 있다. 너무 지나치게 간섭하면 안 된다는 점이다. 잔소리나 지나친 간섭은 어디로 튈지 모르는 럭비공 같은 사람을 견디기 힘들 정도로 속박해 집에 들어오길 꺼리게 만든다.

두 번째는 앞의 예와는 반대로 남편을 완전 무시하는 방법이다. 남편을 아예 그 집안에 없는 사람이라고 치부하고 사는 것이다. 그렇지만 식사나 빨래 같은 기본적인 것은 잘 챙겨주라고 권하고 싶다. 그러나 이 방법이 좋다고 장담할 수 없는 이유는 자신을 무시한다고 느끼게 되면 그 즉시 투정할 것이 뻔하기 때문이다.

관심을 너무 가져주면 그것을 부담스러워하면서 가장으로서의 책임을 회피하려 하고, 관심을 안 가져 주면 그걸로 시비를 건다. 그래서 어린애가 따로 없다고 한 것이다.

필자의 설명을 듣고 스스로 감정을 억제하지 못해 울먹이던 부인은 상담이 거의 마무리 되어가자 하소연하듯 말했다.

"그럼 저는 앞으로도 계속 남편 때문에 속을 썩으면서 살아야 되나요?

다른 방법은 없나요? 저는 지금 이혼을 생각하고 있습니다."

"이혼은 부부관계에서 중요한 문제이므로 제가 입장을 표시한다는 것이 참으로 난처합니다."

부인은 절망적인 표정이 되었다. 알고 보면, 사실 이런 형의 남편은 겁이 많은 사람이다. 그래서 부인이 이혼을 각오하고 강력하게 맞대응한다면 부인을 그리 호락호락하게 못 볼 것이다.

필자가 그런 형의 남자 심리를 꽤 여러 번 확인했었는데 이 부인에게는 차마 그 같은 방법을 알려 주지 못했다. 그 이유는 현재 부인의 몸 상태나 정신 상태가 최악이어서 도리어 건강을 크게 해칠 우려가 있기 때문이었다.

"이혼 이외의 한 가지 방법은 부인이 직업을 갖거나 취미를 가지는 길입니다. 직업을 갖게 되면 집안에서 겹겹이 쌓였던 욕구불만도 해소될 것이고 건강도 좋아질 겁니다."

"저도 그런 생각을 여러 번 가져봤습니다. 가게를 얻어 뭘 해볼까 해서요. 그런데 이제껏 집안에서만 생활하던 사람이라서 자꾸 망설이고 있는 중이에요."

"부인의 상으로 봤을 때 이제껏 능력 발휘를 못해서 그렇지 시작하면 잘 할 수 있을 겁니다. 무엇보다 남편하고 얼굴 대면하는 시간을 최소한으로 줄이는 데 더 큰 목적이 있습니다. 어떻게든 남편의 시야에서 되도록 떨어지세요. 만약 지금 상태로 부부사이가 계속 악화된다면 부인은 명까지 단축된다는 걸 알아야 해요."

부인은 내일 당장 자신의 일을 찾아보겠노라고 되뇌었다.

그럼 이 남편과 같은 사람을 구제할 수 있는 여성상은 없는가? 있다! 그 돌출 행동을 잠재우든가 역으로 이용해 긍정적인 방향으로 이끄는 짝이 분명히 있다.

이 남편과 같은 독특한 주파수와 융합이 아주 잘 되는 사람이 따로 있는데, 그런 남녀가 만나서 산다면 최고의 찰떡궁합이라고 할 수 있을 것이다.

위에서 필자는 유방암과 우울증에 걸린 상태에서도 오늘 이 시각까지 남편에 의한 폭력과 정신적 고통 속에 살고 있는 사십대 중반 여인의 사례를 실제에 가깝게 옮겨보았다.

이 글을 읽는 독자 분들은 믿지 못하거나 반신반의하는 분들이 대다수일 것이다. 필자 자신도 사무실을 개설한 초기엔 믿어지지가 않았다. 이렇게 속을 썩이는 남자가 실제로 있을까하고 말이다.

그러나 필자는 이제까지 상담을 의뢰한 수많은 가정주부들을 상대로 통계를 내봤으며, 남편 문제로 상담한 경우 80% 이상 되는 사람들이 위의 남편과 똑같거나 비슷한 남편을 둔 주부들이라는 것만 밝혀둔다.

여기서 필자가 염려되는 부분이 있었다. 위의 남편 되는 사람의 성격 때문에 빚어지는 가정사가 그 당대에서 끝나는 게 아니라는 점이다.

그래서 필자에게 그런 형의 남편이 상담을 받으러 오면, 성격상 결함에서부터 행동, 가족을 대하는 방법에 이르기까지 매우 직설적으로 얘기해 알아듣도록 한다. 한편으론 얼굴이 붉어질 정도로 따끔하게 야단도 친다. 그러나 그에 대해 반발하거나 거부한 경우는 거의 없었다.

단추를 잘못 꿴 젊은 부부들

30대 초반의 젊은 부부가 찾아 왔다. 남편 쪽도 그렇지만 부인 역시 관상이 아주 좋았다. 거기에다 관상으로 나타난 성격 또한 나무랄 데 없었다. 이런 사람들이 뭐가 답답해서 왔을까 의아해하며 궁합을 맞춰보았는데, 필자는 자신도 모르게 무릎을 치며 몹시 안타까워 했었다.

두 사람은 대기업에서 함께 근무하며 3년의 열애를 거친 뒤 결혼한 사내 커플이었다.

"저희는 지금 이혼을 심각하게 고려하고 있습니다."

한창 깨가 쏟아져야할 시기인 결혼 2년차의 부부 입에서 이혼이라는 말이 나왔으니, 그들의 부모 되는 분들이 펄쩍 뛰고 난리가 난 것이 당연했다.

"너희들이 뭐가 부족해서 이혼을 해? 뭐가 부족하냐고……. 남들처럼 인물이 못났니, 직장이 시원찮니? 최고 대학 나왔고, 성격에 문제가 있는 것도 아니고, 술버릇이 나쁘거나 노름을 하는 것도 아니고, 그렇다고 바람을 피운 것도 아닌데……."

부모들은 그들이 이혼을 생각하고 있다는 것 자체를 이해할 수 없었다. 건강에 이상이 있어서 마누라 독수공방시키는 것도 아니고, 아이를 못 낳는 것도 아니었기 때문이다. 부모들이 못났거나 양가 부모들이 사이가 나쁜 것도 아닌데 그 이유를 몰라 답답해했다.

"부부간에 작은 말다툼은 누구든지 있을 수 있는 일이란다. 연애 기간 동안에는 전혀 몰랐던 사소한 것까지 알게 되는 과정에서 생기는 갈등은, 세월이 흐르면서 차츰 닮아가며 해소가 된단다. 그러니 참고 살아라."

친정어머니의 설득에도 요지부동이었다.

필자는 알고 있다. 누구든 부러워할 것 같은 이 완벽해 보이는 한 쌍이 이혼을 결심하게 된 배경을……. 그러나 짐짓 모른 척 하면서 그들에게 물어 봤다.

"결혼하기 전 과거 애인 문제 때문은 아니지요?"

"전혀 아닙니다."

두 사람은 약속이나 한 듯이 동시에 대답했다.

"그것도 아니라면, 다들 잘 맞는 커플이라고 부러워할 것 같은데, 이혼을 결심한 특별한 이유가 있나요?"

두 사람은 선뜻 대답을 못하고 미적거리다가 여자 쪽에서 입을 열었다.

"성격차이 때문입니다."

역시 필자가 짐작했던 대로다. 그들은 자신들 앞에 넘지 못할 거대한 벽이 있다는 것을 알게 된 것이다. 그에 대한 적절한 표현은 하지 못했지만 진단은 정확했다.

그런데 이 성격차이라는 게 좀 애매하다. 대부분의 관상가나 사주보는 사람들은 음양 오행의 이치를 들이대며 성격이 정반대 짝끼리 만나도 궁합이 잘 맞는다고 주장하는 사람이 많다.

즉, 성격이 급한 사람과 느긋한 사람, 적극적인 사람과 소극적인 사람, 사교적인 사람과 배타적인 사람, 외향적인 사람과 내성적인 사람, 감성적인 사람과 이성적인 사람처럼 말이다.

성격상 반대되는 유형끼리 짝을 지우면 서로의 장단점을 보완해 주는 관계에 있기 때문에 그 궁합법이 어쩌면 합리적이고 타당하게 보인다.

그러나 그것만 비교해서 궁합이 맞다, 안 맞다 하는 사람이 있다면 참으로 어리석고 한심한 일이다. 하나는 알고 전체는 못 보는 우물 안 개구리가 될 수 있기 때문이다.

다시 말해서, 그런 음양설만 굳게 믿고 궁합을 맞추면 인생 자체가 망가질 수도 있을 정도로 위험 부담이 크기 때문이다. 자신의 인생 망치는 거야 누가 뭐라고 않겠지만 그런 잣대를 들이대며 다른 사람까지 강요한다면 두고두고 원망을 듣게 될 것이다.

성격이라는 것은, 말은 간단해도 그 범위가 아주 넓다. 또한 그것을 판단하는 사람이 주관적으로 봤느냐 객관적 시야로 봤느냐에 따라, 보는 각도에 따라 차이가 크게 난다. 내가 보기엔 얌전한 것 같은데 다른 사람이 보기엔 성질이 고약하고 날카롭게 보일 수도 있기 때문이다.

그러나 관상에 나타난 성격 구분법은 쉽고 공정하면서도 정확하다고 말할 수 있다. '생긴 대로 논다'는 말이 바로 얼굴에서 비롯됐으니까 말이다.

그렇지만 관상에서 나타난 성격이라고 해서 궁합에 절대적이라고 보지는 않는다. 그보다 더 중요하고 원초적인 문제가 있기 때문이다. 그것은 바로 주파수(사이클, 기, 파장)를 맞추는 것이 다. 주파수 궁합이라는 것은 그 어떤 궁합법보다 중요하고 맨 윗자리에 해당된다.

위 부부를 봤을 때, 얼굴도 잘 생겼고, 직업도 좋고, 재산 복도 좋고, 성격도 좋은데 서로 상대방에게 못 견뎌하는 것은 바로 주파수가 정반대 형이어서 그렇다.

일단 주파수부터 따져보고 거기서 맞으면 얼굴에 나타난 성격이나 취향, 사고방식을 비교해 진단을 내리는 것이 중요하다. 무슨 말인가 하면, 얼굴에 나타난 다른 부위에서 서로가 잘 맞을 것 같은 짝도 주파수가 다르다면 궁합이 썩 좋다고 보지 않기 때문이다.

그것을 증명하는 예는 무수히 많다. 그 실제 사례 중 하나로 대중적으로 많이 알려진 연예인을 들어보겠다. 그러나 여기 등장하는 사람은 인기 연예인이어서 개인 프라이버시와 관계가 되는데다 사생활 보호 차원 등, 그에 따른 여러 문제가 걸려있기 때문에 자세히 이름을 밝히지는 않겠다.

언젠가 텔레비전 프로그램에 여자 연예인이 나와서 자신의 장래 신랑감을 시청자들에게 소개하는 화면을 본 적이 있다. 자신은 여성적인 성격인데 남편 될 사람은 적극적이고 활달한 전형적인 남자 성격이어서 음양오행에 따라 궁합이 잘 맞을 거라며 밝게 웃는 것이었다.

그 순간 필자는 '저런!' 하며 많이 안타까워했다. 여성 스스로가 진단한 자신들의 성격이니 틀린 말은 아니겠지만, 필자의 눈에는 두 사람이 주파수가 반대되는 짝으로 보였던 것이다.

그 여성이 앞으로의 부부 관계를 희망차게 이야기한 것과는 달리 사고방식, 취향, 성격, 관심 분야 등등 두 사람의 내면에서 일어나는 마음이 정반대여서 사사건건 의견 대립을 하며 많은 시련이 있을 커플로 보였다.

얼마 후 두 사람이 결혼했다. 예전에는 방송마다 그녀의 얼굴로 도배가 될 정도로 활발히 활동을 했는데, 결혼 이후에는 그녀의 모습을 쉽게 볼 수가 없었다. 신혼인데다가 아이를 낳아 기르느라 그럴 수도 있을 것이라 생각했다.

그렇게 몇 년이 지난 어느 날, 그녀가 어떤 잡지에 등장한 모습을 봤다. 사진 상으론 분명 웃고 있었는데, 몰라볼 정도로 수척해진 얼굴이었다. 마치 큰 병치레를 하지 않았나 싶을 정도로 꼴이 말이 아니었다. 남편 뒷바라지를 하며 아이를 낳아 기르는 문제가 생각보다 힘들었겠지만, 그렇다 하더라도 어쩌면 저렇게 달라질 수 있는지 참 안타까웠다.

앞의 부부와 흡사한 궁합의 또 다른 연예인 커플에 대해 관상가 입장에서 관심을 가지고 지켜본 적이 있다.

그들은 위의 사람들보다 더욱 나쁜 극단의 짝이었는데, 그래선지 우려했던 결과가 훨씬 빨리 나타났다. 그들의 뒷이야기를 들어보면, 서로 전혀 맞지 않는 짝이었다는 걸 먼저 알아챈 여자 쪽에서 결별을 선언했다고 한다.

필자는 그 두 남녀가 결혼 직전에 텔레비전에 출연해 밝게 웃으며 희망찬 이야기를 주고받을 때부터 상극의 짝이라는 걸 바로 알아차렸는데, 여자 쪽에서 몸 고생, 마음 고생하며 참고 또 참다가 몇 년의 세월이 흐른 뒤에 헤어지게 된 것이다.

당사자로서는 지나치게 성급히 결혼을 한 것과 이혼을 너무 늦게 결심한 것을 두고두고 통탄할 노릇이다. 힘든 세월을 거치며 사경을 헤맬 정도로 병든 몸에 피폐해진 마음은 어디서 보상받을 것인가. 소위 인기를 먹고 사는 사람으로서 앞으로 대중적 이미지 회복이 그리 쉬워 보이지는 않는다. 그것은 남자 쪽 역시 마찬가지리라.

그런데 남자 쪽에서는 아직까지 자신들이 헤어지게 된 원인을 알지 못하고 있는 것 같았다. 그렇게 되면 그는 이번뿐만이 아니라 앞으로도 반복적으로 아픈 이별을 감수해야 될 듯싶다.

여자 쪽은 그 충격으로 연예인 생활을 완전히 접은 것 같다. 그것은 남자 쪽에서 잘못한 것도 아니고, 여자 쪽에서 잘못한 것도 아니다. 서로가 짝을 잘못 선택한 데서 온 것이니까 말이다.

혼자서는 외롭고 거친 세상을 헤쳐 나가기가 버거워 울타리를 치고 서로 감싸주고 북돋워 주며 행복하게 살자는 것이 결혼인데, 궁합이 전혀 맞지 않는 짝들이 한 순간의 잘못된 판단으로 평생을 두고 고통 속에 산다면 이 짧은 인생길이 너무나 힘들고 슬프지 않은가.

사주와 음양오행만으로 따져 본 궁합이 잘 맞을까

옛 사람들은 궁합 맞추는 법으로 음양오행의 원리를 이용했다. 음양오행이란 금기, 목기, 수기, 화기, 토기 다섯 가지 기운이 천지 우주 공간에 충만하여 봄, 여름, 가을, 겨울의 사계절을 만든다고 본 것이다. 그리고 오행이란 다섯 가지 기氣의 순행 운동을 말한다.

이런 음양의 이치로 관상과 남녀 궁합을 맞추는데 이용했다. 코가 큰 사람은 작은 사람과, 입이 작은 사람은 큰 사람과 짝을 맞추는 식이다.

그러나 필자는 이 방법이 꼭 맞아 떨어지지 않는다는 것을 주장하려고 한다.

필자가 좋은 상이란 이러저러하게 생긴 모습이라고 말하니까 애인이나 배우자감으로 관상만 좋으면 당연히 궁합도 잘 맞을 거라고 착각하는 사람들이 의외로 많다. 그러나 관상이 좋은 것과 궁합 잘 맞는다는 의미는 전혀 별개 문제다.

언젠가 20대의 ㄱ이라는 여자가 상담이 끝날 때쯤 애인 사진이라고 꺼내 놓으며 궁합이 잘 맞겠는지 물어왔다. 남자의 신상에 대해 이것저것 물어본 후, 궁합이 전혀 맞지 않으니 하루라도 빨리 헤어지는 게 좋겠다고 말해줬다. 얼굴 관상이 좋으니 궁합도 당연히 잘 맞을 거라는 답을 기대했다가 필자의 극단적인 말에 여자는 조금 당황해했다.

"저하고 궁합이 맞지 않는다고요? 어디가 어때서 그런 거죠?"

"사진으로 본 남자의 관상은 상당히 좋은 편에 속합니다. 그러나 두 사람간의 궁합은 극과 극끼리 만난 형이라 전혀 맞지 않으니 빨리 정리하는 게 좋겠습니다."

"결혼까지 생각하고 3년 동안 깊이 사귀고 있습니다. 그런데 이제 와서 헤어지라니 너무 의외네요."

"그동안 사귀면서 성격이나 사고방식이 잘 맞던가요? 심하게 다투어 본적은 없었나요?"

"남자 성격이 유별나고 저와는 많이 다르다는 것을 처음부터 느끼고 있었어요. 그래서 그런지 만날 때마다 아무것도 아닌 일로 크게 다투곤 했어요. 어제도 크게 싸웠습니다. 그래도 그 남자는 내 첫사랑이고 이미 깊은 관계까지 가서 지금 헤어지고 싶어도 맘대로 안 돼요."

"저는 남의 결혼이나 궁합에 대해 극단적으로 말하지 않습니다. 어지간하면 좋은 말로 덕담을 해주려 하지요. 그러나 이 남자와 댁은 물과 기름, 개와 고양이 같은 앙숙 관계입니다. 그래서 이렇게 심한 표현을 쓰면서까지 관계를 정리하라는 겁니다."

"우리 사이가 그렇게까지 안 맞나요? 잘 맞지 않는다는 걸 우리 두 사람도 이미 알고 있어요. 그래도 결혼하면 좋아질 거라 생각하고 그걸 기대하고 있습니다."

"물론 연애할 때는 심하다 싶을 정도로 싸우다가도 막상 결혼하면 잘 사는 사람들도 있어요. 그러나 댁과 이 남자는 결혼하면 연애할 때보다 훨씬 더 심각한 성격 차이 때문에 같은 지붕 아래에서 생활하기가 어려울 겁니다."

"힘들 거라는 예상은 했지만 그렇게까지는 생각을 안 해봤어요."

"내가 수많은 부부들을 상담했는데 죽지 못해 산다는 사람들의 궁합이 당신네들과 거의 틀리지 않는 극단적인 궁합들이었어요. 아직 같이 사는 것도 아니고 지금은 애도 없지만, 결혼하고 애가 생긴다면 그때는 이혼하고 싶어도 이혼을 할 수 없으니 평생을 한숨과 눈물을 흘리며 살아야할 겁니다."

"어머나, 그렇게까지……"

문제는, 남자 친구나 ㄱ의 관상이 나빠 그런 것이 전혀 아니라는 사실이다. 남자 친구에게는 그에 잘 맞는 궁합의 여성이 따로 있고 ㄱ 역시 궁합이 잘 맞는 남자가 다른 곳에 있다는 뜻이다.

ㄱ의 경우와는 반대로 관상이 비록 좋지 않더라도 궁합이 아주 잘 맞아 부부의 연을 맺으면 상승효과가 생기는 커플도 있다.

그리고 얼굴 궁합이나 체형, 두 사람의 파장을 비교해봤을 때 전혀 맞지 않는 상극의 짝들이 가끔 있는데, 그들에겐 단단히 주의를 주든가 야단을 치는 경우도 있다.

필자가 민감한 남녀 관계에 그토록 깊숙이 개입하는 이유는 오랜 상담 사례와 인생 선배로서 확고부동한 노하우가 있고 그 방면에 자신이 있기 때문이다.

그런데 필자의 속 깊은 말뜻을 신중하게 헤아리지 못하고 결혼까지 하겠다고 우기는 고집스런 짝들을 볼 때마다 너무 가슴이 답답하고 한심한 생각을 지울 수 없다. 그들에게는 극단적인 용어를 사용해서라도 꼭 결혼을 말린다.

"좋습니다. 그렇게 죽고 못 사는 사이라면 내가 제3자 입장에서 굳이 욕먹어가면서 말리고 싶은 생각은 없습니다. 그러나 이렇게 힘들게 얘기해 주는데도 말귀를 못 알아듣는다면 더 할말이 없습니다."

이토록 목이 쉬도록 신신당부를 하는데도 불구하고 필자의 말뜻을 이해 못한다면 그들의 운명이라고밖에 달리 해석할 도리가 없지 않은가.

조선시대 때는 혼인하기 전에 생년월일시를 놓고 사주를 비교해 신랑 신부의 궁합을 맞춰본 뒤, 서로 얼굴도 한번 못 본 채 혼례를 치렀다고 한다. 당시 가부장적인 사회 구조상 그런 결혼이 가능했고 일단 결혼을 하면 출가외인이라는 딱지가 여성에겐 붙게 되어 죽으나 사나 그 집 귀신이 되어야 한다는 철칙이 통했던 것이다.

그런 걸 의미하는 '여자 팔자 뒤웅박 팔자' 라는 속담도 있다. 박을 쪼개지 않고 속을 파내어 주로 씨앗을 넣는데 사용한 것을 뒤웅박이라고 한다. 입구가 좁아 한번 넣으면 나오기 힘든 것에 빗대어 여자가 남자를 잘못 만나 헤어나기 어렵다는 뜻이다.

그런데 아직까지도 온몸으로 체험한 것과는 거리가 있는 예전의 그 구닥다리 궁합법을 적용해 억지로 끼워 맞추려고 한다면 참으로 한심한 일이다. 소 뒷발에 참새 잡는 식으로 궁합이 잘 맞는다면 다행이지만 그렇지 못하다면 그 후유증이 너무 클 것이다.

예전에는 남자가 의식주에 어려움이 없도록 가정을 돌보면 가장으로써 무난하다고 봤다. 그리고 아내는 시부모 봉양 잘 하고 자식들 쑥쑥 잘 낳고 살림 잘 하는 후덕한 여자를 최고로 쳤다.

그러나 요즘엔 그것만으로 각자의 본분을 다 했다고 보기 어렵다. 따라서 궁합을 맞추는 각도 역시 달리해야하는 것은 당연하다.

다른 관상가나 사주보는 사람들이 어디 초점을 맞춰 궁합을 보는지 모르지만, 필자는 무엇보다 두 사람의 성격을 비교하는데 중점을 둔다. 성격이 서로 맞아야지 다투지도 않고 가정 내에서나 바깥에서나 개인의 능력을 극대화할 수 있다고 보기 때문이다.

부부가 성격만 잘 맞는다면 숟가락 두 개로 신혼을 시작하더라도 죽이 척척 맞아 아기자기하게 살 것이고 그것이 재산을 모으는데도 큰 위력을 발휘하게 될 것이다.

그와는 반대로 많은 재산을 가지고 시작한 부부일지라도 성격이 맞지 않는다면 사사건건 의견이 대립되어 싸우게 될 것이고 나중엔 서로에게 큰 상처만 남긴 채 헤어지는 사태까지 갈 것이다.

현재 우리나라는 부끄럽게도 세계에서 가장 높은 이혼율을 기록하고 있다. 그 원인 중 하나가 농업 위주의 전통사회로부터 급격한 산업사회로 바뀌는 과정에서 배우자 선택 기준으로 성격이나 심성보다는 무턱대고 재산 상태와 직업에만 몰두해서 결혼상대를 맞이한 결과다.

그런 잣대로만 부부의 연을 맺어 가정생활을 하다보면 결혼 전엔 대수롭지 않게 생각했던 상대방과 자신과의 생각과 가치관에 엄청난 차이가 있다는 것을 알게 될 것이고, 그것이 살아가는 동안 심각한 갈등으로 연결된다.

사고방식의 현격한 차이를 두고 어떤 사람들은, 살아가면서 맞추면 된다, 서로 대화로 풀면 극복할 수 있다고 속 편한 소리를 한다. 그런데 5분 이상 대화를 계속하면 할수록 더 크게 싸우는데 어떻게 대화로 풀라는 것이며, 그런 상대와 하루 이틀도 아니고 어떻게 수십 년을 한 지붕에서 맞춰가면서 살라는 것인지 알다가도 모를 일이다.

각종 설문조사에서 괜찮은 남편감으로 직업과 재산 유무가 다른 어떤 조건보다 우선순위에 올라있는 것을 볼 수 있다.

물론 재산이 많을수록 좋다는 것이야 누구든지 아는 것이지만 필자의 궁합법은 재산이 많든 적든, 사회적 지위가 높던 낮던 그런 눈에 띄는 물질적 기준을 먼저 보는 게 아니라는 데 있다.

그런데 상대방 성격을 알아내는 것이 궁합에서 중요하긴 하지만, 일반 사람들로써는 참으로 알아내기 어려운 일이다. 심지어 몇 년 동안 연애를 했는데도 불구하고 아직 상대방의 성격을 모르겠다고 답답해하는 사람들이 부지기수다. 사소한 부주의로 일생의 행, 불행이 갈린다면 얼마나 충격이 크겠는가.

성격은 그 사람의 사고방식과 연결되어 있다. 그리고 다음 단계인 행동으로 옮겨지게 되므로, 더 나아가 미래를 예측하는 결정적인 잣대가 된다. 이런 중대한 사안은 제쳐둔 채 겉껍데기에 잠시 홀려 덜컥 결혼을 하게 된다면 너무나 위험한 일이다.

관상에서는 당사자의 성격을 나타내는 부위가 곳곳에 널려있다. 그 중 몇 가지만 예를 들어 궁합과의 상관관계를 살펴보기로 하자.

첫째, 눈썹에서 성격을 파악하고 짝을 맞춰보는 방법이 있다. 눈썹 숱이 적당히 돋아있고 윤기가 나며 일정한 방향으로 나있는 커플이라면 궁합도 좋다고 본다. 그러나 남자의 눈썹 길이가 눈보다 짧고 여자 쪽이 길게 생겼다면, 꼼꼼하고 섬세한 여성 쪽이 남자의 괴팍스러운 성격 때문에 몹시 마음고생을 하며 살아가게 될 것이다.

그런 눈썹의 남자라면 비슷한 유형의 여성과 짝을 짓는 것이 낫다. 그것은 서로가 한 성깔 하는 성격이어서 신혼 초에는 강하게 부딪히겠지만, 살아갈수록 상대방이 자신과 흡사하다는 것을 느끼게 되어 서로 타협하며 살아갈 것이기 때문이다.

또한 여성이 눈보다 눈썹 길이가 짧고 남성의 눈썹이 길면 적극적인 여성의 성격과 꼼꼼하고 소극적인 남성의 성격이 잘 보완돼서 괜찮은 짝이라고 본다.

두 번째, 인당과 전택궁(눈썹과 눈썹 사이)이다.

인당과 전택궁이 넓은 사람은 개방적이고 낙천적인 성격의 소유자이므로 배우자도 비슷한 사람을 택한다면 불만이 없으리라 본다.

만일, 인당과 전택궁이 넓은 사람과 좁은 사람이 만나서 산다면, 인당이 넓은 사람은 상대방이 너무 꼼꼼하고 세심해 답답함을 느끼게 되고 잔소리꾼이라고 생각하게 될 것이다.

반대로 인당이 좁은 편에서 보면 배우자가 매사에 천하태평하고 변화무쌍한 것이 불안하게 느껴질 것이다. 따라서 인당과 전택궁이 좁은 사람은 같은 유의 사람과 만나는 것도 좋다고 본다.

세 번째는 코의 길이에 의한 궁합이다.

긴 코와 높은 코는 생각이 깊고 자존심의 강한 사람이며, 짧고 낮은 코는 순발력이 있고 처세가 좋은 사람이다. 이 두 유형의 만남은 유형은 반대지만 서로 장점과 단점을 보완해 주므로 좋은 궁합이라 하겠다.

길거나 높은 코의 소유자끼리 짝을 짓게 되면, 현실의 어두운 면을 감싸 안을 사람이 필요한데도 두 사람 다 강한 자존심 때문에 양보 없는 줄다리기를 하게 되지 않을까 염려된다.

네 번째는 입술의 두터움과 얇음, 작은 입과 큰 입은 성격적으로도 분명하게 나눠진다. 궁합에서는 서로 보완해 주는 관계가 좋다.

두터운 입술끼리 한 지붕에 살면 강한 승부욕과 고집스러움으로 매사에 충돌이 일어날 것이므로 소심하고 수동적 성향이 있는 얇은 입과 적극적이고 행동파적인 두터운 입술의 만남이 이상적이다.

다섯 번째, 귀는 큰 귀의 신중함과 작은 귀의 즉흥성과 순발력은 좋은 보완 관계라 할 수 있다. 다만 큰 귀끼리와 작은 귀끼리의 만남도 괜찮은 짝으로 본다.

단편적이나마 개인의 고유한 성격을 나타내는 부위의 궁합을 비교해 봤다. 같은 형끼리 맞춰야 무난한 관계를 유지할 수 있는 부위가 있는 반면에, 반대되는 상끼리 만나야 바람직한 부위도 있으니 잘 살펴보아야 한다.

얼굴에 의한 궁합 외에, 체형 궁합도 있다.

예를 들면, 키가 큰 사람은 작은 배우자를 만나야 좋다는 것이다. 키가 큰 사람의 싱겁고 유들유들한 면을 일 처리가 야무지고 재빠른 키 작은 상대가 보완해 주면, 상부상조하는 짝이 된다. 또 뚱보 체질과 마른 체형의 만남 또한 이상적이다.

그러나 같은 체형끼리 만나 조화가 잘 되는 경우도 있다. 동글동글한 얼굴에 짧은 손, 짧은 다리의 땅딸한 사람이 그와 흡사한 체형의 배우자를 만나 아기자기하게 잘 사는 걸 많이 봐 왔다.

이상과 같이 간단하게나마 관상으로 본 궁합의 상생과 상극을 나열해 봤다. 그러면 위에서 예를 든 관상 궁합법이 100% 정확하냐면 그렇지 않다.

위의 예는 어디까지나 참고 사항일 뿐이라는 얘기다. 관상 궁합이든 사주 궁합이든 간에 음양오행의 틀 안에만 넣고 판단하기에는 인간과 인간 사이에 생기는 일들이 너무나 가변적이고 변화무쌍하기 때문이다.

각 부위별 궁합법보다 더 정확한 것이 있는데, 앞의 ㄱ에게 적용한 것과 같이 서로 간의 에너지 파장을 비교하는 법이 그것이다.

그리고 다시 한 번 강조하지만 현대의 궁합은 성격을 맞추는 일이 최우선이다. 성격은 당사자의 사람 그 자체로 변화하기 때문에 성격만 맞는다면 그것이 가정의 화목과도 직결될 것이고, 가정이 화목하면 개별 관상에서는 나타나지 않는 알파의 에너지가 생성되어 재산 형성에도 큰 역할을 하게 되리라고 본다.

나는 속알머리 없는 여자에요

머리가 희끗한 부인이 사무실로 들어섰다.

"남편하고 이 근처까지 같이 왔는데 그 양반은 이런 곳에 오는 게 싫은지 저 혼자만 들어 왔습니다."

"지금 바깥에 계시면 안으로 들어오라고 하세요."

잠시 후 남편이 어색한 모습으로 엉거주춤 들어왔기에 칸막이가 있는 옆방으로 안내했다. 그리고 부인과 마주 앉아 상담 전에 늘 하는 식으로 필요한 질문을 시작했다.

"나이는? 몇 남매 중에 몇째? 성형수술은? 얼굴에 점 뺀 적은? 어렸을 때 다친 얼굴 흉터는?"

연달아 묻자 부인이 지루해하더니 돌연 대답을 멈추며 불만스러운 표정으로 필자를 봤다.

"그런 건 관상가 양반이 다 알아 맞추어야 하는 거 아닌가요? 손님이 그런 것까지 일일이 다 알려준다면 차라리 내가 관상가 노릇을 하지요."

한눈에 상대방의 나이도 알아내고 몇 남매 중에 몇 째인가도 척척 알아 맞혀야 제대로 된 관상쟁이가 아니겠느냐는 것이었다.

"관상이란 게 그런 시시콜콜한 것이나 알아보는 것이 아닙니다."

그러자 부인은 또 다시 퉁명스레 물었다.

"그럼 뭘 보는 겁니까?"

부인의 말마따나 관상가라면 상대방을 한눈에 척 보고 나이나 형제 중에 몇째인지 등등을 알아 맞춰볼 수 있어야 할런지 모른다. 그러나 그런 것이 궁금하다면 굳이 관상가한테 와서 물을 게 뭐있겠는가.

형제관계나 얼굴에 흉터가 있는지 없는지 따위는 당사자가 더 잘 알고 있지 않느냔 말이다. 그런 사소한 문제로 기를 소진한다면 정작 중요한, 얼굴에 나타난 자신의 운명이나 성격이 인생에 미치는 영향, 과거에 있었던 큰일과 현재에 일어나고 있는 일, 미래에 일어날 일들, 부부관계, 대인관계, 재산, 직업, 건강 등등은 뒷전으로 밀려나게 된다.

그리고 필자가 손님에게 여러 가지 질문을 하는 또 다른 이유가 있다. 묻고 답하는 동안 손님의 불안정한 마음을 안정시키기 위해서이다. 대부분의 손님들은 필자의 사무실에 들어오면서부터 긴장하고 당황해 한다. 그런 어수선한 마음이 진정되어야 필자의 말뜻을 쉽게 알아들을 수 있다.

상담 내용 중에는 앞으로 살아가는데 꼭 필요한 내용이 들어 있다. 그것은 돈으로 환산이 안 될 정도로 중요한 정보들이다. 정신 집중이 안 되면 그런 이야기들을 하찮게 생각하고 흘려듣기 일쑤다. 그러면 어렵사리 와서 관상을 본 목적이 아무 의미 가 없게 된다.

손님들은 생긴 것만큼이나 천차만별이어서 각양각색의 사람들을 상대한다는 것이 여간 고역이 아니다.

어떤 손님은 몸도 제대로 못 가눌 정도로 술이 고주망태가 된 채 들어와 소리치며 기고만장해 하기도 한다. 그들에게도 위의 부인에게 하듯이 필요한 질문을 한 뒤 본격적인 상담에 들어가면, 차츰 필자의 말에 귀를 기울이고 맞장구를 치며 서서히 동화되어 오곤 한다.

그리고 상담이 끝나고 일어날 때쯤이면 순한 양이 되어 거듭 고맙다고 하는데, 그런 그들의 얼굴은 언제 술주정을 부렸나 싶게 아주 진지한 표정으로 변해있다.

필자는 뚱한 표정으로 앉아 있는 부인을 향해 입을 열었다.

"나이나 형제 중에 몇 째인가를 잘 알아 맞추는 관상가한테 가고 싶으세요, 어떻게 하시겠어요?"

필자가 부인과의 상담을 끝내려고 펜과 메모지를 주섬주섬 정리하자, 부인은 그런 필자의 행동을 바라보며 잠시 생각하더니 작은 소리로 말했다.

"그냥 봐주세요."

부인의 얼굴엔 잘못 들어와 돌팔이 관상쟁이를 만났다는 후회와 체념의 표정이 역력했다. 그리고 기왕 여기까지 왔으니 이 자가 무슨 말을 하는지 들어보고 상담 내용이 맞지 않으면 반격을 하리라는 생각도 내심 갖고 있는 듯했다.

울며 겨자 먹기라는 자세로 앉아 있는 부인을 향해 필자는 앞뒤 설명도 없이 단도직입적으로 짧게 끊어서 말했다.

"부인의 얼굴에 나타난 제일 뚜렷한 것은 부부관계가 최악의 궁합이라는 점입니다. 전에도 그랬고 현재도 그것 때문에 엄청난 정신적 고통을 당하고 있어서 화병에 걸려 있겠고, 앞으로 부부관계에 큰 변화가 있거나 개선을 하지 않으면 명까지 단축될 수도 있습니다."

필자가 말을 멈추자 부인은 벌어진 입을 다물지 못한 채 멍하니 허공을 바라보고 있었다. 충격을 받은 모양이다. 그리고 잠시 후 더듬더듬 말했다.

"남편하고 저하고 궁합이 어떤 식으로 안 맞는지요?"

"물과 기름, 개와 고양이 같은 상극끼리 만난 짝입니다. 그래서 얼굴만 마주치면 싸움이 일어나죠. 그래서 최악의 궁합이라는 말을 쓴 겁니다."

그 말에 부인은 상체를 앞으로 푹 숙이며 "휴우~"하고 한숨을 내쉬었다.

"수십 년을 부부로 살아오는 동안 남편이 부인에게 어떻게 대해왔고 무엇 때문에 사사건건 싸웠고, 부인이 어떤 정신적 고통을 겪으며 살았는지 제가 이 자리에서 하루 종일 이야기할 수 있습니다."

"그걸 선생님이 어떻게 아세요? 같이 살아보지도 않은 분이 어떻게 남편과 제 가정의 일을 알 수 있습니까?"

"압니다. 부인의 지나온 삶이나 현재의 심정을 이 세상 그 누구보다 저는 아주 잘 알고 있습니다."

"어떻게요?"

부인은 필자를 놀라운 눈으로 바라보았다.

"남편하고는 신혼 초부터 시작해서 삼십 몇 년간을 같이 살면서 이날 이때까지 계속 지지고 볶고 싸웠죠?"

"흑흑……."

부인은 눈자위가 불그스름하게 달아오르더니 고개를 숙였다. 그녀의 눈물이 방울방울 떨어져 탁자 위를 적셨다.

"그 오랜 세월동안 고통을 참아내느라 정말 고생하셨습니다."

부인은 아무 말도 하지 않은 채 어깨를 들썩이며 숨죽여 흐느꼈다. 남편이 칸막이 저쪽에 없었더라면 이 자리에서 통곡이라도 하고 싶은 심정인 것 같았다.

"부인이 이쪽으로 가자고 하면 남편은 청개구리 심보가 있어서 꼭 저쪽으로 가죠? 나이가 들고 오래 살다보면 남편이 철도 들고 나아질 거라는 희망으로 이날 이때까지 참고 살아 왔는데, 신혼 초나 지금이나 어디로 튈지 모르는 럭비공 같아서 밤낮으로 가슴 졸이며 살아 왔죠? 환갑이 가까운 지금도 남편이 어린애 철부지 같죠? 어린애라면 매라도 들고 야단이나 칠 텐데……."

"나는 머리 속에 숱이 없어요. 오래 전부터 머리숱이 빠져서 머리 한 가운데는 대머리입니다. 병원에 갔더니 스트레스성 탈모증이래요. 남편 때문에 생긴 증상입니다."

부인은 흐느낌을 멈추는 사이 한숨을 쉬면서 속이 시원하다는 말을 반복해서 중얼거렸다.

"부인에겐 남편이야말로 남편이 아니라 어린애 몇을 키우는 것보다 힘든 상대입니다. 그만큼 속을 많이 썩이는 형입니다. 집안의 부인이나 자식들에겐 독불장군에다 폭군인데도 바깥에서 만나는 친구들이나 주변 사람들에겐 그렇게 친절하고 잘 할 수가 없는 사람이죠? 그래서 부인이 친척이나 이웃들에게 사정을 이야기하면 오히려 타박이나 받곤 해서 어디 드러내놓고 하소연할 때도 없죠?"

"맞아요. 정말 시원하게 맞추시네요. 내가 사는 걸 보지도 않으시고 어쩌면 그렇게 잘 아세요?"

"이런 최악의 궁합으로 만난 부인은 집안에 들어앉아서 살림만 하면 안 돼요. 신혼 초부터 일이나 취미생활을 가져서 바깥활동을 계속 해야 했어요. 그래야지 남편으로부터의 스트레스를 덜 받습니다."

"네. 맞아요. 남편하고 사이를 견디다 못해서 10년 전쯤부터 따로 일을 가지고 있습니다. 그 전보다는 그나마 조금 나아진 게 이 모양이에요. 진작부터 활동을 했더라면 이렇게까지 힘들진 않았을 겁니다. 지금도 퇴근해서 남편 얼굴을 본다고 생각하면 끔찍하고 가슴이 벌렁벌렁 뛰어서 꼭 지옥 속으로 들어가는 것 같아요. 애들만 아니었으면 내가 벌써 죽었던지 갈라서도 열댓 번은 갈라섰을 겁니다."

그러면서 또 시원하다는 말을 무슨 주문처럼 중얼거렸다.

이 중얼거림의 의미를 필자는 알고 있다. 이웃은 물론이고 친척에게 얼마나 정신적 고통을 당하며 살고 있는 것을 하소연 한번 못하고 끙끙 앓아왔는데, 이런 엉뚱한 장소에서 전혀 예상치 못한 사람이 자신의 인생을 손바닥 펴보듯이 꿰뚫어 보면서 이해하니 너무나 감격스러워서 자신도 모르게 나오는 말일 것이다.

아마 부인은 이 짧은 시간과 제한된 공간에서나마 자신의 마음속에 오랫동안 박혀있는 수많은 아픔들을 족집게로 바늘 뽑아내듯이 말해주니 실제로도 시원했을 터였다.

"연애결혼 했습니까, 중매결혼 했습니까?"

"가까운 친척이 중매를 했습니다. 어머니가 어디 가서 사주를 봐오셨는데 궁합이 아주 좋아서 찰떡궁합이라고 하셨어요."

"찰떡궁합이요? 그런데 막상 결혼해 보니 신랑이 럭비공 같아서 늘 불안해하면서 살았잖아요."

"네, 신혼 초부터 하루도 속 편히 지낸 날이 없을 정도로 바늘방석이었어요. 그런데 럭비공이 뭐예요?"

"보통 공은 동그랗잖아요. 그런데 럭비공은 달걀같이 길쭉해서 던지면 제멋대로 튀기 때문에 방향을 못 잡아요."

부부사이는 상대방이 미리 대비를 할 수 있도록 예측 가능한 말과 행동을 해야지 마음이 편하다. 이 남편은 꼭 사춘기 애 같아서 정제되지 않은 말이나 행동을 시도 때도 없이 불쑥불쑥하는 형이기 때문에, 가족들은 밤낮으로 긴장과 초조 속에 살게 된다. 그런 세월이 30년 넘게 지속된다면 몸이 쇳덩이가 아닌 다음에야 어떻게 견뎌낼 수 있겠는가.

"애들을 셋 뒀는데, 그 애들이 성인이 된 다음에 이 어미가 딱하게 보였던지 정신과 의사한테 데려간 적이 있었어요. 거기서 준 항우울제를 먹으면서 여태껏 버텨왔습니다."

"자제분들은 다 결혼 했나요?"

이렇게 부부궁합이 나쁜 가정에서 자란 자녀들은 매일 싸우는 부모 모습만 보고 자라서 결혼에 대한 공포감 같은 것을 갖고 있는 경우가 흔하다. 그러선지 결혼을 늦게 하거나 독신 성향이 강하게 나타나기도 한다.

"애들은 잘 커서 결혼도 했고 자기 앞가림은 하고 삽니다."

"애들이 엄마가 얼마나 속을 썩으며 살아 왔는지 알고 있나요?"

"어릴 때부터 보고 컸으니까 알고 있어요. 그래도 어미 속에 들어와 본 게 아니니까 자세하게 알기야 하겠어요?"

"남편은 타고난 성향이 그런 사람이라서 앞으로 나이를 더 먹고 세월이 가더라도 그 성격은 변하지 않을 겁니다. 그러니 남편에 대한 기대는 하지 않는 것이 속 편하겠어요."

"그건 저도 잘 알고 있습니다. 남편에 대한 기대는 옛날부터 마음속에서 지우고 살았어요. 재산도 각자 앞으로 따로 분할을 해 뒀습니다."

필자의 앞선 질문에서, 부인은 6남매 중에 맏딸이라 했고 남편은 5남매 중에 막내라고 했다. 일반 사람들의 인식이, 형제 중 맏이가 막내 하고 결혼하면 궁합이 잘 맞는다고 흔히 이야기한다.

그 말은 맞을 수도 있고 틀릴 수도 있다. 형제 중 맏이는 어릴 때부터 자신보다 철이 덜 든 동생들을 돌봐야하고 위로는 부모님의 기대 속에 성장을 했기 때문에 다른 어떤 형제들보다 책임감이 강하다.

그 책임감이 사회생활에서도 그렇고 결혼해서 가정을 꾸민 뒤에도 나타나기 때문에 시야가 넓고 리더십이 돋보인다. 어떤 사안을 결정할 때에 좀 보수적이고 신중한 면이 있어서 답답하게 보이지만, 가볍지 않은 처신은 맏이가 갖고 있는 장점이라 할 수 있다. 맏이 특유의 안정적 성향과 막내의 개방적이고 자유 분망하며 창의적인 품성이 어우러지면 상부상조형이 되고, 서로 장단점을 보완하는 관계에 있기 때문에 가정을 꾸리면 좋다고 하는 이유가 그것일 터이다. 그런 면에서 맏이와 막내의 만남은 이상적이다.

하지만, 부인의 경우처럼 그것만 갖고 판단한다면 전혀 다른 결과가 올수도 있다는 것을 알 수 있다.

"앞으로는 집안에만 있지 말고 계속 바깥 활동을 해야 합니다. 그래야 화병도 생기지 않고 건강도 좋아집니다."

"네, 꼭 그렇게 하겠습니다. 고맙습니다. 제가 여기 들어오길 정말 잘했네요. 아니면 어디 가서 이런 얘길 듣겠어요. 정말 시원합니다. 저는 이제 소원 풀었어요."

부인은 아주 홀가분한 표정이 되어서 나갔다.

필자는 엉거주춤한 자세로 뒤따라가는 남편의 얼굴을 슬쩍 봤다. 적당한 체격이었고 일반 사람 눈으로 봤을 때는 잘 생긴 축에 속하는 얼굴이었다. 관상으로 보면 고집이 좀 세서 그렇지 섬세하고 꼼꼼한 성격에 의리도 있고 재산복과 건강 상태 역시 양호해 보였다. 집안에서 독불장군에 폭군으로 불릴 만한 기미가 얼굴에서는 나타나지가 않았다.

저렇게 괜찮은 상을 갖고 있는 사람과 사는데도 부인이 그토록 고통스러워하며 눈물과 한숨 속에서 살아왔다고 호소하는 이유는 무엇일까. 부인이 잘 못 되서 그런 것일까?

부인의 상에는 여성 특유의 섬세함과 전형적인 한국 여인에게서 볼 수있는 자기희생과 인내, 알뜰 살림꾼 등의 성격이 엿보였고, 그 어디에도 남편에게 반발하거나 까다롭게 굴 것 같은 기미가 보이지 않았다.

그것은 무엇을 뜻하는 것일까? 남편에게 잘 어울리는 여자가 있고, 부인에게 잘 어울리는 남편감이 따로 있다는 뜻이다. 다시 말해 서로가 짝을 잘못 만난 탓이다.

하지만 이대로 우물쭈물하며 그들의 팔자로만 돌리기엔 인생이 걸린 중요한 문제이다. 이것을 규명해야지 그들과 같은 최악의 커플이 또 생기지 않도록 할 수 있지 않겠는가.

필자도 젊은 시절에는 그랬지만 요즘 젊은이들 역시 이성친구나 애인을 사귈 때 지나치게 외모를 따진다. 물론 같은 값이면 다홍치마라고 외모도 잘 생기고 자신과 성격도 맞는다면 얼마나 좋겠는가.

그런데 젊은이들이 보는 외모라는 게 자기 눈에 맞는 안경이라고, 순전히 껍데기만 보는 안목을 가지고 있을 때가 많다.

젊은이들은 대부분 희멀겋게 잘 생기고 키도 훤칠하게 크고 순발력이 있고 톡톡 튀는 말재간을 가진 사람을 우선순위로 꼽는다.

그런 껍데기는 일시적인 착시 현상을 일으키며 오래 가지도 않고 세월이 흐르면서 많은 변화를 일으킨다. 그러나 밖으로 잘 드러나지 않는 내면은 세월이 흘러도 잘 변하지 않는데다 인생의 방향을 결정짓는 중요한 역할을 한다.

껍데기에 현혹되기 쉬운 젊은 시절 애인이나 결혼 상대자를 고르니 많은 시행착오를 겪게 되는 것은 당연하다. 취향이나 자신이 처한 환경과 경험에 따라, 세상을 보는 시야와 사람을 보는 안목은 나이가 들수록 달라진다.

그러나 그것은 자신만의 지식이나 경험에 의한 눈치로 때려 맞추는 짐작이 대부분이다. 관심을 갖고 치밀하게 관찰한 결과가 아니어서, 그 방면 전문가와는 시각에 큰 차이가 있다는 뜻이다.

필자에게 상담하러 오는 사람들에게 자주하는 이야기 중의 하나가 있다.

"일반 사람이 보기에 잘 생기고 체격이 훤칠한 사람 중에는 관상이 그리 좋지 못한 사람이 많습니다. 반대로 일반 사람이 보기엔 평범하게 생겼거나 좀 못생긴 듯한 사람들 중에 의외로 관상이 좋은 사람이 있습니다. 그만큼 일반 사람과 관상가의 시각차가 크다는 것입니다. 그런 일이 일어나는 이유는 일반인들이 겉모습에만 현혹되기 때문입니다."

적어도 관상전문가라면 일반인들과 달라야한다. 그것은 겉모습보다 내면을 뚫어보는 능력에 있다.

사람들이 흔히 말하는 '생긴 대로'라는 말은, 일반인들의 주관적인 시각을 뜻하는 것이 아니라 전문가의 '감정이 개입되지 않은 객관적인 시각'을 뜻한다.

주파수 궁합이란 무엇인가

언젠가 텔레비전에서 다음과 같은 프로를 본적이 있다.

어느 동네에 아주 사나운 개가 있는데 주변의 개들은 물론이고 사람조차도 맘대로 가까이 못 간다는 거였다. 그래서 개장수 경력 20년 된 사내를 접근하게 해서 이 개가 어떤 반응을 보일까하는 실험을 했다.

개장수는 모자를 푹 눌러 쓰고 주머니에 손을 넣은 채 어슬렁거리며 다가갔다. 그러자 그 사납다는 개는 왈왈대고 짖기는커녕 먼발치에서도 알아봤는지 꼬리를 감춘 채 자기 집으로 들어가선 나오질 않는 것이었다.

개의 민감한 코가 개장수에게서 나는 특유의 냄새를 맡은 것이 아닐까 해서 개장수 냄새를 없애기 위해 찜질방에 들어가 묵은 때도 벗기고 향수를 뿌린 뒤, 넥타이에 양복을 빼입고 개에게로 다가갔다. 그러나 이번에도 개는 낌새를 알아차리고 자기 집으로 기어들어가서 꼼짝 않는 것이 아닌가.

그리고 개장수가 개 목덜미를 잡고 밖으로 당기자 그 사납다는 개가 꼬리를 사린 채 오줌까지 질금질금 싸며 순한 양이 되어 끌려나오는 것이었다.

이 실험을 통해, 냄새와 모습을 바꾸더라도 사람 몸에서 나오는 기는 변치 않는다는 것을 확인할 수 있었고, 개는 그것을 감지해 낸다는 것이었다.

이것을 볼 때, 기라는 것은 인간의 눈에 보이지는 않지만 분명 존재한다는 것을 알 수 있다.

에너지의 파장으로 상대가 어떤 사람인지 알아볼 수는 없을까?

그러나 인간의 마음속에는 세월의 두께만큼 때가 덕지덕지 쌓여, 태초에 갖고 있던 신에 준하는 능력은 퇴화 혹은 감추어져 자기가 누구인지도 모른 채 살아가고 있을 뿐이다.

앞에서도 말했지만 우리가 신을 믿는 것은 복을 받기위해서나 천국에 가기 위해서가 아니라, 태초에 갖고 있었지만 지금은 없어진 신적 초능력을 되찾는데 그 목적이 있다고 본다.

그러나 그것은 눈에 보이는 표피적인 문제가 아닌, 눈으로 볼 수도 없고 손으로 만질 수도 없는 정신에 관한 문제이기 때문에 관심도 크지 않을 뿐만 아니라 배우는 것 또한 쉽지가 않다.

그뿐 아니라 인간에게 그런 에너지나 신적 기능이 있는지에 관한 의견이 각자 종교관과 세계관에 따라 다르다 보니, 현대과학이라는 좁아터진 잣대로 보면 늘 벽에 부딪히고 만다.

현재의 과학으로는 증명하는 것이 쉽지 않지만, 앞으로 인류가 비약적으로 발전해 우주여행을 할 정도가 되면 기氣라는 에너지가 과학적으로 증명되리라고 본다.

기氣는 들짐승에게도 있고 식물에게도 있고 무생물에게도 있다. 그리고 예수나 석가처럼 에너지 방사 폭이 강한 존재도 있고, 약한 인간도 있는 등, 차이가 있다.

이 기 속에는 사고방식, 성향, 취향, 행동 양태, 그릇의 크기 등등은 물론이고 그 사람이 어떤 삶을 살아갈 것인가에 대한 인생지도의 중요한 정보까지 들어 있다. 이 정보가 살아가는데 지대한 영향을 미치게 되는 만큼, 남녀궁합에도 결정적 역할을 하게 되리라는 것은 너무나도 당연하다.

필자는 기를 다른 말로 주파수, 사이클, 파장이라 부르기도 하는데, 상담을 의뢰하는 사람들이 이해하기 쉽도록 나름대로 풀어 본 것이다.

사람은 누구나 태어날 때부터 자신의 인생이 어떤 식으로 흘러갈 것인지 알 수 있는 인생지도를 갖고 있다. 그리고 그것이 밖으로 표출되어 우리 눈으로 볼 수 있는 것이 얼굴과 몸체이고, 눈으로 보이지 않는 물질이 기라는 에너지라고 생각한다. 하지만 각기 가지고 있는 인생지도라는 것은, 개인의 집념과 노력 등에 의해 조금씩 수정되고 발전된다.

사람마다 갖고 있는 개인의 주파수는 조금씩 다를 수밖에 없으며, 그 차이가 크고 작고 비슷한가에 따라 궁합에 미치는 영향도 달라진다.

예를 들어 보자.

일란성 쌍둥이가 어린 시절 멀리 떨어져 살게 됐었는데, 수십 년의 세월이 흐른 뒤 상봉했을 때 흡사한 사고방식을 갖고 있다는 것과 비슷한 일을 겪으면서 살았다고 하는 것이 언론에 심심치 않게 보도되기도 한다. 심지어 첫 만남의 자리에 나온 두 사람의 옷 색깔이나 머리 스타일이 미리 약속을 한 듯 닮아 있는 것을 보면 묘한 생각이 든다.

물론 쌍둥이라 해서 모두 같은 주파수일리는 없다. 같은 핏줄을 타고난 형제 역시 전혀 다른 파장을 가진 경우도 흔하다.

그러나 주파수가 같다는 것은 흡사한 사고방식을 갖고 있다는 뜻이며 그것이 사람들의 성향과 행동에 영향을 끼치게 되고 인생 역시 그렇게 흘러가도록 작용하는 것이라고 생각한다.

필자가 궁합에 대한 이야기를 하면 어떤 사람들은 정반대의 성격끼리 만나야 잘 사는 것 아니냐고 묻곤 한다. 그 말은 맞을 수도 있고 틀릴 수도 있다. 적극적이고 활동적인 사람과 내성적이고 조용한 사람과 짝을 이루면 서로 보완해 주는 관계이기 때문에 좋다고 할 수 있다.

그러나 주파수가 달라 사고방식이나 성향이 정반대인 사람들이라면 얘기가 달라진다.

주파수를 비교하는 것은 반대되는 성향을 가진 상대를 가려내고 자신과 맞는 짝을 만나기 위함이다. 주파수가 다른 부부들의 삶을 많이 상담해 온 만큼, 그런 부부가 가정에서 겪는 엄청난 고충을 필자는 잘 알고 있다.

숫자나 문자로 풀어 궁합이 좋다 나쁘다고 하는 이론적 통계와, 온몸으로 부딪혀 체득한 실전 지식의 통계가 어찌 같을 수가 있겠는가.

기氣라는 것을 얘기하면 일반 사람들은 믿지도 않고 무슨 귀신 씨 나락 까먹는 소릴 하는가하고 무관심해 하는 사람들이 많다. 기氣는 눈치로 대충 맞추는 것과는 차원이 다르다.

만일 손님의 이야기 내용에 따라 이리저리 말을 돌려가며 눈치로 맞추는 사람이라거나, 매일 변하는 자신의 컨디션에 따라 그 잣대로 손님을 상담한다면 잘못 판단할 수도 있을 것이다.

그에 반해 주파수는 세월이 흘러도 변하지 않는 것이기에 언제 어느 상황에도 적용된다는 점에서 큰 차이가 있다. 다만 그것이 눈에 보이지도 않고 잡을 수도 없기에 이 자리에서 말이나 문자로 설명하기가 애매하다는 것뿐이다.

주파수의 흐름은 직선에 가깝게 뿜어내는 파장이 있는 반면, 부드럽고 잔잔한 주파수, 큰 파동을 그리며 나가는 주파수, 불규칙한 주파수, 짧고 빠른 주파수 등등 사람에 따라 제각각 조금씩 다르다.

개인의 기가 바깥으로 파장을 그리며 나가면 상대방의 기와 어느 공간에서든지 마주치게 된다. 공간에서 만난 기가 화합해 융해된다면 이것이 인체의 오감에 전달되고 말과 행동도 그에 따라 대응하게 된다.

그와는 달리 나의 주파수와 상대편 주파수가 안 맞으면 작고 하찮은 일에서도 틀어지게 되어, 짜증이 나고 끝내 화가 난다. 그리고 그 관계는 세월이 흐르면 흐를수록 더욱 악화되어 나중엔 서로에게 큰 상처를 주고받게 되는 것이다.

여기서 주파수가 다른 남녀가 만나는 과정과 결말을 예로 들어 보기로 한다.

노총각 ㄴ과 노처녀 ㅇ은 결혼 정보회사를 통해 만났다. 남자 ㄴ은 체격도 듬직하고 얼굴 역시 누구에게나 호감을 줄 만큼 푸근한 인상이었으며, 직업 또한 기업체 중간 관리자로 생활이 안정적이었다.

그는 20대 중반에 만나 열렬히 사랑하던 첫사랑의 여자가 다른 남자와 결혼하는 바람에 큰 충격을 받은 뒤 독신으로 살 것을 결심했다고 한다.

그 뒤에도 몇 번 다른 여성을 만나 사랑을 나누긴 했지만, 결혼을 전제조건으로 사귄 것이 아니어선지 첫사랑만큼 큰 상처는 받지 않았다.

부모 형제의 집요한 결혼 채근에도 꿋꿋하게 버티던 ㄴ은 서른 중후반에 들어서면서부터 차츰 달라지기 시작했다. 아이를 갖고 싶다는 인간적인 본능에 아내가 챙겨주는 식사를 하고 싶다는 생각과, 무엇보다 건강한 남녀라면 당연히 느끼게 되는 성욕을 해소하는데 어려움이 컸다. 그러나 여자를 오다가다 만나 우연히 사귈만한 나이는 훨씬 지난 터라 결혼 정보 회사를 통해 한 여성을 만나게 된 것이다.

35세의 여자 ㅇ은 키가 아담하고 땅딸한 체격이 핸디캡이지만 얼굴은 그런대로 괜찮은 미혼 여성이다. 전문직에 종사하고 있어서 혼자 살더라도 의식주에는 불편함을 몰랐기에 결혼을 차일피일 미루다가 나이가 들어버렸다.

그녀는 학창 시절, 미팅 때 만난 남학생과 가깝게 지내다 양가 부모님을 찾아뵙고 결혼을 전제로 사귀기 시작했다. 캠퍼스 내에서 공개적으로 데이트를 했기 때문에 학교 친구들 모두 ㅇ이 제일 먼저 웨딩마치를 올릴 거라고 생각했다.

그런 어느 날, 남자와 함께 경춘선을 타고 강촌으로 놀러갈 계획을 세웠다. 그런데 엊그제까지 멀쩡하던 남자가 놀러가기 하루 전날 아침 병원 중환자실에 입원해 있다고 연락이 왔다. 그는 교통사고로 뇌를 크게 다쳐 결국 세상을 떠나고 말았다.

뒤에 남겨진 ㅇ에겐 극심한 정신적 충격이 오래도록 이어져 안정을 취하고 마음의 상처가 가라앉기까지 오랜 시간이 흘렀다.

홀아비 사정은 홀아비가 안다고 동병상련의 정을 느낀 두 사람은 첫 만남부터 화기애애했다. 나이도 비슷했고 직업과 겉모습에서 느끼는 상대방에 대한 느낌도 만족스러웠다.

첫 대면이라는 긴장감 때문인지 자주 술잔을 비워냈다. 그렇게 밤 9시부터 두런두런 이야기한 자리가 12시가 넘어서고 있었다. ㄴ은 주량을 넘어섰는지 혀가 꼬부라졌다.

ㅇ 역시 남자만 술을 마시게 하는 것이 예의가 아니다 싶어 조금씩 마신 술이 어느새 정량을 넘어섰다. 그들이 자리에서 일어섰을 때 ㄴ이 약간 비틀거려 ㅇ이 부축을 해야만 했다.

그런 상황이 되어버린 바람에 둘은 잠자리를 함께 하게 됐다. 어렵고 번거로운 첫 신고식을 치른 것이다. 남녀간의 잠자리란 첫 시도가 어색하고 까다롭지 그 관문만 넘으면 자연스러운 것이다. 그날 이후 둘은 하루가 멀다 하고 전화를 해서 만났고 그런 날이면 스스럼없이 잠자리까지 이어졌다.

'이게 속궁합이라는 걸까?'

그렇게 두어 달이 지나는 동안 어느 정도 상대방에 대해서 알 것만 같았다. 여자가 왼손잡이라는 사실도, 남자가 의외로 내성적이고 꼼꼼하다는 것도 알게 되었다.

그러던 어느 날 노래방에 갔다가 ㄴ은 크게 실망하고 말았다. ㅇ이 음치였던 것이다. 음치도 보통 음치가 아니었다. 그러다보니 맘먹고 갔던

곳에서 흥이 깨져버리고 말았다.

ㅇ쪽에서 상상했을 때는 ㄴ이 남성다운 박력과 리더십도 있고 카리스마도 있을 것으로 기대했다. 하지만 자신의 희망과는 정반대로 남자다운 매력은커녕 지나치게 내성적이고 소심한데다가 자신의 좀 덜렁대는 성격에 틈만 나면 제동을 걸어왔고 일일이 간섭하려 들었다.

ㅇ 자신은 혼자 있을 때보다 많은 사람들이 모여 있을 때 용기가 나고 빛이 나는 형인데 비해, 남자인 ㄴ은 여러 사람들 앞에 나서기를 좋아하지 않고 꽁생원처럼 지나치게 조용한 것을 좋아 한다는 점이 그녀를 갑갑하게 만들었다.

그런 ㄴ이 처음 만난 날 평소 그 사람답지 않은 일을 벌인 것은 순전히 술기운 때문이었다는 것을 나중에야 알았다.

ㄴ은 자신의 세심한 성격대로 어떤 사물이나 일을 보면 작은 것부터 차근차근 분석하고 논리적인데 반해, ㅇ은 앞뒤 가리지 않고 행동부터 옮기는 형이어서 그런 상대방이 불만스러울 수밖에 없었다.

그렇게 상대방의 성향에 대해 이질감을 느끼는 동안 4개월의 시간이 흘렀다. 처음엔 매일 혹은 2, 3일에 한 번씩 만났는데 세월이 흐를수록 일주일에서 열흘, 보름에 한 번씩 만날 정도로 눈에 띄게 만나는 횟수가 줄어들었다. 번호만 누르면 통화할 수 있는데도 바쁘다는 핑계를 대며 전화도 하지 않았다. 그것은 피차 마찬가지였다.

그나마 만남의 명맥을 유지할 수 있었던 유일한 고리는 잠자리에서의 만족감이 아주 좋았기 때문이었다. 그러나 그 행위만 끝나면 이상하게 언제 그랬냐는 듯 상대방에게 무관심하게 대했고 까닭모를 스트레스가 밀려 오는 것이었다. 이것은 만남을 가졌던 초기에는 전혀 없었던 현상이었다.

날짜가 지날수록 틈이 점점 벌어지더니 약속대로 양가 부모님을 만나 뵙는 문제에 관해서는 누구도 먼저 입을 열지 않게 되었다.

'우리들 사이에 무엇이 문제가 있어서 이러는 걸까?'

직업은 안정되어 있어 경제적인 불만도 없고 잠자리에서도 서로가 만 족해하고 있다. 그렇다고 각자의 개별적인 성격을 뜯어보면 이상하거나 모나지도 않다.

ㅇ은 키가 좀 작기는 했지만 활달하고 시원시원한 성품을 갖고 있어서 대인 관계도 좋고, 음식 솜씨 또한 보기 드물게 뛰어났다. 직업도 전문직 이어서 결혼을 한 뒤에도 얼마든지 자신의 능력을 발휘할 기회가 있다.

'그런데 우리는 왜 이렇게 멀어지지?'

그런 식으로 고민하다가 필자의 사무실로 찾아 온 것이다.

"우리가 어디서부터 잘못돼 이러는 건가요?"

"서로 다른 언어와 동작을 가진 개와 고양이가 만나면 아무리 친해지려 고 해도 쉽게 안 되고 갈등만 커지는 경우와 비슷하다고 할 수 있습니다."

앙숙를 대표하는 개와 고양이.

유전학적으로나 생물학적으로나 개와 고양이가 원수지간으로 지낼 만 한 이유가 없다고 한다. 그러나 한 쪽이 다른 측의 영역을 침범하면 공격 심리가 일깨워지게 되는데, 이것은 어느 동물에게나 흔히 있는 자기 방어 적 습성이다.

하지만 확실히 개와 고양이 사이는 특이하다. 개와 고양이는 사람과 늘 가까이에 살고 있으면서 먹이사슬이 같다고 볼 수 없는데도 서로를 극히 싫어한다. 둘은 행동반경이 중첩될 때가 많아서 하루에도 몇 번씩 마주치게 되는데 이들이 마주쳤을 때의 동작을 보면 흥미롭다.

예를 들어, 개가 앞다리를 치켜세우면 '놀고 싶다'는 뜻이고 반대로, 고양이가 앞다리를 들면 '꺼지지 않으면 할퀴겠다'는 뜻이다.

또한 고양이의 '갸르릉' 하는 소리는 만족감의 표시인데 비해, 개는 그 소리를 으르렁거리는 소리로 잘못 알아듣고 정반대로 해석해서 오해를 불러일으키기도 한다.

이것은 의사소통이 다른 데서 오는 원인이다. 고양이는 기분이 안 좋거나 전투태세일 때 꼬리를 흔드는데, 개는 기분이 좋을 때 꼬리를 흔든다.

그리고 개는 상대방에게 겁을 먹으면 꼬리를 감춘다. 만일 고양이가 꼬리를 꼿꼿이 들고 개에게 접근하면 자신에게 도전하는 것으로 간주하고 으르렁대며 싸울 준비를 하게 된다.

인간들 사이에서도 관계를 유심히 관찰해 보면 재미있는 현상을 종종 보게 된다. 내가 관심 있는 것에 대해선 상대방이 소가 닭 보듯 심드렁해 하고, 상대방이 관심이 있어서 침을 튀겨가며 열변을 토할 때는 저 사람이 왜 저런 바보 같은 생각을 하는지 답답하고 한심하게 느껴질 때가 있다.

그것을 두고 필자는 타고난 주파수가 다르기 때문이라고 표현한다.

사람들이 각기 취향이 다르고 성격이 다른 것은 너무나 당연한 일이다. 한 부모에게서 한 날 한시에 태어난 쌍둥이조차 다른 법인데, 주변 환경과 성장 과정이 다른 사람들은 오죽하겠는가.

대부분의 사람들은 자신과 상대방의 다른 부분을 인정하기도 하고 고쳐달라고 요구하기도 하면서 차츰 동화되어 그럭저럭 살아간다.

하지만 주파수가 다르다 보면 상대방의 작은 말, 행동도 자꾸 거슬리는 일이 잦아진다. 위의 남녀 역시 하찮은 일까지 사사건건 크게 확대되는 꼴이다.

그것은 말이나 글로 표현하기 어렵고 손에 잡히지도 않고 보이지도 않는 그 무엇을 설명해야 하는데, 제 3자에게 문제점을 하소연하면 그까짓 사소한 문제 때문에 그러느냐고 가볍게 웃어넘길 뿐 심각하게 받아들이지 않을 정도로 설명이 어렵다.

같은 말이라도 주파수가 다른 사람들을 상담할 때 필자는 이리저리 말을 돌리지 않고 직선적으로 이야기한다. 당사자들이 말귀를 제때 알아듣고 고개를 끄덕이며 쉽게 수긍할 수 있도록 해주기 위해서이다.

상극의 주파수 즉, 앙숙의 관계라 할지라도 직장 동료나 친구는 애인이나 부부관계와는 상대적으로 영향이 덜한 이유가 있다. 각자가 거주하는 공간이 다르기 때문이다.

다시 말해서, 같이 먹고 잠자고 배설하는 좁은 공간이 아니라 대부분 업무를 보는 낮 시간대에만 얼굴을 맞대기 때문에 얼마든지 가면의 얼굴을 만들어 대할 수 있고, 행여 배짱이 맞지 않으면 헤어져도 인생에 그리 타격을 받지 않기에 그렇다. 한마디로 부담이 크지 않은 상대라는 말이다.

그러나 한 지붕 아래에서 같은 방을 쓴다면, 자신과 상대방이 서로의 장단점을 속속들이 알고 있기에 가식과 가면의 얼굴이 통하지 않고 모든 게 적나라하게 드러나게 된다.

집 바깥에 나가서 타인을 상대로 고고한 척하면 그것이 통할지 모르지만, 한 방을 쓰는 사이라면 시도 때도 없이 터져 나오는 방귀 소리는 물론이려니와 잠잘 때 드르렁거리며 코고는 소리 등등, 사소한 것에서부터 모든 생각과 일거수일투족이 적나라하게 드러나므로 감출 도리가 없다. 긴 세월을 함께 산 묵은 부부일수록 일심동체라는 말이 그래서 실감나는 것이다.

상극의 주파수를 가진 친구나 동료는 일정한 거리를 두고 사귀기 때문에 별 탈 없이 관계를 유지할 수 있지만 부부는 그것을 피할 수 없다.

개는 개이고 고양이는 고양이지 어느 날 환경이 바뀐다고 해서 타고난 주파수가 바뀔 리도 없고 앙숙 관계가 사라지지 않는다고 본다.

보통의 부부라면 누구든지 의견 차이로 다투기도 한다. 그것은 자라온 환경이 다른 만큼 생각이 조금씩 다르기 때문에 일어나는 자연스런 현상이다. 그러면서 상대를 이해하고 화해하며 살다 보면 닮은꼴 부부가 된다.

보통의 부부들은 시간이 흐르면 갈등도 줄어들고 점차 나아지게 마련이어서 희망을 갖고 살게 된다. 그러나 주파수가 맞지 않는다면, 세월이 흐르면 흐를수록 점점 사이가 벌어지는 현상이 일어난다.

그렇게 오랜 시간 원수같이 시도 때도 없이 싸우는 게 지겨워질 정도가 되면 각자 말이나 행동을 자제하고 조심하는 시기가 오게 된다. 그런 시기가 되면 상대방 눈치를 보며 하루에 몇 마디 하지 않게 되는데, 말이나 행동을 하지 않는다고 해서 신경이 곤두서지 않는 것은 아니다.

주파수 즉, 기氣라는 것은 공간을 향해 파장을 그리며 나가게 되어 있어서 나의 기와 상대의 기가 집이라는 좁은 공간에서 늘 마주치게 된다.

화합하고 융합하는 주파수끼리라면 기분이 편안해지고 온화해 지는 반면 맞지 않는 주파수끼리라면 눈에 보이지 않는 공간에서도 주파수끼리의 갈등이 일어난다.

이때 어느 한 쪽에서 "식사해요." 혹은, "커피 한 잔 줘요."라는 지극히 일상적인 한마디가 엉뚱한 방향으로 폭발하고 만다. "지금이 몇 신데 밥을 먹으라고 그래?"라고 불씨를 지피게 된다. "당신은 지금 내가 바쁜 거 알면서도 커피를 타 달래요? 그런 간단한 일은 당신이 해도 되잖아요. 당신은 손이 없어요?" 이런 식으로 어긋나게 되고, 이어서 "그래! 난 손도 없는 병신이다. 저런 게 여자라고…… 쯧쯧."

이렇게 되면 다음 결과는 불 보듯 뻔하다.

"뭐요? 이 세상에 당신같이 괴팍스런 남자한테 어울리는 여자가 있을 줄 알아요?"

"흥! 내가 눈이 삐었지. 저렇게 나무토막같이 무뚝뚝한 여자를 여편네라고 데리고 사니……."

상극의 주파수가 만나 살다보면 이렇게 가시 돋친 대화를 수시로 주고받게 된다.

남들이 보기엔 웃으며 지나칠 만한 가벼운 문제를 가지고도 심각하게 대립을 하게 되는데, 자녀나 친척, 직업, 재산 등 집안의 큰 문제에 다다르면 더욱 극렬한 불꽃이 튀게 된다.

완력을 동원한 싸움만이 싸움이 아니다. 신체적인 접촉을 안 해서 그렇지 내면에 날카로운 비수가 숨겨져 있어 말 한마디 한마디가 상대에게 치명적인 상처를 줄 수도 있다.

이런 상태가 신혼 초에 있을 수 있는 일시적인 현상이라면 별 문제가 없지만, 상극의 주파수끼리 만난 부부라면 거의 평생 동안 이어지는 것을 많이 봤다. 어떤 부부는 죽는 그날 아침까지 싸우는 걸 본 적도 있다.

서로 행복한 인생을 살자고 하는 게 결혼인데 그 정도라면 지옥도 그런 처참한 지옥이 없다. 망친 인생이라고 해도 과언이 아니다.

비슷한 상처를 주고받더라도 남편 쪽은 아침에 행하니 출근해 부부간에 쌓인 불만을 활동을 하며 풀든가, 퇴근 때 동료들과 술을 마시면서 해소할 수도 있기 때문에 상대적으로 부인에 비해 스트레스가 덜 쌓인다고 볼 수 있다.

그러나 부인의 경우는 자신의 가슴에 상처를 남기고 출근해 버린 남편을 원망하며 온종일 고민을 하게 된다. 특히 눈썹이 짙고 인당이 좁은 내성적인 성격의 소유자라면 더 말할 나위도 없다.

집안 청소나 빨래를 하면서도, 시장을 보면서도, 차 한 잔 마시면서도 가슴 속에 맺힌 응어리가 쉽게 해소되지 않고 눅진히 누르고 있다.

그게 하루, 이틀이 지나고 한달, 일년, 오년, 십년 이렇게 세월이 흘러 스트레스가 쌓이다보면 몸이 무쇠덩이라 해도 무너지게 되어 있다.

급기야는 우울증으로 정신과 의사와 상담하게 되고 항우울제를 복용하며 살아야 한다. 그나마 병원에 갈 여건이나 용기라도 있으면 다행이다. 대부분은 어디 누구한테 하소연도 못한 채 속으로만 끙끙 앓는다.

장기적인 스트레스는 화병에 이르게 되고 몸의 이곳저곳에 이상 신호가 오게 된다. 그것이 더 발전하게 되면 위암, 유방암, 자궁암 등의 큰 병에 걸리는 원인이 된다고 볼 때, 그 폐해가 어느 정도인지 알만하지 않은가.

주파수가 맞는 부부라면 다투는 일이 생기더라도 금방 화해하고 관계를 쉽게 복원한다. 그 이유는, 타고난 성향이 비슷하기 때문에 상대방의 입장을 자신의 흡사한 경험에 비추어 이해하게 되고, 혹시 부인이 홧김에 친정에 가서 오지 않더라도 예전의 관계를 회복하는 것이 어렵지 않다.

남녀간의 애인 궁합이나 결혼 궁합은 인생의 성패와도 직결되기 때문에 그것을 어떤 금전으로도 환산할 수 없다. 결혼까지 생각하고 사귀는 남녀가 들어와 궁합을 봤을 때 아주 궁합이 나쁘다면 필자는 어떤 식으로든지 결혼을 미루게 하고 깨우치는 기간을 두게 하여 그 결혼을 막아주려고 애쓴다.

궁합이 극단적으로 나쁘면 당사자들의 인생만 어긋나는 게 아니다. 그에 딸린 가족에게도 그렇고 더 나아가서는 사회적으로도 커다란 손실이기 때문이다.

싸우다 정든 부부

"남편하고 이혼한지 3년 됐습니다. 그런데 최근에 다시 재결합하자고 하는데 괜찮을지 판단이 서지 않아서 왔습니다."

아이를 데리고 온 서른 중반의 부인은 최근에 이혼한 사람치고는 활달하고 표정이 밝아보였다.

"전 남편하고 궁합을 보려면 사진도 있어야 하고 몇 가지 간단한 질문에 답을 할 수 있어야 하는데요."

미혼의 남녀 궁합도 그렇지만 한번 갈라섰다가 다시 합쳐서 살 생각을 갖고 있는 경우 역시 신중해야 할 것은 두 말할 필요 없다. 상대방의 장단점을 잘 알고 있으면서도 재결합하려고 한다면 뭔가 서로에게 끌리는 게 있어서일 것이다.

"지금 남편하고 같이 왔어요."

"그런데 왜 남편은 안 들어와요?"

"은행에 볼 일이 있어 갔는데 곧 들어올 거예요."

잠시 후 남편이 상기된 표정으로 들어왔다. 옆에 앉은 남편의 얼굴을 유심히 보다가 부인에게 눈길을 돌리면서 필자는 자신도 모르게 웃음을 터트렸다.

두 사람의 얼굴에서는 원수같이 싸우다가 헤어지게 된 원인이 적나라하게 드러났기 때문이었다. 필자가 느닷없이 웃음을 참지 못하고 터트리자 부부는 영문도 모른 채 같이 따라 웃었다.

"내가 왜 웃는지 두 분은 아세요?"

"아뇨, 그냥……. 우리들 관상이 좋아서 그런 거 아닌가요?"

아내의 우스개 섞인 말에 남편이 눈을 흘기며 말한다.

"내 얼굴 정도라면 모를까 당신 얼굴 어디 좋은 구석이 있나?"

"이렇게 못생긴 여자한테 다시 살자고 하는 남자는 누군데?"

대화 자체만 보면 아직도 두 사람 사이에 앙금이 가시지 않은 것처럼 보이지만 분위기는 부드럽고 자유스러웠다.

"과거 이야기지만 두 분이 갈라서게 되었던 이유를 관상적으로 설명해 드릴 테니 앞으로 살아가면서 참고하세요. 한마디로 말해서 불과 불끼리 만난 짝입니다."

"호호호. 맞아요. 다툼이 있으면 어느 한쪽에서 양보하거나 지려고 하지 않았어요. 그래서 갈라서게 된 겁니다."

부인의 말에 남편이 거든다.

"선생님, 남자는 하늘이고 여자는 땅인데 바보같이 여자한테 쥐어 살순 없지 않습니까."

남편의 호기어린 말에 부인 역시 지지 않는다.

"하늘이라는 사람이 쩨쩨하게 아녀자를 상대로 이기려고만 들면 그게 어디 사내인가요?"

두 사람은 자신들이 갈라서게 된 원인을 알고 있으면서도 좀체 물러서려 하지 않는다. 두 사람이 여기까지 와서 티격태격하는 모습을 지켜보며 자꾸 웃음이 나오는데, 부인이 한마디 했다.

"선생님, 관상으로 봐서 누가 더 강해 보이는가요? 아무래도 제가 더 강하니까 애 아빠가 져야 되겠죠?"

부인의 도전에 남편 역시 지지 않는다.

"좋아! 관상전문가께서 공정한 심판을 해주리라 믿고 어느 쪽을 손들어주면 군말 없이 따르기로 하자. 어떻습니까, 선생님. 제가 아무려면 더 쎄죠?"

그들의 묘한 경쟁심에 필자는 본의 아니게 괴이한 심판자가 되어야 했다. 기왕에 심판관이 되었으니 두 사람 모두 수긍할 수 있도록 관상적으로 설명했다. 그들의 얼굴 특성과 그에 따르는 성격을 종이에 그림을 그려가며 시작했다.

남편의 눈썹 끝은 숱이 적으면서도 눈썹 끝 살이 도독이 올라있다. 이런 사람의 성격은 급하며 불같고 열혈하다. 그리고 강한 자존심까지 가지고 있다. 최대 장점이라면, 일에 대한 추진력과 집중력, 돌파력, 활동성, 강한 체력 등이다.

부인의 경우 남편만큼은 눈썹 끝 살이 발달해 있지 않지만 눈썹 숱이 아주 옅으면서 눈빛 또한 예사롭지 않았는데, 남편 못잖게 보통 성질의 소유자가 아님을 알 수 있었다.

관상적으로 이렇게 면도날 같은 성깔이 도드라진 남녀가 만났으니 의견 차이로 갈등이 생길 경우 조금도 자신이 주장을 굽히지 않고 정면 대결이 잦을 가능성이 있다.

"남편은 눈썹 생김새에서도 그렇지만 입술에서도 그게 나타납니다. 입이 얼굴의 균형에 비해 크면서도 두텁습니다. 이것 역시 고집 세고 투쟁심, 자기주장이 강하다는 걸 나타내죠. 그건 단점이자 장점이 될 수 있어요. 생활력이 강하고 일에 대한 추진력이 좋아 재산을 형성하는데 필요한 조건이기도 하지요. 따라서 월급쟁이보다는 사업가 체질이기도 한데, 다만 지나치게 강한 자기주장 때문에 주변 사람들과 다툼을 부를 수 있고 많은 경쟁자를 만들 수 있으니 스스로 조절을 잘 해야 합니다."

필자의 설명에 부인은 입이 샐쭉해졌다.

"그럼 저는요?"

부인은 눈썹 이외의 특징이라면 눈의 크기가 좀 작으면서도 그 안에서 뿜어져 나오는 빛이 센 걸로 봐서 보통 사람에 비해 정신력과 집중력이 강하다는 걸 나타낸다. 어지간한 난관에 부딪히더라도 혼자 힘으로도 능히 헤쳐 나가는 힘이 있는 상이다. 또한, 남편이나 타인에 의해 인생이 좌우되기보다는 스스로 삶을 개척해 나가는 자체 생존력이 있다.

이렇게 두 사람은 성격이 강한 사람들끼리 만난 용호상박형 부부다.

"큰 금전이 걸린 문제거나 인생이 걸린 중요한 일이 아닌 사소한 문제라면 남편이 양보하며 살아야 하겠습니다. 그래야 부부관계도 좋아지고 가정에 평화가 오죠."

필자의 권유에 남편은 큰 소리로 대답했다.

"네! 앞으로 노력하겠습니다!!"

두 사람 모두가 한 성깔 하는 사람들인데다 어느 쪽이 물러서거나 양보하는 짝이 아니었기에 극단적인 방법으로 이혼이라는 것을 택한 것일 터였다.

그토록 지지고 볶으며 싸웠으면 어지간한 남녀라면 다시는 얼굴을 마주치려고 하지 않을 것인데 재결합하려 한다니, 그것은 어떤 작용에 의해 일어난 일일까?

물론 둘 사이에서 태어난 아이 때문일 수도 있다. 그러나 이혼한 다른 부부들의 경우를 볼 때 그것만 갖고는 설명이 부족하다. 헤어지는 부부치고 아이 문제가 걸림돌이 되지 않은 사람들이 얼마나 되겠는가 말이다.

똑같은 조건의 싸움이라도 시간이 지나면 쉽게 화해하고 정상적인 부부관계로 복귀하는 짝이 있는 반면에, 회복하는데 오랜 세월이 걸리면서도 끝내 마음속에 응어리가 풀리지 않는 궁합이 있다.

그런 부부들의 경우를 보면 처음엔 정신적인 상처를 받지만 그것이 오랜 기간 쌓이면 육체까지 병들고 허물어지게 하는 역할을 한다.

그런 부부는 한번 갈라서면 다시 얼굴을 대면하기 힘들 정도로 원수가 된다. 그러니 재결합이라는 건 언감생심 꿈도 꾸지 말아야 할 것 같다.

지금 이 부부의 경우, 전에는 누구 못잖게 열렬히 싸웠지만 다시 만나 살자고 하는 이유는 바로 태어날 때부터 갖고 나온 고유한 주파수가 아주 흡사한 사람들이기 때문이다.

이렇게 주파수가 맞는 사람들이라면 아무리 지지고 볶고 대판 싸운다 해도 그때뿐이지 상대에게 마음의 상처를 크게 주지 않을 뿐만 아니라 화해도 그리 어렵잖게 한다.

그런데 필자가 주파수 궁합의 중요성에 대해서 강조를 하니까 주파수만 맞으면 모든 궁합도 맞고 만사형통될 것이라고 생각하는 사람들이 많을 줄 안다. 하지만 모두 그런 것은 아니다.

이들 부부처럼 주파수는 잘 맞는데 다툼이 잦은 것은, 얼굴에 나타난 성격이 불같은 사람끼리 만나서 그렇다. 다시 말해서, 주파수를 비교해 보고 맞는다면 얼굴에 나타난 관상을 비교해 보아서 가난하게 살 관상인가, 노름꾼의 상인가, 술주정뱅이 상인가, 폭력을 휘두를 상인가, 병치레만 하며 살 상인가 등등을 가려내야 한다.

반대로, 두 사람의 관상이 제 아무리 뛰어나게 좋더라도 주파수가 정반대라면 결혼만큼은 신중해야 한다. 그러니 서로간의 주파수 비교가 최우선이 되어야 한다는 것은 두 말할 필요가 없다.

어쨌든 이 부부는 타고난 성격이 그렇기에 앞으로 살아가면서 당분간은 서로 자존심을 꼿꼿이 세우며 지지 않으려 할 것이다. 예전보다야 많이 개선되겠지만 말이다.

하지만 세월이 흐르면 흐를수록 상대를 이해하게 되고 동화되어 아기자기하게 잘 살아갈 것이다. 이런 경우가 바로 싸우다 정드는 커플이다.

전에 사례를 묶어 '인생 상담 이야기' 라는 책으로 엮은 적이 있다. 다양한 사람들을 만나 그들의 이야기를 듣다보면 혼자 알고 있기에는 아까운 사연들이 많아 수필 형식을 빌어 여과 없이 기록한 책이었다.

출간하고 나자 많은 독자들이 전화를 했왔다. 사연도 각양각색이었다. 만나서 직접 상담을 받고 싶다는 사람부터 내용이 유익하면서도 흥미진진하고 감동적이었다는 독자들, 외국에서 살고 있는데 왕복 항공료와 경비를 자신이 부담할 테니 한번 다녀가라는 부탁까지, 연령도 2~30대부터 중·장년뿐만이 아니라 70대의 노년층까지 다양했다.

직접 만나 본 사람들도 있었는데, 그 중 기억에 남는 것은 30년 이상 명리학을 업으로 하고 있는 사람들이었다. 그들은 자신이 배운 사주와 관상에 대한 해박함을 필자 앞에서 자화자찬하며 떠들다가 나중엔 관상을 직접 배우고 싶다고 넌지시 부탁하곤 했다.

그들이 가지고 있는 사주와 관상에 대한 경험담을 들어 보면 모르는 게 없을 정도였다. 나이도 60세를 훨씬 넘겼고 경험도 많았기 때문에 더 이상 배울 필요를 느끼지 못할 것 같은 사람들이었다.

필자는 사주의 사짜도 모르는 문외한이며, 오직 관상 한 분야만 공부한 사람이다. 그런데 그들은 자신의 주 전공인 사주뿐만이 아니라 관상, 수상, 이름 짓는 법, 타로카드 점, 묘와 집터 잡는 풍수 법, 육임 점, 솔잎 점, 쌀 점, 별자리 점 등, 여러 가지를 다 배운 사람들이다. 그런 사람들이 나 같은 사람한테 더 배우겠다고 부탁하는 걸 보면 딱하다는 생각도 들었다.

자신이 오랜 세월에 걸쳐 배운 그 수많은 정보들이 실전에서는 별로 유용하지 않다는 걸 깨달은 걸까? 사주나 관상은 어느 한 분야만 배우고 깨우치는 데도 평생이 걸린다. 그런데 그 많은 걸 다 배워놓고서도 이제 와서 관상을 더 배우겠다니, 이해하기 힘든 일이다.

따뜻한 가슴으로 터득한 지혜가 아니라면 아무런 쓸모가 없다는 걸 그들은 왜 모르는 것일까. 모든 학문이 다 그렇겠지만, 특히 이 분야는 머리로만 깨우치려고 하면 아무리 오랜 시간 동안 공부해도 같은 자리에서 맴돌게 될 뿐, 허송세월을 하게 된다는 깨달아야 한다.

그들도 처음엔 사주나 관상 중 어느 한 분야만 배웠을 것이다. 그러다가 실전에서 사용해보니 이론과는 달리 맞지 않는 부분이 많다는 것을 알게 되었을 것이고, 다른 분야에 눈을 돌려 또 다시 새로운 학문을 배우게 되었으리라.

어떤 사람이 하루에 나무 열 짐을 하겠다는 목표를 갖고 큰소리치며 톱을 든 채 산에 올라갔다. 그런데 나무를 잘라보니 그게 쉽지 않은 일이었다. 그래서 다시 집에 내려와 도끼를 가져갔다. 그러나 그것마저 마음먹은 대로 되지 않자 낫을, 그 다음엔 정, 망치를 가지러 오르락내리락 하게 되었는데 그 도구들마저 이빨이 빠지게 되자 이번엔 숫돌과 줄을 가지러 바삐 오가야 했다. 이런 식으로 연장만 잔뜩 날라다놓기만 했지 정작 나무 하나 제대로 자르지 못하고 산에서 전전긍긍하는 꼴이 되고 말았다. 이제 와서 모든 걸 포기하고 빈손으로 산을 내려가자니 그동안 노력한 시간이 아깝고 큰소리친 자존심도 있기에 남은 것은 허탈과 오기와 메마르고 강퍅한 마음뿐이다.

"여태껏 배운 것을 모조리 비워 내시오."

그들에게 내가 해줄 말은 이 말뿐이었다. 이제까지 수집한 연장만으로도 차고 넘칠 지경인데, 다시 또 새로운 정보로 덧칠을 한다면 혼란만 가중될 뿐이다.

한줌도 안 되는 얄팍한 지식만으로 우쭐대며 기고만장해 하는 사람이라면 그의 발전은 요원하다. 차고 넘침을 비워내어 진정 겸손해질 때 새로운 기운이 들어갈 틈이 생기는 법이다. 특히 상담하는 일을 업으로 갖고 있는 사람들은 자만심을 버리고 따뜻한 가슴으로 사는 법을 먼저 배워야 한다.

이 책에는 많은 사람들이 궁금해 하는 관상의 핵심 내용을 모두 설명해 놓았고, 어느 서적에도 나와 있지 않은 비법들을 곳곳에 적어 두었다.

관상을 전문으로 배우려는 사람들뿐만이 아니라 사람을 많이 상대하는 업종의 직장인, 취업 준비를 하는 수험생, 결혼을 앞둔 청춘 남녀, 기업체의 인사 관리 담당자 등 직업에 구분 없이 한글만 깨친 사람이라면, 누구든지 알기 쉽게 설명을 해 두었으므로 일상생활에서 곧바로 여러 가지 도움을 받게 될 것이다.

누구나 얼굴에 몇 군데 단점을 갖고 있다. 그리고 그 단점은 나름대로 쓰임새가 있기 마련이다. 필자의 얼굴 역시 일곱 군데 이상이나 단점이 드러나 있다. 그러나 그것을 극복해 가며 사는 것이 내 인생이라 생각하고 단점을 장점으로 바꾸는 노력을 꾸준히 하고 있다.

이 세상에 단점은 없고 장점만 있는 사람들만 모여 산다면 얼마나 재미가 없을까 하는 생각이 든다.

동양 산수화를 보라. 만일 산수화에 여백이 없고 산에다는 나무들을 빽빽이 그려 넣고 강에는 물결치는 선을 가득 채워 넣는다면, 그것을 보는 이가 얼마나 답답하겠는가.

우리는 완벽한 인간으로 태어나지 못하고 여러 가지 단점을 가진 채 태어났다. 필자는 그 원인이, 전생의 업보 때문에 누군가 강제로 등을 떠밀어서가 아니라, 세상에 태어나기 전부터 어떠한 인생을 살아가겠다고 스스로 계획을 세운 결과에 있다고 본다.

그런데 왜 이렇게 힘든 삶을 살도록 스스로 인생지도를 그린 것일까. 이 지구라는 별에서 치열한 삶을 산만큼 다음 세계에서는 4차원, 5차원의 높은 의식으로 상승하기 때문이다.

'개똥밭에 굴러도 저승보다는 이승이 좋다'는 말이 있다. 이 지구는 희로애락이 극렬하게 전개되는 만큼 쓴맛 단맛을 소중히 느낄 수 있는 세상이기 때문일 터이다.

그러므로 인생이 고달프고 힘들더라도 나 자신이 이런 생을 설계한 것

이니 회피하거나 누구를 탓하기보다는 담담하게 받아들이는 자세로 살아

가다보면 보람도 있을 것이고 알찬 삶이 될 것이다.

2006년 가을

국립중앙도서관 출판시도서목록(CIP)

한국 최고의 관상가가 쉽게 풀어 쓴 관상 : 사람을 알고
삶을 경영하라 / 이남희 지음. -- 서울 : 다밋, 2006 p. ;   cm
ISBN 8995698071 03150 : \16000
188.1-KDC4
138-DDC21   CIP2006002062

한국 최고의 관상가가 쉽게 풀어 쓴
관상과 수상

펴낸날 | 2006년 9월 25일 • 1판 1쇄
       | 2009년 9월 1일 • 개정증보판 2쇄
지은이 | 이남희
펴낸이 | 전민상
편집주간 | 김소양
편집 | 이윤희, 김소영
그림 | 정유미
영업 | 임홍수
펴낸곳 | 도서출판 다밋 • 전화 | 02-566-3410 • 팩스 | 02-566-1164
주소 | 서울시 강남구 역삼동 837-17 삼성애니텔 1001호
이메일 | wrigle@hanmail.net
출판등록 | 2005년 6월 22일
© 도서출판 다밋 2006
Printed in Seoul, Korea
ISBN 89-956980-7-1 03150

* 잘못된 책은 바꾸어 드립니다.
* 책값은 뒤표지에 있습니다.